道家生命伦理的
传统视域与现代转型

TAOIST BIOETHICS: Traditional
Perspectives and Modern Transformation

李红文　著

中国社会科学出版社

图书在版编目(CIP)数据

道家生命伦理的传统视域与现代转型／李红文著.—北京：中国社会科学出版社，2020.4
ISBN 978-7-5203-5975-7

Ⅰ.①道… Ⅱ.①李… Ⅲ.①道家—生命伦理学—研究 Ⅳ.①B223.05

中国版本图书馆 CIP 数据核字(2020)第 022812 号

出 版 人	赵剑英
责任编辑	喻　苗
责任校对	胡新芳
责任印制	王　超

出　　版	中国社会科学出版社
社　　址	北京鼓楼西大街甲 158 号
邮　　编	100720
网　　址	http://www.csspw.cn
发 行 部	010-84083685
门 市 部	010-84029450
经　　销	新华书店及其他书店

印　　刷	北京君升印刷有限公司
装　　订	廊坊市广阳区广增装订厂
版　　次	2020 年 4 月第 1 版
印　　次	2020 年 4 月第 1 次印刷

开　　本	710×1000　1/16
印　　张	15.5
插　　页	2
字　　数	278 千字
定　　价	69.00 元

凡购买中国社会科学出版社图书，如有质量问题请与本社营销中心联系调换
电话：010-84083683
版权所有　侵权必究

国家社科基金后期资助项目

出 版 说 明

　　后期资助项目是国家社科基金设立的一类重要项目，旨在鼓励广大社科研究者潜心治学，支持基础研究多出优秀成果。它是经过严格评审，从接近完成的科研成果中遴选立项的。为扩大后期资助项目的影响，更好地推动学术发展，促进成果转化，全国哲学社会科学工作办公室按照"统一设计、统一标识、统一版式、形成系列"的总体要求，组织出版国家社科基金后期资助项目成果。

全国哲学社会科学工作办公室

前　　言

提出"道家生命伦理学"是这个时代一项新的生命伦理学理论建构工作。对于这项新工作的"开拓性""尝试性""做法",首先需要从方法论上予以澄清和说明。

建构道家生命伦理,这意味着它一方面需要吸收传统的道家哲学思想资源,另一方面又要直面当代的生命伦理学前沿问题,用道家哲学的基本观点、方法和立场来回应生命伦理学的基本理论问题和实践难题。毫无疑问,任何试图创建一种"道家生命伦理学"的设想都是一项"雄心勃勃"的学术计划。从"道家哲学"、"道家生命伦理"到"道家生命伦理学",这其间存在着巨大的理论鸿沟需要跨越。如果说"道家生命伦理"只是一种道家式的生命伦理思想资源的话,那么"道家生命伦理学"则是要将这种特殊的、传统的思想资源创造性地转化为一门新的理论性和实践性学问。在当前的理论资源、学术资源准备尚不充分的前提下,要实现这种转化无疑是十分艰难的。基于这一理性的考虑,笔者将这一计划定位为一种"有限的""过渡性"目标,它既不纠缠于太过具体的生命伦理学问题,又不着眼于宏大的"道家生命伦理学"建构,而是对道家哲学中的生命伦理思想进行基本的梳理,对它的核心价值进行凝练总结并给出相应的哲学论证,在此基础上尝试性地提出构建中国生命伦理学原则的基本方法,并根据此方法提出了道家生命伦理的四个基本原则。这种"中间状态"的"做法"虽然显得有点"不上不下",容易遭到来自"上下"(宏观与微观)两个层面的批评与攻击,但它却是建构道家生命伦理的一种较为可行的路径。如果能够在"中间状态"的立场上站稳脚跟,那么它就能够较为有利地向"宏观"与"微观"两个方向延伸,不断地拓展它的理论深度与实践视野。这就是本书所坚持与力图实现的基本目标和任务,它是要为构建道家生命伦理学做好前期的理论准备工作,为它可能出现的"理论模样"清扫地基、储备建构方法。使用"道家生命伦理"而不是"道家生命伦理学"的概念,这表明本书只是通向后者这一"远景目标"的阶段性工作任务。

　　道家生命伦理的出场语境需要在此做一番基础性的说明。虽然在本书的第一章和第二章中已有详细的论述，但在前言中为读者做一点提示与说明仍然是必要的。这种出场语境主要有四个方面。第一是全球生命伦理学（global bioethics）的兴起，这有两个方面的含义：一个"地理性"的意义，指生命伦理学在世界范围内迅速发展壮大；一个"学术性"的意义，近年来有不少学专家学者开始着手创建一种全球生命伦理学的样式，其成功与否尚需实践检验。第二是生命伦理学已成为当今世界的一门"显学"。在世界范围内各种学术研究机构众多，SCI/SSCI 等学术期刊多达十几种，与生命伦理相关的政府决策咨询机构、伦理审查机构相继建立，成为影响政府与社会的新兴智囊组织。虽然中国在这方面起步较晚，但近年来党和政府高层已越来越重视这方面的工作，已于 2019 年开始组建国家科技伦理委员会，这必将有力地推动中国生命伦理学的研究。第三是学术界在建构中国生命伦理学上开展了持续的努力。截止 2019 年，建构中国生命伦理学的专题学术会议已在香港和内地高校之间举办了十三届，不少青年学者都加入了这一方面的研究工作。特别是，李瑞全、范瑞平等港台学者提出的儒家生命伦理学研究已经取得了世界范围的影响力，成为中国学者为世界贡献的独特声音。毫无疑问，道家生命伦理是一个尚待研究与开拓的新领域，对它的研究必将成为生命伦理学的另一种"新版本"与"新范式"。第四是当代生命伦理学的话语体系需要进行系统性的反思。在原则主义与反原则主义、普遍主义与特殊主义、国际化与中国化、全球化与本土化、西方话语与中国话语之间往往存在着非此即彼的尖锐对立与冲突。这些纷繁复杂的话语体系一方面影响了理论建设工作，另一方面影响了实践问题的有效解决。如何化解理论冲突与实践难题，需要学者们就此展开充分的研究。道家生命伦理的提出正是基于这些基本的语境和"问题意识"，它意在充分挖掘中国传统道家哲学的思想资源，着眼于中国生命伦理实践问题，试图将两者进行有机地融合，从而开辟出一条新的"中国化"的生命伦理学话语体系。

　　建构道家生命伦理并不是像某些学者所说的那样"打文化牌"。当代生命伦理学并非只有一种范式，全球生命伦理学至今也没有创建出一种统一版本的生命伦理学样式。有学者主张实践性的生命伦理学，认为生命伦理学应该为生命科技、临床实践、公共卫生、政府组织等实践人员提供决策咨询，而不是陷入抽象哲学思辨的泥潭。应该认识到，生命伦理学走向实践只是它的一个面向，但并非是唯一。的确，为决策者提供决策咨询具有重要的现实意义，但不能因此而否认对生命伦理学基础理论的哲学研究、文化研究、道德哲学研究。实践伦理学是生命伦理学的重要进路之一，但绝不是唯一。决策咨询的伦理框架、伦理原则、论证方法、政策建议难道就没有哲学基础吗？没有文化语境吗？很显然，我们不能简单地强调实践性、应用性而忽略它的理论性、哲学性、文化性。以实践伦理学之名来改造世界，促进现实问题之解决，这固然重要，但解释世界同样必不可少。并且改造世界必须建立在正确地解释世界的基础之上，没有正确的理论作为基础，那种试图改造世界的想法就是肆意妄为，很容易在现实问题上遭遇"滑铁卢之败"。

总之，生命伦理学的儒家、道家乃至佛教进路并非是"歧路"，建构中国生命伦理学无论是在学术上还是在实践上都有其存在的合理性与合法性。更为重要的是，道家哲学具有丰富的生命智慧，可以说是一种"生命哲学"，它不仅影响了传统中医，而且影响了中国人看待生命的基本思维方式。道家在自然观、技术观、生死观、养生观等方面具有显著的特点与优势，我们应该结合现代生命伦理学的基本问题，重构道家生命伦理思想，以为现实生命伦理问题提供一种"道家式"的解决方案。

目　　录

第一章　当代生命伦理学的系统性反思 …………………………（1）
　第一节　生命伦理学的基本问题 …………………………………（1）
　　一　什么是生命伦理学？ ………………………………………（1）
　　二　生命伦理学的学科定位 ……………………………………（6）
　　三　生命伦理学的研究对象与范围 ……………………………（8）
　　四　生命伦理学的研究方法 ……………………………………（10）
　第二节　生命伦理学的话语体系 …………………………………（11）
　　一　原则主义 vs. 反原则主义 …………………………………（11）
　　二　普遍主义 vs. 特殊主义 ……………………………………（14）
　　三　国际化/全球化 vs. 中国化/本土化 ………………………（16）
　　四　西方话语 vs. 中国话语 ……………………………………（19）
　第三节　生命伦理学的发展趋势与困境 …………………………（21）
　　一　问题化：作为诸多问题现象的集合 ………………………（21）
　　二　建制化：作为各制度建设的推动力 ………………………（23）
　　三　去伦理化：作为无伦理的叙事研究 ………………………（26）
　　四　无根化：作为文化表层的道德话语 ………………………（27）

第二章　道家生命伦理的理论维度与价值 ………………………（29）
　第一节　理论之维 …………………………………………………（29）
　　一　前现代 vs. 现代 vs. 后现代 ………………………………（30）
　　二　文本解释学问题 ……………………………………………（31）
　　三　普遍主义 vs. 建构论 ………………………………………（32）
　　四　建构程序与建构价值 ………………………………………（34）
　　五　第三条道路？ ………………………………………………（36）
　第二节　文化之维 …………………………………………………（38）
　　一　道家生命伦理学的文化特质 ………………………………（38）

二　重构论中的文化自信问题……………………………（38）
　　三　科学与人文的分裂与融合……………………………（39）
第三节　实践之维……………………………………………………（40）
　　一　"道论"如何落地？……………………………………（40）
　　二　"道论"如何指导实践？………………………………（41）
第四节　价值之维……………………………………………………（44）
　　一　提升生命伦理学的理论品质…………………………（44）
　　二　促进生命伦理学本土化发展…………………………（47）
　　三　培养生命伦理学的超越情怀…………………………（51）

第三章　道家生命伦理的哲学基础……………………………（53）
第一节　本体论基础…………………………………………………（53）
　　一　道与本体………………………………………………（53）
　　二　道与生命………………………………………………（56）
第二节　认识论问题…………………………………………………（62）
　　一　道的不可知论…………………………………………（63）
　　二　致道与修道……………………………………………（71）
　　三　道的辩证法……………………………………………（73）
第三节　相对主义问题………………………………………………（78）
　　一　认识论的相对主义……………………………………（79）
　　二　价值论的相对主义……………………………………（88）
　　三　道德相对主义及其克服………………………………（96）

第四章　道家生命伦理的核心价值……………………………（100）
第一节　自然主义的价值观…………………………………………（100）
　　一　自然主义的价值主张…………………………………（100）
　　二　人在宇宙中的地位……………………………………（102）
　　三　人性自然观……………………………………………（103）
　　四　儒道之对比……………………………………………（105）
第二节　通达顺化的生死观…………………………………………（107）
　　一　老子生死自然观………………………………………（107）
　　二　庄子生死物化观………………………………………（109）
　　三　黄老道家的生死观……………………………………（112）
第三节　形神兼养的养生观…………………………………………（114）

一　养气 …………………………………………………………（114）
　　二　养神 …………………………………………………………（115）
　　三　虚静 …………………………………………………………（118）
　　四　寡欲 …………………………………………………………（121）
第四节　以道驭术的技术观 ………………………………………（122）
　　一　技道分离 ……………………………………………………（123）
　　二　以道驭技 ……………………………………………………（124）
　　三　道法自然 ……………………………………………………（125）
第五节　逍遥自由的生命境界观 …………………………………（126）
　　一　无待与自由 …………………………………………………（127）
　　二　吾丧我与主客统一 …………………………………………（129）
　　三　齐万物与同一性 ……………………………………………（130）

第五章　道家生命伦理的现代转型 ……………………………（133）
第一节　传统道德观及其超越 ……………………………………（133）
　　一　老子论道与德 ………………………………………………（133）
　　二　庄子论道与德 ………………………………………………（136）
　　三　对仁义礼的批判 ……………………………………………（139）
　　四　一种超越性的道德理论 ……………………………………（144）
　　五　人性论与心性论 ……………………………………………（147）
第二节　现代转型之基本目标与视域 ……………………………（153）
　　一　生命哲学之存在论高度 ……………………………………（153）
　　二　生命伦理之超越性视野 ……………………………………（156）
　　三　重建一种"大生命伦理学" …………………………………（157）

第六章　当代生命伦理主要问题的道家批判 …………………（161）
第一节　现代生物医学技术的批判 ………………………………（161）
　　一　科学之链：生物医学技术的基本逻辑 ……………………（161）
　　二　异化之途：生物医学技术的症候分析 ……………………（163）
　　三　和谐之道：生物技术与人的本真关系 ……………………（168）
第二节　当代医患关系的理性审视 ………………………………（169）
　　一　信任的坍塌与重建 …………………………………………（169）
　　二　资本的入侵与防御 …………………………………………（174）
　　三　制度的藩篱与超越 …………………………………………（177）

第三节　西方生命伦理"四原则"之反思 …………………… (180)
　　　一　谁之自主性？ …………………………………………… (181)
　　　二　如何行善？ ……………………………………………… (185)
　　　三　何种正义？ ……………………………………………… (189)

第七章　道家生命伦理的原则建构 ……………………………… (192)
　　第一节　原则建构之方法论 …………………………………… (192)
　　　一　道家生命伦理学何以可能？ …………………………… (193)
　　　二　生命伦理原则建构之方法 ……………………………… (195)
　　第二节　道家生命伦理原则之论证 …………………………… (197)
　　　一　自然 ……………………………………………………… (198)
　　　二　和谐 ……………………………………………………… (201)
　　　三　平等 ……………………………………………………… (206)
　　　四　自由 ……………………………………………………… (209)
　　第三节　原则之应用 …………………………………………… (211)
　　　一　政策层面 ………………………………………………… (213)
　　　二　法律层面 ………………………………………………… (214)
　　　三　伦理层面 ………………………………………………… (215)
　　　四　个体层面 ………………………………………………… (216)

结语：反思与扬弃 ………………………………………………… (217)
　　一　理论发展的前景与展望 …………………………………… (217)
　　二　理论的内在缺陷与不足 …………………………………… (219)
　　三　可能的外在批评与回应 …………………………………… (222)

参考文献 …………………………………………………………… (227)

后记 ………………………………………………………………… (234)

第一章 当代生命伦理学的系统性反思

重建道家生命伦理学是我们这个时代一项较为重要然而至今为学者们所普遍忽视的学术工作。要完成这项工作，首先要明确生命伦理学这门"显学"的基本问题，只有当我们清楚地厘定了它的发展趋势和存在的问题之后，才能够有较为充分合理的基础来建构中国语境中的道家生命伦理学。因此，在这项工作的开端之际，我们就需要直接进入到对当代生命伦理学的系统性反思之中。对很多人而言，这项工作似乎有点突然，他们会反问道，生命伦理学发展至今才不过半个世纪，对它进行全面的哲学批判和分析是不是有点言之过早？平心而论，这种担忧并非没有道理，这门学科还远没有人们想象的那么完善，也没有达到一门成熟学科所应该具有的理论高度。然而，对于想要将中国话语建构并融入到国际生命伦理学话语体系中的中国学者而言，这项基础性的奠基工作又显得那么紧迫而重要。然而，我们并非要对世界上各个国家的生命伦理学做一种断然的论定，而是要为即将展开的道家生命伦理学进行准备性的工作，对它的理论地基进行积极的清理，为它的成长壮大提供必要的生存土壤。毫无疑问，这不仅是一项哲学工作，更是一项文化工程。

第一节 生命伦理学的基本问题

生命伦理学是一门年轻的新兴交叉前沿学科。作为一门学科，它有着自己的研究领域和基本问题。对这些基本问题进行认真的分析和清理，将有助于我们更加深刻地认识它的目的、方法和意义。

一 什么是生命伦理学？

首先，我们提出什么是生命伦理学，意味着我们在设问一个最为基本的问题。称其为基本问题，貌似每个研究生命伦理学的学者似乎都懂得什

2 道家生命伦理的传统视域与现代转型

么是生命伦理学。然而，仔细追问之下，其实并不尽然。最简单的问题恰恰是最难回答的，正如最熟悉的往往容易被人遗忘。

1. 历史与语境：生命伦理学的诞生与发展

在20世纪70年代早期，美国学界才开始创造性地使用了 bioethics 一词。最早使用这个词的有两个人，一是1970年秋季波特（Van R. Potter）在一本杂志中、继而在一本著作中使用了该词，一是安德烈（Andree Hellegers）在创建肯尼迪伦理研究所时使用了该词。这两个出处几乎是在同一时间出现。[1] 一般认为，波特1971年出版的《生命伦理学：通向未来的桥梁》一书标志着生命伦理学的诞生。[2] 1973年，卡拉汉（Dan Callahan）在《海斯汀研究中心报告》上发表了"生命伦理学作为一门学科"的标志性论文，正式论述了生命伦理学的学科地位。[3]

生命伦理学 bioethics 一词由 bio 和 ethics 两个词组成，意味着生物和伦理学的意思。它包含两个组成部分，一方面是生物学知识，另一方面是人类道德价值观体系。据此理解，生命伦理学是运用伦理学的理论和方法来解决生物医学领域的伦理问题的一门新兴前沿交叉学科，与生物学、生命科学、医学、社会学、法律、哲学、伦理学等学科存在不同程度的交叉。其中，尤其是与法律、社会、伦理问题关系密切，因为任何一门新的生物医学技术的诞生都不可避免地牵涉到法律问题、伦理问题和社会问题。但是，无论如何，作为一门学科属性来说，它的本质仍然是一门伦理学，研究的是伦理学问题，提供的是道德见解、行动、决定、政策等维度。

要想完整地理解生命伦理学学科，必须对生命伦理学产生的历史背景有全面的了解。生命伦理学诞生的第一个基本背景是美国20世纪60—70年代的文化和社会变革。这些激进的社会文化变革表现为各种社会运动，主要包括：公民权利运动、女性主义思潮、性解放运动、动物权利运动等。这些运动直指社会不平等和不公正，导致人们权利意识的觉醒，具体体现在公民权利、妇女生殖权利、医疗保健权利、动物权利等上。可以说，人权是这个时期一个非常突出的主题，它与西方资本主义发展几百年以来的个人主义、自由主义密切相关，凸显的是个人的自由权利。以此为背景，生命伦理学的诞生自然与权利话语缠绕在一起，这就是这一时期非常著名的病人权利运动，并直接导致美国1973年《病人权利法案》的出

---

[1] Reich W. T., "The Word 'Bioethics': Its Birth and the Legacies of Those Who Shaped it", *Kennedy Institute Ethics J*, Vol. 4, No. 4, 1994, pp. 319–335.
[2] Potter V. R., *Bioethics: Bridge to the Future*, Englewood Cliffs: Prentice-Hall, 1971.
[3] Callahan D., "Bioethics as a Discipline", *Stud Hastings Center*, Vol. 1, No. 1, 1973, pp. 66–73.

台。它突出地体现为病人的自主性增强，临床决策中病人的自我独立决定逐渐占据主导地位，自主性原则成为生命伦理学的首要原则，以及知情同意成为临床决策和涉及人的生物医学研究中的重要伦理规范。

生命伦理学诞生的第二个基本背景是生命科学和医学技术的发展。20世纪下半叶是生物医学技术迅猛发展的时期。1953年，DNA双螺旋结构的发现，遗传密码的破译，基因技术获得重大突破，体外受精、器官移植、人工呼吸机等临床医学技术的发展和应用，极大地扩展了现代医学的治疗能力，同时也带来了许多崭新的非常棘手的道德难题，对人性、生死、婚姻、家庭、亲子等传统的价值观念造成了极大的冲击，促使社会大众、医学界、法学界和哲学界开始广泛深入地思考现代医学技术的伦理、法律和社会问题。在此过程中产生了一系列具有里程碑意义的标志性案例，例如卡伦昆兰案、Jenny Baby 案、塔斯基梅毒研究等，它们涉及脑死亡、安乐死、生殖技术、克隆人、代理母亲、人工流产、有缺陷新生儿、人体实验、动物实验、器官移植、艾滋病、遗传病测试、对精神病患者的强制治疗、卫生资源分配、卫生体制改革等诸多方面。

生命伦理学诞生的第三个基本背景是哲学和伦理学的转向。从20世纪初到60年代，受英美分析哲学的影响，伦理学基本上都处在元伦理学的统治之下，其主要的任务是对道德术语、概念的意义和用法、道德判断的性质和功能进行语言学的分析和批判。这是一种典型的学院化的研究方式，它较为注重伦理学的形式性研究，不涉及具体的道德规范和判断内容，这种纯粹性虽然符合哲学的分析精神，但是却离人们的道德实践较为遥远，始终游离于社会现实生活之外，对社会实践生活不能提供任何有价值意义的指导。人们在面临具体现实生活困难的过程中，通常希望能从哲学家、伦理学家那里得到较为明确的有用指导，而不是中看不中用的语义分析。因此，为了有效地回应现实生活问题，必须重新将伦理学拉回到实践领域之中，将规范伦理学重新注入道德哲学之中。以此为背景，人们发现现实生活中提供了大量饶有趣味的伦理话题，人工流产、安乐死、医疗资源的分配、动物福利等问题无不刺激着伦理学家的敏感神经，于是，作为一门应用伦理学的生命伦理学就此产生了。

总之，生命伦理学的产生是基于西方文化的深厚土壤，特别是美国自由主义、个人主义的现代思想。认识到这一点，有利于我们正确评判生命伦理学发展过程中所遭遇的各种难题。

2. 误读与误译：生物伦理学 vs. 生命伦理学

对西方生命伦理学的概念首先存在某种误译。Bioethics 一词最基本的意思应为生物伦理学，因为它的词根是 bio，与生物学 biology 的词根一致。甚至有学者认为使用生物医学伦理学（biomedical ethics）反而更加恰当。[①] 从生命伦理学诞生发展的历史视角来看，它最初也是局限于生物学、生物医学的范畴。1970 年美国政治家 Sargent Shriver 和乔治城大学校长 Andree Hellegers 在创立乔治城大学伦理研究所之初，就思考如何将伦理学和医学科学联结起来，他说，"因为我们需要将生物学和伦理学结合起来，我想到了 bioethics 一词，大家当场用它为研究中心命名。该中心主要关注生物学带来的伦理问题"。也就是说，生命伦理学最初的关注点是由生物学和生物科学技术带来的伦理问题，而不是什么医学伦理问题，也不是后来范围不断扩展的生命伦理学。

本应为生物伦理学的 bioethics，为何在中国被演变成生命伦理学，这其中究竟隐藏着什么哲学上的奥秘？有学者指出，这其中实际上存在着非常严重的误读、误译、误释，[②] 导致了生命伦理学在中国发展面临着各种困境。真正的生命伦理学的英文应该是 ethics of life，或生命哲学 the philosophy of life。须知，汉语文化中"生命"和"生物"是两个完全不同的概念，可以说，生命伦理学的译名很漂亮，但是却误读了美国人在创立这门学科时的基本含义。

那么，生物伦理学与生命伦理学，这一字之差究竟表达的是什么？从学术概念和思想渊源来说，生物伦理学更像是一个现代学科的术语，因为它着眼于现代生物学、生物医学，特别是以基因工程技术为代表的生物医学模式。然而，这一思维模式在传统思想理论资源中是不存在的，毕竟现代生物学也只有几百年的历史，生理学、遗传学、分子生物学、细胞生物学这些生物学的主干课程虽然已经成功主导了我们对生命的基本认识，但也只不过是近现代以来的历史事件。对于更为久远的古代历史来说，人们的思想中只有生命的概念，而没有生物的概念。人们的思维模式中更多的是关注人类的生命，而不是将动物、植物和人作为统一研究对象的生物。

因此，本书采用"生命伦理学"意在超越西方的生物医学伦理学概念模式，真正回归到一种着眼于生命的伦理学范畴。道家生命伦理的建构不

[①] 比彻姆和邱卓思在《生物医学伦理学原则》（*Principles of Biomedical Ethics*）一书中就使用了这个词，却被中国学者翻译为生命医学伦理原则。参见比彻姆、邱卓思《生命医学伦理原则》，李伦等译，北京大学出版社 2014 年版。

[②] 东南大学孙慕义教授、程国斌博士都持有这种观点。参见孙慕义《汉语生命伦理学的后现代反省》，《自然辩证法研究》2005 年第 5 期。程国斌《当代中国生命伦理学研究的缺陷及其历史使命》，《新疆社会科学》2008 年第 2 期。

是要按照西方的生物医学模式来研究,而是要将道家关于生命的哲学思想和伦理思想融入到生物医学伦理问题之中,以构造独特的中国生命伦理学。

3. 传统与现代:医学伦理学 vs. 生命伦理学

从根本上来说,生命伦理学是传统医学伦理学的现代版本。[①] 尽管不同的学者观点有所不同,但基本上都把生命伦理学视为由当代生命科学技术和医疗卫生保健服务所引发的一门新的前沿交叉学科。美国学者 Daniel Callahan 认为生命伦理学包含更加广阔的领域,如医学、生物学、环境、人口和社会科学,而医学伦理学则相对来说较为狭窄。生命伦理学在最近 30 多年中发展迅速,在国际学术界一直占据着主导地位,在中国也不断发展壮大,大有取代传统医学伦理学的势头。

有一种观点认为生命伦理学中包含了医学伦理学,这种观点在笔者看来实际上有所偏颇。如《国际伦理学百科全书》将医学伦理学视为生命伦理学的一个组成部分,它强调的是医学伦理学与生命伦理学的共同交叉部分,但是难免忽略了生命伦理学中区别于医学伦理学的独特内容。生命伦理学与医学伦理学虽然有很大一部分是交叉的,但是彼此又各有不同的研究内容。生命伦理学的重点是现代生物医学技术引起的伦理难题,这在传统的医学伦理学中是基本上没有涉及的;医学伦理学的重点是医患关系及医生的道德义务、道德美德、道德修养等,所面对的临床实践中的实际道德难题,这些虽然与生命伦理学的议题密切相关,但却不是它的核心内容。因此,生命伦理学与医学伦理学不是包含与被包含的关系,而应该是相互交叉、各有异同的关系。用图来表示如下(见图1-1):

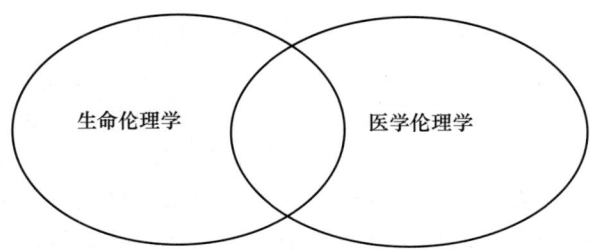

图 1-1　生命伦理学与医学伦理学的关系

现代生命伦理学与传统医学伦理学除了研究范围的不同之外,一个非

[①] 胡林英:《什么是生命伦理学?》,《生命科学》2012 年第 11 期。

常重要的区别是研究的思维方式发生了很大的转变。受 20 世纪英美分析哲学和元伦理学的影响，生命伦理学的研究方法更多的是一种批判性分析与反思，强调道德判断的论证与推理，很多新的伦理学方法被学者们创造并使用，如反思平衡法、殊案决疑法等；而这些是传统医学伦理学所不具备的，它无疑极大地扩展了医学伦理学的研究视域，改变了传统的伦理学运思方式。

二　生命伦理学的学科定位

生命伦理学作为一门新兴前沿交叉学科，它的学科定位是需要明确的。只有在明确了它究竟是什么学科之后，才能恰当地界定其研究范围和对象，探讨其研究方法。

1. 规范伦理学

生命伦理学的第一个基本定位是将其看作一门规范伦理学。规范伦理学是当代伦理学的主流范式，构成了伦理学的核心内容。作为规范伦理学，生命伦理学的重点显然是制定出生物医学临床应用和科学研究领域中的道德规范，并为相应的道德规范做出伦理辩护和论证。在具体的情景和语境中采取何种行动或办法，都应该进行伦理论证，在论证的过程中讲究逻辑推理，这是规范伦理学的基本要求。特别要注意的是，有些论证不属于伦理论证，比如在论证是否应该克隆人的时候，有些人说它"禁不住"，这不能构成一个有说服力的伦理理由。因为许多不符合伦理的事情并非我们"禁不住"，"做不到"的事情并不代表它就是对的，就是应该允许人们去做的。如果这些理由成立，那么杀人犯也可以此为借口为自己的过错行为进行辩护。这显然是不符合人们的道德直觉的。

生命伦理学很显然区别于传统医学伦理学的美德伦理范式，其重点不再是着眼于医生的高尚道德品质和人格，而是将眼光从医生个人身上转移至作为制度化、组织化的医学组织，更加强调制度化生存下的医务工作者和医学研究者的行为规范。很显然，这是一种从美德伦理学到规范伦理学的视角转换，归根结底，它要追问的是一个人在具体的语境中究竟应该做什么、不应该做什么，以及如何做的问题，它基本上或很少考虑一个人应该如何成为道德高尚的医生的问题。也就是说，规范伦理是以道德行动为中心的（moral action-centered），而美德伦理则是以行动者为中心的（moral agent-centered）。

2. 应用伦理学

生命伦理学是应用伦理学，这是大多数学者都认同的观点。作为一门应用伦理学，首先要问的是：它应用什么？如何应用？按照通常的理解，应用伦理学也属于规范伦理学的一部分，它是将规范伦理学或道德哲学所确认、证明了的理论应用于具体的实践领域。人类生活领域多种多样，生物医学只是其中的一个基本应用场景而已。

作为应用伦理学，生命伦理学应用的是一些基本的道德哲学理论。也就是说，道德哲学才是生命伦理学的根本基础，失去了这个基础，它就会成为无源之水、无本之木。目前，在生命伦理学界，几种常见的理论有：康德的义务论、功利主义、美德论、女性主义、关怀伦理学等。也就是说，占据主导地位的是西方的各种理论，中国哲学中的一些道德理论在其中不见身影。按照有些学者的理解，这是一种普遍主义的理解范式，它遵循的是"普遍理论—中国应用"（或"一般规范—具体应用"）的进路模式，它是西方生命伦理学在中国的应用、普及和合理转化，这种模式很容易陷入应用难题，它实际上预设了一个重要的前提假设，那就是关于伦理学知识的普遍主义承诺。①

作为应用伦理学，生命伦理学的视野很容易受到局限。由于学者们习惯于选择性地运用自己所熟悉、认同、秉承的某种哲学观点或道德理论，就会不遗余力地对这种理论加以论证、修饰，夸大自身的优点，批评对立理论的弱点，大有一副非此理论不可的架势。这显然不是一种客观的公正的学术态度。这也就是为什么对同一道德现象学者们的看法、观点、态度存在很大差异的原因。由于自身所拥有的理论资源不同，所运用的伦理原则与规范不同，所看问题的侧面不同，就会形成这种千人一面的局面。

作为应用伦理学，生命伦理学实际上涉及很多学科，因而属于交叉学科。它涉及哲学、伦理学、社会科学、医学与生命科学。它与这些学科的关系可以用图1-2来表示，其中阴影部分表示生命伦理学。

规范性、应用性是生命伦理学的两个基本定位。由此，我们可以看出这门学科的最基本特征。邱仁宗指出，生命伦理学有5个方面的独特性质：规范性、理性、实用/应用性、证据/经验知情性、世俗性。② 理性是哲学的基本特点，它"不唯上"（权威）、"不唯书"（经典），只唯理，依靠人的理性能力。这种理性也是很讲究证据、证明和论证的，要从经验事实出发，提出经得起反驳和考验的案例、数据，而不是凭空想象和捏造。至于生命伦理学的世俗性，则是从世俗的观点而不是宗教信仰的角度来研

---

① 田海平：《生命伦理学的中国话语及其"形态学"视角》，《道德与文明》2015年第6期。
② 邱仁宗：《理解生命伦理学》，《中国医学伦理学》2015年第3期。

究生命伦理问题，认为信仰和理性分属于两个不同的领域。邱仁宗甚至认为，"基督教生命伦理学"是自相矛盾的，因为它是以上帝存在为前提，但上帝存在是一个信仰问题。现代社会基本上是一个世俗社会，虽然很多人有自己的宗教信仰，但这并不能取消生命伦理学这门学科的世俗理性特征。

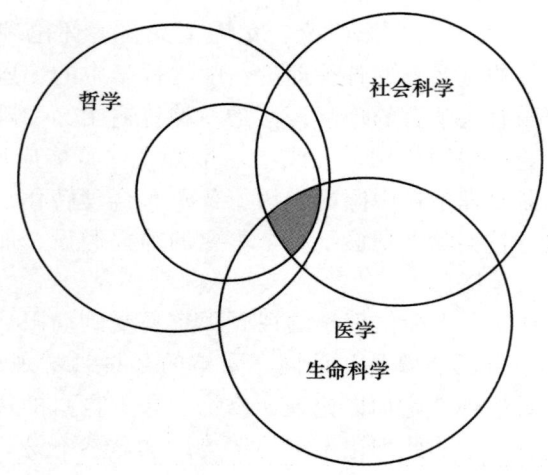

图 1-2　生命伦理学的学科交叉关系

三　生命伦理学的研究对象与范围

任何一门现代意义上的学科，都应该具有相对稳定的研究对象与范围。生命伦理学的研究对象与范围的确立，对于学科建制的完善与成熟来说是基础性的。

1. 生命伦理学的研究对象

生命伦理学的研究对象究竟是什么？从字面上来理解似乎就是生命。如果这么理解，那就陷入了想当然。仔细研究当代生命伦理学的专业论文，便可以发现，生命科学技术和医疗保健是它的两大研究主题，它的研究对象自然是围绕这两个核心主题展开。我国著名生命伦理学家邱仁宗教授颇为形象地指出，"生命伦理学的研究要以生命科学技术、医疗卫生领域中的伦理问题为中心进行，这是'的'，射这个'的'的'矢'是伦理学理论。多数人应该研究如何射这些'的'"①。可以说，邱仁宗的见解是十分准确的，对生命伦理学的研究对象和学科性质有了较为准确的把握。

具体地说，生命伦理学的研究对象是临床、研究、公共卫生和新兴生物科学技术，讨论的是它们所引起的实质伦理和程序伦理问题。② 关键是，它研究的是伦理问题，而不是医学问题、科学技术问题、经济问题、社会问题和法律问题。这是一个最明显的区分。所以，首先要鉴别伦理问题，不能把非伦理的问题搅混进来。生命伦理学不解决科学技术的客观事实性问题，不涉及事实如何的实然问题，它只涉及人类究竟该如何对待生物科学技术、如何使用医疗卫生保健的价值问题，这是区别于实然的应然问题。

2. 生命伦理学的研究范围

一般认为，生命伦理学的研究范围包括五大领域：理论生命伦理学、临床伦理学、研究伦理学、政策和法制伦理学、文化生命伦理学。③ 其中，理论生命伦理学主要解决生命伦理学的理论基础问题，属于较为抽象的哲学问题，可以说是探究的理论根基。临床伦理学属于较为传统的医学伦理范畴，主要解决在临床语境中如何制定出合乎道德要求的决策的问题，不仅涉及决策的权利主体，而且涉及权利的对象和范围。研究伦理学是在现代生物医学研究模式的基础上产生的，探究如何在涉及人类受试者的医学科学研究中保护受试者的问题，这基本上超越了传统医学伦理的研究范畴。政策和法制生命伦理学也是全新的研究领域，传统的医学伦理也较少涉及，它探究的是如何在公共政策的范围中制定出合理的、经得起伦理道德辩护的生物医学政策、条例、法规和法律，很显然，这部分内容与生命法学、公共政策、社会学、人口学等学科密切相关。文化生命伦理学主要是从社会文化、历史、思想等角度对生命伦理学进行探究，涉及历史学、文化学等人文学科。

从生命伦理学的五大研究领域可以看出，理论生命伦理学属于这门学科的根基，文化生命伦理学属于它成长的环境，而临床伦理学、研究伦

---

① 转引自陈泽环《科技与人文之间的生命伦理学——基于文本分析的当代研究反思》，《道德与文明》2015年第6期。
② 邱仁宗：《理解生命伦理学》，《中国医学伦理学》2015年第3期。
③ 邱仁宗：《21世纪生命伦理学展望》，《哲学研究》2000年第1期。邱仁宗教授反对将生命伦理学变成一个各个学科来相会、展示自身的平台，它不是一个"大口袋"，也不是"一碗杂碎汤"，他所批评的对象是亚洲生命伦理学联合会对生命伦理学所下的定义。不能从生命伦理学的跨学科性、交叉性来取消它自身作为一门学科的独立性。参见邱仁宗《理解生命伦理学》，《中国医学伦理学》2015年第3期。

理学和政策和法制伦理学这三大部分属于它的核心内容，构成了这门学科的主干。五大部分相互支撑、相辅相成，构成了一个有机统一的整体，任何一个部分都是不可或缺的。

上述关于生命伦理学研究范围的分类实际上是邱仁宗教授引用美国生命伦理学家卡拉汉（Dan Callahan）的，这是他为生命伦理学百科全书所写的"生命伦理学"词条。① 对此，国内部分学者实际上是存有异议的。如东南大学孙慕义教授认为，生命伦理学应该包括原理、原论与原用三部分，其中原理包括原生命伦理学、文化生命伦理学和生命神学，原论包括生命伦理学的历史、基本体系、基本原则、研究对象、方法等，原用即应用生命伦理学，包括医务伦理、死亡伦理、卫生经济伦理、社会生命伦理、自然环境与生态伦理等。② 孙教授的分类法无疑是很有理论深度和启发意义的，为我们理解生命伦理学提供了一种宽广的视野。但是，作为学术观点，笔者并不大赞成他的这种分类。原因是，它将问题搞得更加复杂而模糊，所谓的"原理、原论与原用"这些概念是一般人较难理解的术语，不宜用来对一门学科做较为清晰明白的划分。社会生命伦理究竟指什么，也没有清楚明白的说法。

四　生命伦理学的研究方法

任何独立的学科都有自己的研究方法。生命伦理学的方法有哪些？这些方法究竟有什么独特性？生命伦理学显然是要解决临床、研究和公共卫生工作中的实质性和程序性问题，解决这些问题的方法就变得十分重要。

按照我国著名生命伦理学家邱仁宗的理解，这些方法主要有：论证、反思平衡、思想实验和判例法。论证就是要给出令人信服的理由来支持道德行动或理论，它由断言、支持和根据三要素组成。对论证也可以形成反论证，以找出论证过程中存在的自相矛盾、前后不一致之处，发现无穷倒退、反例和谬误等。论证的形式主要有演绎论证和归纳论证两种形式。反思平衡法是由罗尔斯在《正义论》中提出来的，其基本程序是：（1）从初始道德判断开始；（2）对它们进行筛查，获得经过考虑的道德判断；（3）运用已有的或新的道德原则对其进行解释；（4）如果道德原则与经过考虑的道德判断之间发生冲突，那么就进行修改；（5）重复上述步骤，

---

① Callahan, D., "Bioethics", in Reich, W. T. (ed.), *Encyclopedia of Bioethics*, Revised edition, New York: Macmillan, 1995, pp. 247–256.
② 孙慕义：《生命伦理学的知识场域和现象学问题》，《伦理学研究》2007 年第 1 期。

直到达到连贯、一致、平衡的状态。思想实验是人们在大脑中构造的一个或一组假想的实验，提出问题，揭示思考中的不一致，展示令人困惑的事，以支持或反对某种伦理道德观点、论证或理论。[①]

判例法（casuistry），也称之为殊案决疑法，是基于案例的一种应用伦理学推理方法，它主要通过范例、案例来指导人们的实践行动。这种方法不是从抽象的道德理论开始，而是从具体的案例入手。它一般是从一个独特的先例开始，然后考查现有的案例情景与它有多少匹配之处，与之相同的则以相同的方式处理，不同的则用不同的方式处理。以案例的方式，人们理解起来更加形象生动具体，不会像抽象的道德规范那么让人费解。特别是一些标志性的案例，对具体的道德和法律实践具有重要的指导意义和参考价值。在判例法国家，案例的重要性就显得尤为重要了。中国虽然属于大陆法系的国家，法律的判决主要是以法律条文为依据，具体的案例参考意义不是很大；但是，在伦理学领域，特别是在尚未形成规范性的指导文件和文本之前，案例的作用仍然是不能被低估的。只有通过详细的案例分析，才能找到经得起辩护的伦理规范。事实上，很多重要的法典、法规都是在案例、法院判词的基础上形成的，如《纽伦堡法典》《贝尔蒙报告》等。

第二节　生命伦理学的话语体系

生命伦理学作为一门相对独立的学科，有着自身独特的话语体系。这种话语体系的形成部分是由于哲学伦理学的学科特点与性质决定的，比如关于道德普遍主义和特殊主义的争论，部分是由于生命伦理学自身的特点带来的，比如关于原则主义和反原则主义的争论，也有一些涉及这门学科的意识形态话语，比如关于生命伦理学的国际化与本土化之争。

一　原则主义 vs. 反原则主义

原则主义的争论主要是来自比彻姆和邱卓思提出的生命伦理学四个基本原则：尊重自主性、不伤害、有利和公正。由于这四个原则在国际生命伦理学界产生了广泛的影响力，其著作也被人们经常作为经典的生命伦理学教科书。"四原则"来自于康德主义的理性哲学传统，明显带有一种西

[①] 邱仁宗：《试论生命伦理学方法》，《中国医学伦理学》2016年第4期。

方文明的烙印。对它的质疑不仅是来自文化文明的差异与冲突，更是来自理性内部的自我反思与批评。

1. 原则主义的基本逻辑

原则主义的基本逻辑是承认伦理原则对于实践生活的指导性意义，认为伦理学的主要任务是制定一系列规范性的原则、规则，以此作为生活的伦理指南和教科书。这是一种典型的规范伦理学思路，在现代道德哲学中占据突出的主体地位。基于此，现代伦理学通常被划分为三个相互独立而彼此相关的领域：元伦理学、规范伦理学和美德伦理学。尽管这种划分不完全，但它部分表明了规范性在现代社会的公民道德生活中具有极其重要的突出地位。简单地说，规范伦理学就是告诉人们在道德生活中应该"做什么""如何做"的学问，这种规范实际上就是条条框框的规则、规矩。依靠这种先行制定的规范，人们的生活才可以变得相对明晰，人们的道德行为才变得是相对可控、可预料和可期待的。无规矩不成方圆，无伦理规范，人的道德生活秩序就会变得杂乱无章。

原则主义的有效性被现代社会的法律法规所证明。这一点是毋庸置疑的。任何反对道德原则有效性的人，都必须正视法治社会的基本理念。原则主义在生命伦理学领域主要体现在政策、伦理指南和法律法规之中。在这些领域，人类社会不断吸取经验教训，制定了很多有用的伦理规范和指南。这是生命伦理法律化的基本趋势，在国际社会和中国都是不可忽视的组织力量。例如，《纽伦堡法典》正是基于二战期间纳粹医生惨无人道的暴行对纳粹战犯进行审判，伸张人类社会的公平正义，基于法官的判词才形成了一部重要伦理法典，直到今天依然是指导涉及人类受试者的生物医学研究的基本规范。我们不可忽视它们对于推进人类文明进步的重要作用。

2. 原则主义的弱点

道德原则的有效性并不能保证它在任何时候、任何场景中都是百分之百的完满和有效。有原则就有例外。原则只能处理它所能管辖的经常性、常见性问题，对于一些特殊的案例，很多时候是失效的，这些构成了原则主义的弱点。

第一，抽象的原则主义不能解决所有生命伦理问题，单凭几个原则是不足以解决复杂的生命伦理问题的。理论是灰色的，但生活之树常青。人的道德生活是多种多样的，试图用几个有限的原则去涵盖多元的道德实践情景，多少是有点武断而不切实际的。例如，在欧美生命伦理学界广泛应用的自主性、有利、不伤害、公正"四原则"就遭到了其他文化语境中的学者的普遍质疑。自主性原则明显是西方自由主义的权利话语建构起来的一个原则，它与东方文化传统有着明显的差异。对于一个受儒家文化深刻影响的国家，虽然权利意识在逐渐高涨，但是某种程度的家庭主义与和谐价值观仍然占据中国意识形态的主流。

第二，对原则的运用需要考虑到具体的案例情景，但是人们通常会犯一些错误，要么是制定出来的各个原则之间彼此会发生冲突，例如在临床中经常会发生不伤害和有利原则之间取舍的两难；要么是对原则的引用不当（本来是适用A原则，却引用了B原则），从而导致原则与案例的分离和不相干；要么是对原则的分析不到位，不足以解决该案例情景中的现实难题，容易导致文不对题的情况；要么是对原则的执行不到位，例如在临床决策中知情同意的原则有时候很难以完全的、无瑕疵地贯彻下去，经常可能的情况是不同的医生对知情同意原则的理解不一样，重要性认识不一样。

第三，原则主义的方法体现了价值多元化视野中的生命伦理学的基本特征。普遍性的原则之所以不能够解决具体案例情景中的特殊问题，就是因为它没有考虑到人的道德情感和道德体验，而这种情感和体验带有主观的色彩，不是纯粹的道德理性。在后现代的、多元化的道德境遇中，人们对好与坏、善与恶的评价也趋向于多元，道德行动与决定也变得日益复杂。[①] 我们必须对伦理学理论进行重新定向，思考道德行为与人的主观性和文化背景之间的复杂关联。任何理性主义的道德哲学都高度依赖于理性的超验性，将道德主体设想为与具体情境不相关的行动个体。这是康德主义、功利主义等经典哲学理论的基本预设。

总之，原则主义的方法遭到了国内外很多学者的质疑和反对。但是，要值得注意的是，究竟是反对原则主义本身，还是反对西方的某种原则理论（如"四原则说"）。如果是反对原则主义本身，那么就是在提倡一种无原则的后现代道德哲学理论[②]；如果是反对西方的某种原则理论或学说，那么则反对的是西方原则背后的文化霸权，而其主张的理论本身则很可能就是原则主义的。例如，恩格尔哈特将比彻姆和邱卓思的"四原则"好不

[①] 雷瑞鹏：《价值多元化中的生命伦理学》，《华中科技大学学报》（人文社会科学版）2002年第4期。

[②] 要想完全解构现代道德哲学的原则与规范，必须用后现代的哲学理论来进行。后现代理论主张消解理性主义、本质主义，主张去中心化、独断论、权威主义，对各种理论形态进行话语形态分析。然而，中国虽然受到后现代主义思潮的影响，但整个社会的进程仍然处在现代化的进程之中，属于现代化的进行时状态。因此，要想完全推翻中国语境中的道德理性主义传统，其实并不适合当下理论实践的需要。这是作者的一个基本判断。

客气地嘲讽为"佐治亚城的咒语",意思是人们程式化地应用这些原则去解决生命伦理问题,就像法师们机械地念咒语一样。① 李瑞全、范瑞平等人用儒家的仁爱、公义、诚信、和谐等原则②来反对四原则,其理论思路仍然承认原则的有效性,遵循原则主义的基本逻辑,只不过原则背后的哲学基础和文化语境则是完全不同的,其所坚持的是某种充满内容的实质伦理学,彰显的是某种道德文化价值的立场。

二 普遍主义 vs. 特殊主义

道德普遍性和特殊性是道德哲学中的一个持久争论。按照康德的理性主义道德哲学,道德规则应该成为普遍的,才能成为指导实践生活的绝对命令。相对于纯粹理性的道德法则而言,道德规范显然没有什么特殊性。一个原则被制定出来,如果没有普遍性,那么它的约束力、有效性就会大打折扣,人们对于心中道德律的信仰就会动摇,道德规范和生活就会趋于不稳定。

1. 道德普遍性何以可能?

道德普遍性问题是规范伦理学的核心论题之一。如果一个道德规范制定出来,却没有普遍性或者至少是一定程度的普遍性,那么这种道德规范的制定是不合理的。道德规范之为道德规范就在于它的普遍适用性,即对它的适用对象而言是普遍可行的,没有任何人能够超越它的规范制约。这是道德规范之为规范的基本要义。

如果一个道德规范是普遍的,那么它究竟在什么意义上、在什么范围和程度上是普遍的?这是我们首要考虑的问题。在世界上究竟有没有绝对普遍存在的道德规范,而为全世界所有国家的人民所共同持有?对于这个问题的不同回答,将直接导致我们对于道德普遍性和道德特殊性的争论。

考虑到人类社会存在的道德多样化事实,即生活在不同社会生活中的人们彼此持有相对不同的道德信念,我们对上述问题的回答是相对客观的。基于道德多样性的事实,我们不可能持有一种统一样式的全球伦理学或普遍伦理学,但同时我们仍然认为生活在不同宗教文化背景中的人们仍然有某种程度对话的可能性。这样,我们是基于一种理性的考虑,而不是某种伦理上的中庸之道。承认差异性的存在,意味着我们要放弃强道德普

---

① 郭玉宇、孙慕义:《诺斯替主义对后现代生命伦理学兴起的启示》,《伦理学研究》2009年第4期。

② 李瑞全:《儒家生命伦理学》,台湾:鹅湖出版社1999年版;范瑞平:《当代儒家生命伦理学》,北京大学出版社2011年版。

遍主义；承认人类不同文化之间沟通对话的可能性，意味着我们要放弃绝对的道德相对主义。

于是，我们要拒斥两个极端，一个极端是绝对的普遍伦理学或全球伦理学，一个是绝对的伦理相对主义。宣称某种统一的全球生命伦理学是类似马丁·路德·金式的"人类和解"的梦想，还是同质的、最小公分母的伦理学的梦魇？[①] 现在国际上有一些人尝试着制定一种普遍伦理学或全球生命伦理学，以此来规范不同社会文化中的人们的道德行为。如果所制定出来的伦理规范确实能够成为全世界所有人们共同遵守的"基本道德价值"或普遍基础，那么它就能够成为一种普遍的道德底线。问题是究竟谁掌握着制定这些道德底线、基本道德价值的话语权。如果它只是为少数西方国家所掌握，仅仅是由西方学者来制定所谓的国际伦理准则，那么它很可能将西方生命伦理学范式强加给其他国家，从而成为一种伦理帝国主义（ethical imperialism）。打着普遍道德、普遍人权的旗号，而将自己国家的文化价值观灌输给别的国家和人民，这是一种意识形态的输出和控制，是一种文化上的霸权和强权，也是我们要始终警惕的。

对伦理相对主义的拒斥需要认真地进行理性谋划。究竟在什么意义上谈论伦理相对主义，这是要首先考虑的问题。相对主义可以在三种层次上来思考：本体论、认识论和价值论。伦理相对主义显然是一种价值论意义上的，它主张道德价值是相对的，是具有语境依赖和文化依赖的产物。在不同文化价值立场中的人们，彼此承诺的是不同的道德规范。如果人们是彼此不同的，那么一种全球范围的伦理学共识何以可能？构建全球生命伦理学正是要奠基一种全球范围内适用的最低限度的道德规范和要求。这种道德共识要么是程序性的规则，供不同的人们在实践中无差别地遵守，它是无内容的程序正义；要么是实质性的道德规范，姑且称之为道德底线，它是人们彼此之间相互承诺的不可逾越的最低道德要求。如果这种最基本的道德共识能够形成、产生，并得到人们的认可和遵守，那么伦理相对主义就在事实上遭到了反驳。笔者的一个基本论断是：仅凭道德多样性、多元化事实，并不能必然推论出伦理相对主义的结论。

2. 生命伦理学中人权的普遍性

虽然我们不承认有某种统一模板的生命伦理学存在的可能性，但是并不意味着没有什么东西是人类社会所共有的。1993年世界宗教大会上，来自40多个宗教的大约200位领导人签署了由德国神学家汉斯·昆起草的

[①] 单继刚：《全球生命伦理学——梦想还是梦魇？》，《世界哲学》2002年第5期。

《通向全球伦理》（Toward a Global Ethics）的声明，宣布了不同宗教所享有的共同价值观，如尊重生命、团结、宽容和平等权利。

在生命伦理学领域，2005年联合国教科文组织（UNESCO）颁布了《世界生命伦理和人权宣言》（The Universal Declaration on Bioethics and Human Rights），至今几乎被世界上所有的国家所采用。这说明普遍的人权话语是我们这个时代的最强音，也是最为普遍的共享价值观。当然，也许不同的国家对于人权的理解不一样，对于人权的捍卫与实践不一样。不论我们身处什么样的政治、宗教、文化背景中，权利始终是法治社会建设的最核心的论题。①

三　国际化/全球化 vs. 中国化/本土化

生命伦理学的国际化与中国化、全球化与本土化之争也是一个重要的核心议题。如何在二者之间保持一种恰当的平衡，需要高超的伦理智慧。因为，"当生命伦理学追求普世价值时，它担心失去本土文化而缺乏根基；而当其崇尚多元、保持自身民族和地区特色时，又担心难以融入国际社会而期望某种具有约束力的普世价值规范"②。正确地处理二者之间的张力，需要我们在学理上进行认真的分析和清理。

1. 全球生命伦理学何以可能？

我们要思考的问题是：首先，如果有某种全球生命伦理学（global bioethics）③，它是如何可能的？其次，如果它是可能的，是否存在一种统一模式的全球生命伦理学？对这两个问题的回答基本上是否定的。我们只能断言：存在全球生命伦理问题，但绝不存在某种统一的全球生命伦理学。也就是说，所要试图去解决的问题可能是普遍的、全球的，但解决问题的

---

① 恩格尔哈特认为不可能达成全球生命伦理学的基本共识，人们并没有分享一个共同的道德，即使分享也不过是分享对于权利和善的不同理解罢了，应该拒绝通过国际法和公共政策实现单一的普遍道德和伦理。人类社会究竟能否达成基本的道德共识，是一个非常复杂的哲学问题。我们姑且不考虑哲学层面的分析和论证，单从目前已经出台的国际准则和伦理法规而言，可以看出，事实上人类社会还是有一些基本的东西是共享的。个人认为，权利就是这种普遍的话语和意识形态，尽管人们对它的理解可能不尽相同。参见〔美〕恩格尔哈特等《全球生命伦理学：共识的瓦解》，《医学与哲学》2008年第2期。

② 杜治政：《文化多元与全球化境遇中的生命伦理学》，《科学文化评论》2008年第4期。

③ 1988年波特出版了他的第二本生命伦理学著作《全球生命伦理学——建立在利奥波德的遗产之上》（Global Bioethics: Building on the Leopold legacy），强调了生命伦理学的生态学视角，认为伦理的发展应该分为三个阶段：第一个阶段关注人与人之间的关系，第二阶段关注个人与社会的关系，第三阶段关注人类与其所处的环境（土地、动物和植物）之间的关系。生态伦理学/环境伦理学于今已经是独立于生命伦理学的研究范畴。

方式、思路、伦理论证与哲学基础则是特殊的、国别化的。要证明这一点其实并不太难，美国生命伦理学家恩格尔哈特早就论证了后现代社会中的生命伦理学境况。

统一模式的全球生命伦理学是自我挫败的，它不可能真正建立起来。在全球化时代，有不少人成为全球公民或跨国别公民，这些人在不同的国家生活，在不同的文化语境中悠然自得，甚至有些人是双重国籍，接受两个或多个国家的规制。按照恩格尔哈特的说法，每个人实际上是扮演着双重道德生活：道德朋友和道德异乡人。面对道德朋友，我们彼此持有相同的道德信念——接受同样的实质性道德价值观，遵守一样的道德规范，彼此之间形成一个稳固的道德共同体。面对道德异乡人，我们彼此之间就像陌生人，各自持有不同的道德信念和宗教信仰，彼此的道德价值观存在深刻的差异，甚至无法展开有效的对话、交流，彼此之间存在不可通约性，严重的时候可能产生冲突和战争。对于道德异乡人，我们不可能建立任何实质性的道德规范，只能创建无内容的程序性、形式性规范，让大家在共同的环境下生活得相安无事。对于道德异乡人而言，相互包容与承认是非常重要的原则，承认彼此道德价值观存在的合理性，包容对方的道德生活与我是不一样的，并且未经允许不能采取强制手段去干预它。

生命伦理学的国际化是当今生命伦理学的发展趋势。"国际化"的意思是它在全世界范围内广泛存在，但并不存在统一的模板。人类今天变得比过去任何时候都更加相互依赖，更加注重彼此之间的相互合作，正日益成为一个世界性的共同体。然而，任何版本的全球生命伦理学要么容易被滥用，要么显得无用。之所以被滥用，就是打着全球生命伦理学的旗号，行文化霸权主义、道德帝国主义之实。之所以无用，就是胡编滥造的模式对于实际问题的解决毫无帮助。只有一种最弱意义上的全球生命伦理才是有意义的，这就是它只关注"不同的传统、宗教和文化，对其共性不予关心"①。因此，现代生命伦理学具有全球性质和本土特征两个特点。

然而，值得注意的是，我们虽然拒绝承认统一模式的全球生命伦理学，但并不意味着我们要否认某种形式或限度的"全球伦理"。全球生命伦理学应该被理解为生命伦理学在世界范围内的延伸与发展，不应该理解为一种强势文化语境中的生命伦理学对弱势文化语境中的生命伦理学的殖民入侵。这正是道家生命伦理出场的语境，也是建构中国生命伦理学、追

---

① 〔美〕Henk A. M. J. Ten Have、Bert Gordijn：《全球生命伦理学》，陈月芹译，《医学与哲学》2015年第1A期。

问道家生命伦理学何以可能的基本前提。在这个理论前提下，我们考虑道家哲学的特殊性和它的独特文化内容，思考中国本土问题的基本语境及可能的解决思路，这些都是带有很强文化语境的哲学思想和道德规范。只不过，承认道家文化的特殊性，并不意味着要否认它的普遍性价值，也不是要否认人类所共同承认与坚持的基本伦理原则和道德底线。在这个意义上，我们似乎可以说，具有普遍意义的"全球伦理"是可能的，而且在世界范围内一定程度地存在；而具有普遍意义的"全球生命伦理学"则基本上是不可能的，因为生命伦理学是携带文化基因与道德特殊性的。

2. 生命伦理学中国化何以可能？

生命伦理学中国化的一个基本事实背景是道德多元化。这意味着在面对相同的生命伦理问题的时候，中国人和西方人在处理问题的方式、思考问题的推理逻辑以及隐藏在背后的文化价值观存在深刻的差异性。这种差异性要么是宗教信仰上的，要么是哲学思维上的，要么是道德价值观上的。不论是哪一种，都说明了一个基本的事实，那就是即便是在全球化的今天，世界各地形形色色的人们并非是被资本主义完全抹平的单向度的人，而是每个人都戴着各自不同的面具，有着各自不同的思想细胞和价值逻辑。今天，在肯德基、麦当劳里同你一样吃着垃圾食品的人们，在星巴克咖啡店里与你坐在一起聊天的人们，表面上与你和平共处、相安无事，各自守着最基本的人际交往的道德底线，但内心深处也许隐藏着某种难以彼此相容的道德价值观。社会在不断地进步、开放、包容，并不意味着彼此没有分歧，相反，这种分歧往往时不时以一种激烈的矛盾形式暴露出来。各种此起彼伏的社会运动、恐怖活动、局部地区爆发的战争等，都是道德分歧、文化冲突的表现形式。

在全球化时代思考生命伦理学的中国化，要求我们讲全球问题、说中国话。讲全球问题，意味着生命伦理学中的大部分问题是彼此共通的，这是一个客观事实。在中国发生的很多问题，在西方也依然存在。比如，基因技术带来的关于人的尊严问题，医疗卫生资源的分配正义问题，生物医学研究中人类受试者的保护问题，这些是各个国家都要面临的问题。就生物医学技术本身而言，它是客观存在物，任何国家之间只有成熟与否的区别，而无本质性的差异；但是，就处理技术本身带来的社会、法律、伦理挑战时，各个国家之间则可能存在本质性的分歧甚至冲突，因为它涉及主观性的道德价值观和宗教文化信仰的差异。

只要我们坚持讲中国话，生命伦理学的中国化就是可能的。当前，很多国内的学者都习惯于引用、套用西方的生命伦理学原则、理论来解释中国问题，完全忽视了中国本土独有的生命伦理文化资源。这是一种很不好的现象，我们必须学会讲中国话。讲中国话，并不是简单地使用中文这门语言，而是要以中国独有的儒家、道家和佛教思想资源来解释、论证、重构生命伦理学。这不仅仅是一种理论自觉，更是一种文化寻根。连美国生命伦理学家恩格尔哈特都意识到，中国有着深厚的传统伦理资源，必须加以研究和吸收，用自己的文化语言来阐释生命伦理学的意义。[①] 当然，讲中国话并不意味着我们要拒斥西方的生命伦理资源，这种狭隘的、封闭的民族主义立场同样是不可取的。

四 西方话语 vs. 中国话语

生命伦理学最初是在美国诞生，然后逐渐在全球范围内发展繁荣起来的。生命伦理学自诞生之初起，就不可避免带有西方话语的文化基因，及至发展至中国，就面临着一个话语转换的问题。

1. 生命伦理学之西方话语霸权：自由主义与个人主义

近半个世纪以来的生命伦理学发展历程表明，它主要是以西方文化价值观和伦理原则为基础的。尽管各个国家都在兴起生命伦理学研究的热潮，但在西方和东方国家之间，存在着一种出口理论（story of exportation）的过程，西方国家凭借其在政治、经济、文化等方面的强势地位，在道德价值观上也对非西方国家有一个不断渗透的过程。它属于意识形态的一部分，在某种程度上助推了道德殖民主义（moral colonialism）的形成。[②] 要想出口理论，首先就要发明理论、创造理论（story of invention），并在全世界范围内推广。实际上，就是要编造一个美丽动听的故事，让大家信它、服它。出口理论和发明理论，正如讲故事和编故事，是一个问题的两个不同方面而已。

生命伦理学在美国产生是有着非常重要的历史背景的，这就是它的自由主义和个人主义传统。具体表现为在临床决策领域对医学家长主义的批判，公民权利运动的兴起，病人权利意识的高涨，与市场经济相伴随的自由精神和个人价值观，不断涌现的新兴生命科学技术对生命价值的冲击等。这些都是美国民族精神气质的体现，没有在美国生活过的人们是很难体会得到的。很多人都是在不知不觉中接受了美国式的生命伦理学，以它

---

① 〔美〕恩格尔哈特：《中国在生命伦理学领域坚持正义的道德任务》，《中国医学伦理学》2008 年第 5 期。

② 〔美〕Henk A. M. J. Ten Have、Bert Gordijn：《全球生命伦理学》，陈月芹译，《医学与哲学》2015 年第 1A 期。

为学术标准，当作纯粹客观的学术产物。其实大谬不然，在人文社会科学领域，纯粹客观的学术活动是不可能的，尤其是像伦理学这种涉及人的道德的价值观，就更加不可能做到客观中立了。伦理学虽然以事实为基础，但却是价值负载的，丝毫不能脱离它所生长发展的文化语境。

生命伦理学中的尊重自主性原则集中地体现了西方的个人主义观念。所谓的人的自主性是建立在个人主义的道德基础上的，它承认每个人作为一个独立的个体存在的基本价值，认为每个人都具有人之为人的基本权利、尊严、意识和能力，并有相应的资格为自己的行为负责。这一原则显然包含了三个最基本的伦理要素：（1）每个人都被认为是道德责任的主体，个人的判断才是最终的道德判断，它不再是上帝的裁判，而是人间的自我裁判；（2）每个人都是平等自由的，不得采取强制、欺骗、引诱等方式使他人做出不利于自己的道德判断和决定，充分的知情同意于是成为生命伦理学中的一个最基本的规则和道德要求；（3）每个人的权利都是自然的天赋人权，除非对他人的自由权利造成了侵犯，任何组织和个人都不得剥夺和限制之。[①]

2. 生命伦理学之中国意识觉醒：儒家、道家与佛教

生命伦理学不仅仅只是西方哲学的消遣，也是团结东方和西方、南方和北方来共同面对并解决现代医学和生命科学中所遭遇的道德难题的一门学科。如果它只是西方的话语霸权，那么就是一种新的帝国主义。生命伦理学应该是自由的、公开的、合理的，它应当拒斥一切教条主义的学说，保持道德的多样性、宽容精神和对话理念。尤其是要反对理性主义的暴政，在理性主义的道德哲学理论之外，我们还有美德伦理学、叙事伦理学、女性主义等其他的理论和传统。[②]

如果我们拒斥一种普遍意义上的全球生命伦理学，那么就表明我们自身的身份意识、独立意识开始觉醒：我们是与他人不同的文化个体。中国意识之觉醒，要求我们从儒释道三家入手，来阐释它们对于生命伦理学的独特内涵和规范性意义。强调生命伦理学的中国意识和文化传统，需要在全球范围加强跨文化的交流与对话。承认自身文化价值的同时，也意味着要尊重他人的文化价值独特性。这是一种最基本的平等意识。我们的问题在于，在引进和应用西方的生命伦理学资源和理论时，没有考虑到其背后

[①] 程国斌：《当代中国生命伦理学研究的缺陷及其历史使命》，《新疆社会科学》2008 年第 2 期。

[②] 单继刚：《全球生命伦理学——梦想还是梦魇?》，《世界哲学》2002 年第 5 期。

存在的文化传统和哲学观念，仅仅从字面的含义和肤浅的解释出发，就轻率地构建中国生命伦理实践的评价和指导原则体系，更有甚者将国外的生命伦理法规和伦理指南进行简单的修改之后，便直接应用于指导中国的实践。这种做法不仅丧失了一种独立的生命伦理意识，更是无助于中国语境下现实生活伦理问题之解决。

第三节 生命伦理学的发展趋势与困境

中国的生命伦理学发展存在很多困境，这些困境被有些学者称之为危机。① 这种说法虽然有点夸大，但确实说明这门学科所存在的诸多弊端。

一 问题化：作为诸多问题现象的集合

生命伦理学发展面临的首要困境是国内大部分学者都将其作为问题现象的集合来进行研究，从而忽视了深层次的哲学研究和文化解读。胡林英博士明确指出，"生命伦理学的主要目标不再是建构宏大的理论体系，也不是制定一套行为准则或宣言，或遵循既定的规则，相反，生命伦理学旨在谋求现实场景中提出伦理问题，并对问题加以深入理解"②。这种观点在中国生命伦理学界具有代表性，照此理解，生命伦理学只是一堆现实问题的集合与分析而已，只是将已有的规范伦理学理论做一种简单的应用与推理，似乎生命伦理学只能做到这些。至于研究哪些问题，胡博士也做了简单的归纳，主要是透析机、人工呼吸机、器官移植医学技术带来的道德困惑，如何保证对生物医学技术的正确使用而不是滥用，辅助生殖技术对婚姻家庭和亲子关系的伦理挑战，医疗卫生资源的分配正义等。

任何学科的发展都是基于问题而产生的，一种基本的问题意识是研究任何学问的起点，生命伦理学也不例外，这个从前文所述的历史发展论述中可以明显看出来。但是，如果一门学科在发展40余年之后，依然被学者们做如此之狭隘的界定，那么就只能表明这门学科的理论水平、理论品格还远远没有达到一门成熟学科的水准。如果一门现代学科竟然沦落至就

---

① 孙慕义教授认为，"汉语文化圈的生命伦理学正在经历危机的时刻"，"中国在发展中，并因对危机的理解不同正在形成差异，我们依然在脆弱中被有教养的人称为所谓有教养的学者"。参见孙慕义《汉语生命伦理学的后现代反省》，《自然辩证法研究》2005年第5期。

② 胡林英：《什么是生命伦理学?》，《生命科学》2012年第11期。

事论事、就问题而论问题的境地，那么这门学科的前景实际上是令人担忧的。

将生命伦理学问题化是国内生命伦理学界长期占据主导地位的研究模式。我国生命伦理学开山鼻祖邱仁宗研究员认为，"以问题为取向，目的是更好地解决生命科学或医疗保健中提出的伦理问题"①。凭借自己在学界的影响力，他的这种观点对中国生命伦理学的发展影响很大。生命伦理学的迅猛发展似乎不允许我们在一些形而上学的理论问题上花过多的精力与时间，因为现实生活中总有一些迫在眉睫的问题亟待我们去解决。多年来，我们"不喜欢搞生命伦理学的形而上学问，只是一味地去进行问题研究"②。久而久之，这样很容易就形成了一个错觉，好像生命伦理学天生就只是随着问题转，跟随问题的潮流，有什么问题就谈什么问题。很显然，追踪热点问题，把握时代的脉搏很重要，也很必要。但是如果一味地去赶潮流，所有人蜂拥而上，生命伦理学难免显得轻飘而没有学术本身的厚重感、质量感，失去了理论的创新价值，研究的视野也会变得十分狭隘。

将生命伦理学问题化真的就能解决了实际生活中的道德难题了吗？如果能够将这些问题彻底地解决，我们似乎可以学一学"少谈点主义""多谈点问题"的精神。然而，我们看到，在生命伦理学领域，不仅传统的医学伦理的老问题依然存在，而且新问题层出不穷。在这些领域，能解决的早已解决，不能解决的似乎一直存在。我们不禁感叹，生命伦理学意欲何为？生命伦理学究竟能解决什么问题？如果不能对这个问题有根本性的把握和理解，那么生命伦理学就始终在围绕问题兜圈子，最终的结局是：问题还是那个问题，山还是那个山，水还是那个水，而生命伦理学只不过是缠绕在现实问题这个山水之上的层层雾霭而已。

将生命伦理学问题化，这直接导致我国生命伦理学的发展存在很多问题。毛新志教授十年前就敏锐地指出，我国"生命伦理学研究的整体水平不高"，"许多学者热衷于研究高新技术等热点伦理问题，忽视了一些更重要的伦理问题"。研究水平不高是多方面原因造成的，首先是与生命伦理学的学科定位有关，如果将生命伦理学仅仅定位为问题式的研究，而不是思考问题背后的哲学理论，甚或根本不去考虑谋划生命伦理学的学科体系、理论体系，那么其理论水平就很难上得去。如果这种"问题式"探究

---

① 邱仁宗：《生命伦理学概论》，中国协和医科大学出版社 2003 年版，第 13 页。
② 孙慕义：《生命伦理学的精神历史、伦理地理以及历史哲学探析》，《医学与哲学》2010 年第 11 期。

的思想观念不改变，中国生命伦理学就很难有长足的进步与发展。其次，是与我国生命伦理学研究人员队伍参差不齐和学术素养太低有关。要真正想做好生命伦理学的研究，就必须拥有多学科的背景，包括生物学、医学、哲学、伦理学以及较强的外语水平和科研能力。然而，生命伦理学圈的"研究人员杂乱，有良好素质的学者太少"，"什么人都研究生命伦理学，不少人缺少伦理学背景和正规培养、训练的人员都一拥而上"。① 这很容易给人一种什么人都能研究生命伦理学的错觉，这对中国生命伦理学的发展是非常不利的。

没有哲学之水的浇灌和文化的沃土，生命伦理学之花终将枯萎。"如果我们不去研究生命伦理学的原理和原论，哪有那么多的指导原则为我们解决困惑提供充分的理论依据？"② 着眼于生命伦理学的长远发展，必须加强其理论的哲学探索，及其相关问题的哲学思考。对具体伦理问题的道德推理和伦理判断，为生命科学技术制定相应的伦理准则与规范，都离不开生命伦理学的基本理论，离不开强有力的理论支撑。生命伦理学的发展离不开道德哲学、生物哲学、生存哲学、生命哲学等基础理论的研究，失去了这样一种理论的根基，生命伦理学必然失去其应有的期望值。

二 建制化：作为各制度建设的推动力

近半个世纪以来，生命伦理学取得快速发展的一个主要标志是不断地体制化、建制化（institutionalization）。这是现代社会不断形成和完善的标志之一。生命伦理学的体制化主要表现在三个方面，一是产生了大量的伦理法典，将伦理道德规范不断法律化、法典化。二是建立了各级生命伦理委员会或医学伦理委员会，作为一种有效的制度组成将生命伦理学编织进制度化、组织化的话语框架之中。三是产生了生命伦理学学术组织、学术机构、学术刊物，将生命伦理学研究不断规范化。

1. 法律化与法典化：道德与法律的关系

生命伦理学的建制化发展表现之一就是其法律化、法典化。③ 可以说，生命伦理学这门学科的诞生与发展是与一系列伦理法典的产生密切相关

---

① 毛新志：《当代中国生命伦理学研究与发展的思考》，《中国医学伦理学》2006年第1期。
② 孙慕义：《生命伦理学的知识场域与现象学问题》，《伦理学研究》2007年第1期。
③ 有学者甚至认为在生命科学领域，已经产生了一门独立的新兴学科：生命法学，它和生命伦理学一样成为一门显学。参见刘长秋《生命法学及其在中国的前景》，《科学学研究》2009年第9期。

的。从《纽伦堡法典》（1947）到《赫尔辛基宣言》（1964），从联合国《世界人权宣言》（1948）到《世界生命伦理与人权宣言》（2005），从UNESCO《世界人类基因组与人权宣言》（1997）到 CIOMS/WHO《涉及人的生物医学研究的国际伦理准则》，生命伦理学的基本理念、原则、规则都已写进了国际准则和政府文件之中，促进了生命伦理核心价值和理念的广泛传播和建立。

中国虽然在生命伦理立法方面与国际社会有一定差距，但近年来在学界和科学界的推动下，相关立法和伦理法典法规的起草编纂也在加紧进行。在生物医学研究、基因工程、器官移植、药品临床试验、转基因食品、艾滋病防控等方面已经出台了相应的法律规范，法律法规体系正在逐步健全。但是，由于国情、文化传统、道德价值观等方面的差异，生命伦理的意识和法制化轨道的建设还存在很多的不足。未来的发展需要生命伦理学家贡献更多的伦理智慧和道德思想。

2. 伦理委员会：道德专家的能为与所为

生命伦理委员会最早在美国建立。早在1973年，美国国会就建立了保护生物医学和行为科学研究中人体受试者的国家委员会，虽然只是短期成立，但影响意义深远。该委员会制定了非常著名的贝尔蒙报告，清晰地阐述了涉及人类受试者的生物医学研究的根本原则。受此影响，美国和其他国家相继成立了国家层面的生命伦理委员会，如美国总统生命伦理委员会、德国国家生命伦理委员会，为政府相关决策提供意见和建议。世界卫生组织和联合国教科文组织也设立了生命伦理学的专门部门，旨在在不同的社会文化背景下促进生命伦理学的发展。通过这种方式，伦理学家开始从"江湖"走向"庙堂"，生命伦理学家开始广泛地进入总统伦理委员会、医院伦理委员会、FDA 委员会、卫生部专家委员会等，从制度的批评者变成制度的捍卫者，甚至成为伦理规则和法律的制定者。[①] 这种体制化的方式，使得生命伦理学成为一门"显学"，有人甚至认为是它拯救了哲学和伦理学研究。

目前，中国的医疗卫生机构已经广泛设立了伦理委员会，总体上已经具备了一定的规模和水平，但与发达国家还有很大的差距。[②] 其设立的目的主要是应对卫计委、药监局关于药物临床试验、辅助生殖技术、器官移

[①] 张大庆：《生命伦理学的演化》，《科学文化评论》2008年第4期。
[②] 2008年的一份调查研究结果表明，被调查的115家医疗机构中设立伦理委员会的比例高达97%。参见张利平等《我国医学伦理委员会组织与管理情况调查报告》，《中国医学伦理学》2008年第6期。

植技术等方面的伦理要求。伦理委员会的主任大部分是医院院长或书记、或其他行政官员出身，缺乏伦理学的背景和知识的训练，没有能力运用伦理思维去做出道德判断。伦理委员会在培训、操作规范、制度建设、监督监管方面存在普遍的困难。特别是，我国尚未有建立从上至下的完整伦理委员会体系，在国家层面也没有设立专门的伦理委员会，造成注册、监督等存在不少问题。

3. 学术组织与刊物：生命伦理学的规范性与独立性

在学会组织方面，目前主要有中国自然辩证法研究会生命伦理学专业委员会、中华医学会医学伦理学分会和2018年新成立的中国伦理学会健康伦理学专业委员会，这是中国生命伦理学研究的主要学会组织机构。

在研究机构方面，目前北京协和医学院、东南大学（2000年）、华中科技大学（2002年）、武汉大学（2003年）、山东大学（2009年）、中南大学（2013年）等高校相继成立了生命伦理研究中心或医学伦理研究中心，主要从事生命伦理的学术研究、交流与培训、伦理审批工作，成为国内医学伦理学和生命伦理学研究的前沿阵地。北京大学还成立了较为专门的中美医师职业精神研究中心（2000年），以更加现代化、国际化的方式来研究医生职业道德、科研伦理，推动相关领域的学术发展。

在学术刊物方面，1980年创办了《医学与哲学》，1988年创办了《中国医学伦理学》，2007年北京大学创办了《中国医学人文评论》。除此之外，《道德与文明》《伦理学研究》《医学与社会》《健康报》《中国医院管理》《中华医院管理》等相关杂志和一些医学院校的学报也为生命伦理学提供了学术交流的平台。

虽然我们已经创立了生命伦理学的专业研究机构、学会组织和学术刊物，但是基本上呈现出较为分散的状态，各个学术研究机构的作用没有得到应有的发挥，相互合作、整体协调的机制还没有建立起来。这使得原本就薄弱的研究力量失去了整体协同效应，更加不利于学术资源的有效利用。

4. 生命伦理学进入公共领域

生命伦理学不仅仅是一个学科建构的纯学术活动，更是一种公共领域中的社会辩论活动。如果这在中国表现得还不是那么明显的话，那么它在美国已经成为一股非常重要的社会性话题。医学活动曾经是相对私人性的交流，现在已经变得与社会各界的联系日益密切。"从私人性的医学交流到课堂，到伦理委员会和各种市民会议，最后进入公共传媒"①，生命伦理开始从一个狭窄的专业群体走向更加广阔的社会舞台，不断延伸至人类生存的诸多重要领域之中。各色人等都开始露面，科学家、医生、社会活动家、伦理学家、普通民众、媒体人士等都涉足了这一领域，并发表自己的意见，它不再是生命伦理学家和医生们的独占地盘。鱼龙混杂造成一个负面的影响，那就是这个学科里充斥的是广泛的争论与深刻的分歧，至今没有形成核心的价值观、公认的道德权威和学术共同体话语。在大众传媒的推动下，学科发展的分裂特征日益明显。生命伦理学发展面临的困境，也是整体变革之契机。它作为一种社会文化运动，必然指向生命形态的全面改造。当社会大众和各种社会力量都卷入这一运动之中时，每个人都获得了一种反省自身和公共道德实践生活的机会。生命伦理学必须在社会化活动中重建基本的道德共识，以一种现代民主的、包容的、对话的方式参与公共领域的所有事务，在世界之中寻找一种彼此的"相与之道"。②

三 去伦理化：作为无伦理的叙事研究

中国生命伦理学界存在一种去伦理化的倾向，这是一种令人沮丧的现象。它表明我们对伦理问题甚至是伦理学还缺乏系统性的深入认识。③ 首先，表现在医学伦理教科书和研究论文上。一些期刊上发表的文章完全是经验性的调查或社会调查，没有伦理分析和道德价值判断，企图用一种社会科学的方法来取代伦理学方法和问题。严格意义来说，这些文章不属于伦理学论文。在医学伦理教科书中也表现明显，教材质量之低、相互抄袭之普遍、漏洞错误百出，令人瞠目结舌，完全成为一堆粗制滥造的去伦理学文字堆砌。

其次，更为突出地体现在生物医学研究的伦理审查中。主要有："不关注研究设计的伦理基础；不去探索风险的先验评价；用SOP代替伦理判断；以获得同意书为目的，不考虑知情同意过程是否有效；重认证，轻培训伦理审查能力；培训时不培训伦理学的知识及应用；不关注生物医学进展对伦理审查的新挑战。"最终，使得伦理审查变成"有审查而无伦理"，

---

① Albert R. Josen, *The Birth of Bioethics*, New York Oxford: Oxford University Press, 1988, pp. 352-353.
② 程国斌：《生命伦理学：当代伦理形态整体变革之契机》，《社会科学战线》2011年第12期。
③ 邱仁宗：《理解生命伦理学》，《中国医学伦理学》2015年第3期。

将伦理学变成"点缀品""胡椒面"。① 特别是，有的伦理委员会制定了很多 SOP，以为伦理审查按照 SOP 程序走完就可以了，这种机械化的思维完全忽略了伦理学的独特地位。如果伦理审查只是机械程序，那么只需要将研究方案的相关数据、程序编成软件输入计算机，让计算机审核就可以了，还要伦理委员会干什么呢？还有些机构伦理委员会忙于认证，忽视了伦理审查能力的培训与建设。有些伦理委员会委员、主任连最基本的伦理学知识都没有，即便是有培训，也缺乏伦理学的内容。② 这种认证的思维也是现代化工厂式的标准化模式，对于客观的标准化产品是适用的，但对于伦理审查则完全不适用。不同的伦理委员会审查的过程和结论差别很大，企图用一种认证模式取代伦理审查是无效的做法。

四 无根化：作为文化表层的道德话语

中国生命伦理学是在模仿美国生命伦理学的基础上起步的，包括方法和内容的模仿。正是在这种模仿中，生命伦理学的理论建构能力存在先天的不足。具体表现为：对传统医学道德遗产的肤浅整理与拼凑，成为一个内容断裂而又破碎的生命伦理学教科书式的体系。由于这种体系没有坚实的理论根基，不仅在西方的康德主义、马克思主义、功利主义、实用主义、自由主义等纷繁复杂的理论面前显得无所适从，在中国传统的儒释道面前更是显得力不从心、丢盔弃甲。

> 汉语人文医学在没有清整和规范语言之前就焦急地承担了生命伦理学学科的构建工作，因此使得这门学科不仅在语介表意上显得混乱不堪，而且本当统一的概念也认知各异，使其会议、教学、著述语境谱调千差万别声东而言西，值此而言他。加之这门学科的学者群修道与素养的局限，使得汉语生命伦理学真的显得幼稚。③

这大概是目前对中国生命伦理学界提出的最激烈的批评。十几年前的批评声音是如此的尖锐，使得很多人都挂不住面子；十几年后的今天，我们再来看看生命伦理学界的现状，就须知这种批评的声音仍然没有过时。生命伦理学界的学风仍然显得有点浮躁匆忙，充斥的是"一些破碎的、杂

---

① 邱仁宗：《理解生命伦理学》，《中国医学伦理学》2015 年第 3 期。
② 这可以从 2008 年的"黄金大米"一案中看出，该试验项目至少有三个方面的关键伦理要素没有得到认真考虑：涉及脆弱群体；涉及人的转基因研究；属于国际合作研究。
③ 孙慕义：《汉语生命伦理学的后现代反省》，《自然辩证法研究》2005 年第 5 期。

乱无章的孤立的选题式研究"，使得"生命伦理学始终是一种应时的、即兴的、跟风的、俗化的、表浅的学问"，以至于我们给不出强有力的论证和令人信服的结论。

在这种无根化的学术研究中，传统道德价值正在不断地衰退，越来越呈现出一种去"文化"现象，它"没有自己的语符身份和知识系统"，"至今没有找到自己的学科语言，被哲学和医学挟挤着生存",[①] 生命伦理学俨然成为无根的漂泊之蓬，成为一副没有"生命"的空壳。在模仿与粗制滥造中，在轰轰烈烈的学术会议中，生命伦理学已经失去了它自身应有的人性温度、精神气质和民族风范。因此，我们急需对生命伦理学进行现代道德价值的重建，这就需要我们从传统文化资源中转换出真正有价值意义的道德哲学理论。

总之，生命伦理学现在还不是一个成熟的学科，它需要做的工作还有很多。对相关知识、基本概念、逻辑结构、传统的伦理道德进行分析和挖掘，建立起学科的理论框架和体系，是当前的首要任务。生命伦理学需要一个多维的知识场域，需要不同的学科来共同解释和论证其道德判断和伦理命题，进而解决具体案例情景中的生命伦理难题。

---

① 孙慕义：《汉语语境生命伦理学的语符身份与后续研究的知识系统》，《西南民族大学学报》2008 年第 3 期。

第二章　道家生命伦理的理论维度与价值

在对当代生命伦理学进行了系统性的反思之后，就要展开道家生命伦理思想的重构工作了。然而，在这项工作正式开展之前，就需要发问：重建道家生命伦理究竟有何价值和意义？它和现存的生命伦理学理论范式之间究竟有什么本质的不同？它的独特性体现在什么地方？只有当我们认真地领会了其理论维度、意义和价值所在，才能信心满怀地从事这项文化事业。毫无疑问，意义与价值的编织同时也是一种话语建构，至于其建构之成败则有待于各项内容之展开与论证。

在追问之初，我们首先要对道家生命伦理思想的理论维度进行恰当的定位。它作为生命伦理学的一种理论形态或学科分支，其基本的理论属性是什么，这是我们首先需要弄明白、搞清楚的。根据作者的理解，可以从以下几个不同的角度来对道家生命伦理学进行描述。这种描述实际上来自于先前对生命伦理学研究范围的基本界定。

第一节　理论之维

按照国内某些学者的观点，生命伦理学在某种意义上应该称为一种"伦理生命学"。其根本目的是要对人的生命进行道德追问，对生命的终极问题进行伦理研究，对生命科学技术进行伦理分析，对人的生命本质、价值与意义进行哲学解读。[①] 据此，生命伦理学应该成为生命哲学，它的核心不在于对一些现成的道德理论的简单应用，而是建构出有关生命和生物医学技术发展的道德哲学理论。也就是要完成生命伦理到生命哲学的过渡，从生命伦理的浅层问题过渡到对灵性生命和精神生命的哲学诠释。对生命的终极关怀，才是这门学科应有的学术品格与追求。

---

① 孙慕义：《汉语生命伦理学的后现代反省》，《自然辩证法研究》2005年第5期。

重构道家生命伦理思想，其目的是要为当代生命伦理学提供一种独特的理论视野，准备一套相对完整的理论，创造性地创建一种专门的生命伦理学体系。作为一种理论体系，它是开放的而非封闭的，当然要创造性地吸收其他各家各派的理论资源，而不单纯地局限于道家一个哲学流派，不以道家作为唯一的生命伦理资源。这是重构道家生命伦理思想应该具有的胸怀和视野。

一　前现代 vs. 现代 vs. 后现代

道家哲学属于前现代的哲学思想体系。所谓的"前现代"实际上是指现代社会产生之前的传统社会。道家哲学产生于先秦时期，属于封建社会之前的哲学体系，其理论的出场带有当时社会的基本特征。春秋战国时期属于大动荡的大变革时代，各种哲学理论相互竞争，呈现出百家争鸣的思想景象。道家哲学只是对当时激烈的社会政治问题进行回应的思想流派之一。

生命伦理学属于现代社会中的学术建构。在其最核心的话语体系中，充斥的是理性主义的现代性思想。现代性思想对于中国传统社会而言是一种异质性的存在，中国显然是后发的现代性国家，是被西方列强打开国门之后被迫进行现代化的民族。我们天然地对属于西方的现代性保持着一种警惕意识、忧患意识。无论怎样，在西方国家展开的现代化进程无一不在中国上演，西方人对现代性和理性主义的反思一样在中国适用。只是我们的现代性仍然处在建设的进程之中，当西方人跨入后现代社会之中时，我们却还在现代化建设的路途上艰难地前进。所以，前现代的社会传统、现代性的理论话语与后现代的文化处境在中国相互交织、相互纠缠，呈现出五彩斑斓、纷繁复杂的景象。

生命伦理学的诞生却处在后现代的历史文化语境之中。后现代社会的道德图景和总体状况已经给这门学科带来了无尽的挑战。任何想要从事这门学科研究的学者，都不得不认真考虑后现代社会的文化意义和道德争论、分歧与冲突。道德多元化、多样化是这个时代最突出的特征，也是最令人棘手和头疼的问题之一。

总之，道家作为一种前现代产生的哲学思想，如何来处理在后现代的社会文化语境中产生的生命伦理学问题，并进而成功转型为一种现代性的生命伦理思想和学术体系，这不仅是汉语文化圈中一个极具挑战性的理论工作，更是全球生命伦理学话语体系重构的独特任务。

二 文本解释学问题

道家生命伦理学的学科构建面临着双重的文本解释学问题。首先，是对西方生命伦理学的 bioethics 的重新译介，消除目前汉语生命伦理学界所存在的误读、误译和误介，以达到对一般生命伦理学的客观化理解。这实际上是一种文本还原、文化语境还原的过程，它要求我们尽量消除自己的"前理解"，包括翻译者自己的文化、观念、价值偏好等。只有当我们完全拆卸掉自己的文化"有色眼镜"时，才能够以一种相对透明的视线来直面 bioethics 的"事情本身"，才有可能达到一种原原本本的无偏见理解。当 bioethics 被引进到中国之后，它就开始从一个纯粹的"文本事件"转换为"文化事件"，因为它是携带着西方独特的哲学理念、道德价值观和文化基础等背景性信息的。对这些背景性信息予以充分的理解，其重要性丝毫也不亚于对西方生命伦理学经典文献文本的理解。当这些文本进入中国学术界被人广泛阅读研究之时，它就开始与其读者发生互动，作品的意义（包括翻译者和原作者）和阅读者之间开始架起一座意义阐释的桥梁。只有当作品所寄托的意义与读者的精神生活发生交融时，它才能转化成鲜活的个体阅读经验，并进而影响到读者的实践经验和日常生活。作品自身的魅力正在于此，它始终在双向的交流互动中产生自身的独特价值。如果一部作品竟然与读者之间不能产生任何的交流和共鸣，那么对于读者而言这部作品"已死"。

其次，对道家哲学经典文本的阐释和再研究。道家生命伦理学绝不是道家与生命伦理学的简单相加，而是奠基于中国道家思想的经典文本及其鲜活的实践之中。我们并非要去创建一个在我们自身文化中不存在的东西，也不是将西方的 bioethics 与 taoism 进行简单的嫁接，使之成为西方话语的某种附庸。我们非常清醒地认识到，只有将道家哲学中最本己的东西以一种现代人所能理解的方式呈现出来、复活起来，经历文化的洗礼和哲学的再阐释，坚持一种对生命伦理与生命哲学的终极观照，才能够实现道家生命伦理学的当代重构。毫无疑问，在这项重大的理论工程、文化工程中，哲学解释学就成为其中最为核心的工作之一。

道家生命伦理学的文本解释范围需要做一个基本说明。本书的经典解释文本主要包括老子《道德经》《庄子》《淮南子》《吕氏春秋》等，基本上涵括老庄道家、黄老道家、玄学新道家以及部分道教作品等思想历史形态，而着重以老庄道家为其核心，着重于对《道德经》和《庄子》进行深入解读。作者的主要理论兴趣集中于先秦道家学说，对于汉代之后的道教思想文本，本书不做文本阐释。一方面，道教典籍繁多，很难对其做出详尽得当的选择与文本阅读与阐释。另一方面，道教毕竟是一种宗教，不是纯粹的哲学，道教典籍中的哲学思想基本上源自于先秦道家哲学，对这一部分的理论道教基本上没有什么创新。本书的主要目的是一种哲学式的伦理学研究，而不是一种宗教学的研究。对文献的这种处理，大概也算是合理。

需要说明的是，这种文本选择并不意味着道教没有相关的生命伦理思想，恰恰相反，我们承认道教在道家哲学的基础上进行了非常独特的创新发展，只是这种发展更多地倾向于宗教。道教形成了一种非常独特的宗教文化体系，包括神仙信仰、神仙谱系、仙道文化、仙山道观等。对长生不老、炼丹术的执着追求，使得道教在医学、养生领域产生了一些可以借鉴吸收的内容，比如行气、辟谷、导引、调息等内丹方术，以及由道家养生哲学衍生出来的各种强身健体的武术气功，包括太极拳、形意拳、八卦掌等。当然，道教的各种方术中科学与迷信杂陈，其中不乏一些腐朽糟粕，需要我们秉持怀疑的科学精神，用现代的科学方法来去其糟粕、取其精华。

三 普遍主义 vs. 建构论

中国的生命伦理学话语有两条道路或理解范式。一条是普遍主义的理解范式及进路。[①] 它相信存在一个一般意义上的普遍理论框架或原则，各个国家中的人们都可以用这个普遍的原则来指导生命伦理实践，而不论其文化传统、宗教信仰的差异。它在方法论上是一种普遍主义的策略，在价值观上是一种全球性的策略，承诺的是一种普遍人性视野下的共同道德价值观。很明显，中国的生命伦理学实际上就是在这种话语策略中成长起来的，直到今天仍然是中国生命伦理学的主导性范式。

但是，普遍主义的范式策略存在应用性难题。一是普遍性话语如何能够准确地描述、解释、论证并解决中国语境下的生命伦理学问题，这遭到了学者的普遍质疑，普遍性的东西存在某种合法性危机。二是普遍性原则框架本身遭到一种内在的"反理论"质疑，例如判例法/殊案决疑法就可能对已经援引的理论前提构成了反驳。这些难题引起了中国学者的反思，越来越多的中国学者对来自西方的普遍主义话语感到不满，他们呼吁生命伦理学应该"多一些中国话语""多一些来自中国的案例和数据""更多地体现中国学者的立场和观点"等。于是生命伦理学的第二条道路便在这

---

① 田海平：《生命伦理学的中国话语及其"形态学"视角》，《道德与文明》2015年第6期。

种语境中出场了。

这第二条道路就是建构论的理解范式。道家生命伦理学也是其中的一种范例。它是一种从普遍主义向特殊主义的话语回归，它主张在中国语境中重建生命伦理学的独特范式。它认为生命伦理学绝不是纯粹理性的客观化产物，而是与特定的文化语境息息相关，生命伦理的理念根植于其产生的文化土壤，所谓的普遍主义范式是西方个人主义、自由主义意识形态在全球化时代扩张的产物。它要求在文化的、宗教的、哲学的中国语境中重构生命伦理学。

近年来，建构论者所取得的成就主要是港台学者所倡导的儒家生命伦理学。其中，台湾学者李瑞全最早于 1999 年就出版了《儒家生命伦理学》一书，他从儒家的恻隐之心出发建构了儒家生命伦理的四个基本原则：自律（vs. 自主性）、不伤害、仁爱（vs. 有利）、公义（vs. 公正原则）。在此基础上还引申了咨询同意（知情同意）、保护主义、保密、隐私、诚实、忠诚等规则，认为儒家的经权原则是处理道德冲突的实践智慧。[1] 2011 年香港学者范瑞平出版了《当代儒家生命伦理学》一书，贯彻了建构论的基本观念，认为既要抛弃"妖魔化的儒家"（指五四运动和"文化大革命"对儒家的全盘否定，将儒家的仁义道德描述成吃人的礼教），又要告别"殖民化的儒家"（指以西方自由主义的价值观置换儒家的核心理念），主张在与西方生命伦理学的真诚对话中"建构本真的当代儒家"（既不是"象牙塔中的研究"，也不是"博物馆式的展示"）。[2]

建构论者的理论旨趣在于破解普遍主义的话语霸权，着眼于文化事业、思想事务方面来诠释生命伦理学。但它不可避免地面临着一个语境选择的难题，为什么要选择这一个而不是另一个思想流派作为建构的逻辑起点和支点？对建构论者的质疑存在两个方面。首先，建构论者基于某种特定的文化信念（比如儒家、道家），它如何回应道德多元化的状况问题。有学者认为，"建构论者无法兼顾生命伦理学论题呈现的道德多元化状况"，比如，"很难从儒家或道家的立场承认西方人权概念的普遍性"。[3] 笔者认为，这种论断是有失公允的。建构论者从特定的文化价值立场出发来构建生命伦理学问题或体系，其预设的可能前提正是道德多样化、多元化，儒家、道家正是道德多元化、多样化的体现。在道德一元化的思想体

---

[1] 李瑞全：《儒家生命伦理学》，台北：鹅湖出版社 1999 年版，第 59—68 页。
[2] 范瑞平：《当代儒家生命伦理学》，北京大学出版社 2011 年版，前言第 2 页。
[3] 田海平：《生命伦理学的中国话语及其"形态学"视角》，《道德与文明》2015 年第 6 期。

系中，不可能有各种思想流派声音的出现。此外，认为儒家和道家与西方人权概念存在不相容性，这也是妄下论断。从道家思想来看，它虽然没有西方那种普遍的人权概念，但它至少也不反对人权的思想。笔者认为，道家思想不仅不会与人权概念相矛盾，而且是完全可以相容的。人权是中国传统思想中所缺乏的一个重要现代概念，但并不能由此得出结论说传统思想是与人权思想对立的。所以，对建构论者的第一个质疑是不成立的。

对建构论者的第二个质疑是不同历史语境中的道德理论之间如何兼容或可通约性的问题，"涉及传统道德理论如何开出本真的现代或当代生命伦理学的难题"[①]。笔者认为，这个质疑有三个不同的层面。首先，不同的理论之间如何兼容；其次，不同的理论之间是否可通约；再次，传统理论如何转换出现代性的生命伦理学。可兼容性与可通约性是两个不同的概念，在此不可混淆。可通约性的意思是两者之间能否有一个通用的衡量标准，比如标准化的刻度、重量、金钱货币的数量。很显然，传统各家流派思想之间不存在这种通约性。但不可通约性并不意味着不兼容，至少不意味着在实践上的不相容，儒释道三家在理论上是不可通约的、不能兼容的，但并不能说它们在实践上是不相容的。事实上，儒释道三家在中国历史上相处得非常融洽，彼此之间并没有斗得你死我活。如果儒释道三家之间都能够彼此相容，那么它与现代思想之间也能够在某种前提之下彼此相容，至少秉持这种思想的人们之间彼此相安无事、和睦相处。

道家生命伦理学的当代重构，这个论题属于建构论的第二条道路。对儒释道等传统思想而言，真正的难题是如何从其中开出本真的现代生命伦理学版本。这才是重构道家生命伦理学和其他各家生命伦理学所应该认真对待的难题。要解决这个难题，就必须回到一个更加现代性的问题之探讨上：程序与价值之争。

四 建构程序与建构价值

程序是民主社会建设中的一个重要问题，与之相应的则是现代社会中的程序正义与实质正义之争。如果我们认为当代社会的基本特征就是民主，那么程序对现代人而言无疑具有极其重要的意义。这种意义恰恰就体现于程序自身的客观性、中立性，按照一种理性主义的设想，以一种程序化的方式来处理现代性问题，是一种诉诸价值无涉的进路。至于程序本身

[①] 田海平：《生命伦理学的中国话语及其"形态学"视角》，《道德与文明》2015年第6期。

是否能够做到价值无涉,则是另外一个深层次的问题。①

对于生命伦理学的建构而言,它涉及程序与实质之间的关系。按照恩格尔哈特的说法,在一个后现代的道德多元化社会中,人们彼此之间要么是道德朋友、要么是道德异乡人的关系。对于道德异乡人,我们不可能建立起任何实质性的共同道德价值观,因为彼此之间秉承的是各自不同的宗教信仰和文化传统。只有在道德朋友之间,我们才能形成一个相对稳固的道德共同体,分享相同或相似的道德价值观。然而,现代社会(笔者始终认为中国仍然处在现代社会而不是后现代社会之中)的道德多元化、多样化造成了一个基本事实:在更大范围内人们之间更多的是道德异乡人的关系,而不是朋友的关系。这是现代人的一个精神文化宿命:个体的独立性愈加增强,其孤独性愈加明显,乃至于现代人有一种不可抗拒的"还乡"愿望,因为他已经找不到熟悉的故乡,即便有一个物理意义上存在的故乡在那里,但我们已经是回不去了。我们彼此之间或许通过各种现代通信技术、网络技术可以每天保持相互照面,但却已然成为"最熟悉的陌生人"。

道家生命伦理学的核心重在重建道家价值观。它显然不是要在这样一个道德异乡人的社会中谋求一种客观中立的程序性建构。相反,它以现代社会中已经存在的民主程序作为其伦理价值存在的事实性前提。没有这样一种民主程序,道家生命伦理学就无法以一种现代性的面貌出场。摆在道家生命伦理学面前的根本难题是,如何在"现代性道德"面前重构一种前现代的传统道德文化思想体系?如何保证道家生命伦理学不成为一种非主流的退守性申辩或解蔽性批评?当然,从道家文化出发,要克服的首先就是语境选择的片面性,或者是碎片化的中国文化。我们需要全面、正确、客观地理解道家哲学,以一种公允的态度对待历史上存在的道家思想家的作品。要之,道家价值的重构和重建才是其最核心的艰巨任务。

道家生命伦理学的重构要避免陷入"拼盘式"建构和"自败式"建构两个危险的境地。所谓"拼盘式"建构是指将中国的文化传统与西方生命伦理学进行简单的要素拼盘、嫁接,将中国文化变成西方理论的注脚或素材,这是改头换面式的文化自我否定。所谓"自败式"建构就是理论的前

---

① 民主程序的设计体现了设计者本人的某种价值理念。号称是价值无涉的公正程序很有可能是带价值偏好的。规矩、规则是人制定的,也是可以更改变动的。为什么制定这种规则,而不是别种规则,体现了人们的价值偏好。因此,对于民主,我们质问:是谁的民主?是谁在操作民主程序?民主程序作为现代人的一个基本社会游戏规则,它是人为的,而非上帝制定的。

后不一致,在理论前提和结论之间存在一种逻辑上的自我挫败。① 避免落入第一种陷阱要求我们树立起真正的理论自觉和文化自信,以道家的理论精髓来重建生命伦理学问题,而不是将它变成西方某种主义的边角料。避免落入第二种陷阱要求我们提升理论建构能力和水平,以融贯论的逻辑方式组织道家哲学中的不同要素,进行理论的融合与整合,保持学术的严谨性和科学性。

五　第三条道路?

如果普遍主义和建构论作为生命伦理学的两种理论范式存在一种话语的两歧性,使得中国生命伦理学众声喧哗、莫衷一是,那么有没有开拓出独立的第三条道路的可能性?北京师范大学田海平教授的《生命伦理学的中国话语及其"形态学"视角》创造性地提出了创建形态学(Morphology)视角下的中国生命伦理学。按照田教授的理解,中国生命伦理学经常摇摆于传统与现代、中国特色与国际准则、中国视野与西方话语之间,其争论的本质实际上是普遍主义与特殊主义之争。为了解决这种内在的矛盾和张力,他主张从形态学视角寻求一种对生命伦理学的整体性、融贯性的把握,而不是片面地强调其中的某一个方面。可以说,这种提法是相当具有创新意识的,它抓住了中国生命伦理学当下的切肤之痛,直面问题的本原。

按照田教授的论述,形态学是一种研究的视野、方法、进路,它"关注表面上相互无关的事物的异质性分布且极为不相同的事态的相互联系",它是"从马克思的社会经济形态范例获得学理支援和科学性支持的",强调"从现实的生产关系、交往方式和生活方式的形态过程出发研究伦理关系和道德现象的形态构成和形态演进,以求突破生命伦理学在理论层面和实践层面的碎片化、片断式的研究现状。它以道德形态学的解释原则重新

---

① 田海平教授为这两种理论陷阱下了定义。在"自败式"建构的描述性定义中,他以儒家生命伦理学为例做了说明,认为,当代儒家生命伦理学从历史文化语境中抽离出来,构造一种抽象化的普遍范式,使它所建构的"本真的当代儒家"与"历史上的儒家"很不一样,甚至相去甚远,因而在理论前提和结论之间存在一种逻辑上的自身挫败之困境。笔者认为,儒家的当代重构版本必然与历史上的儒家版本不一样,否则它怎么称得上是重构呢?重构就是一种再研究、再发展、再创新、再构造。对道家生命伦理学的当代重构也是如此。况且儒家在两千多年的历史发展脉络之中,从来都没有一个统一定义的理论版本,要求与历史上的某个儒家哲学版本保持一致,这种想法显得有点幼稚。所以,对当代儒家生命伦理学的这种批评是不合理的。参见田海平《生命伦理学的中国话语及其"形态学"视角》,《道德与文明》2015 年第 6 期。

整合生命伦理学的理论资源，并以此为基础实现生命伦理学研究范式的转换"。形态学视角作为第三条道路的基本纲领有三个方面：通过问题域还原面对道德分歧，形成跨学科、关联性、交互性的问题视域；在跨文化条件下拓展中国生命伦理学的认知旨趣，以应对文化战争；立足于从中国社会经济形态来考察中国生命伦理学在传统与现代、本土与全球化的矛盾运动中展现的道德形态过程。①

以我个人的理解，所谓的形态学视角或方法虽然具有很大的理论雄心，企图超越普遍主义和特殊主义之争，试图开拓出中国生命伦理学的第三条道路，但是仍然存在以下几个问题。

第一，如果我没有理解错的话，形态学方法乃是一种描述性方法，它所主张的问题域还原，所引入的马克思主义的社会经济形态范例，无不是对现实中已经存在的道德问题和现象进行一种理论的解释，或者是对历史上和现实中已经存在的生命伦理学研究形态（比如儒家生命伦理学）进行马克思主义的社会经济学解释。如果形态学所提供的仅仅是一种解释方法和视野，那么无论它怎么进行问题域还原、还原到什么程度，都只不过是对生命伦理问题和生命伦理学再说了一遍而已，它告诉我们"你瞧，生命伦理学原来是这样子的，而不是你所看到的那样子的！"这么做，它其实并没有贡献什么独特的内容。照此，生命伦理学只不过是单纯的描述伦理学，我们又如何能指望它来解决现实生活中的道德实践难题呢？一种伦理学如果不关心道德价值的重建，那么它存在的价值和意义又体现在何处呢？

第二，形态学视角实质上是一种马克思主义的方法，它实际上是要在当代中国生命伦理学领域中融合"中—西—马"三套话语。它认为"社会经济形态视角是中国话语中最为关键的形态学视角"，它需要"创造性地融入马克思社会经济形态的研究视角"，它要重点研究人们的"物质生活形式及形态学差异"，包括物质体系、技术系统、人口现象、话语结构、权力谱系、符号象征、精神物态等，"在唯物主义生命史观的意义上将过去和现在连接起来"，"以描述特定传统文化信仰和文明体系中的生命伦理形态的构成和演进"。然而，这种马克思主义的形态学方法究竟如何能够与生命伦理学相连？如何来解决生命伦理难题？如何成功地超越中西之争、文化战争？形态学这种对中国学者来说十分陌生的方法，又如何能在21世纪的生命伦理学中成为一种有说服力、影响力的研究视角？这些问题

---

① 田海平：《生命伦理学的中国话语及其"形态学"视角》，《道德与文明》2015年第6期。

的答案都是尚不明确的，因此对这种方法我个人是持存疑的态度，它"充其量可算作是一个开放性研究的邀请"，根本不可能成为中国生命伦理学的第三条道路。

第二节 文化之维

重构道家生命伦理学不仅是一个理论事业，更是一个文化事业。道家哲学是中国传统哲学中的一个主要流派，构成了儒释道三家中的重要骨干。道家生命伦理学的文化维度意在表明，只有深入了解道家文化的基本特质和文化语境之后，才能进行卓有成效的理论建构工作。

一 道家生命伦理学的文化特质

首先，生命伦理学可以从文化学的角度来进行研究。它作为一门有关生命、生命科学和医学技术的哲学伦理学学科，与特定社会的文化密切相关，所以，生命伦理学中可以有文化生命伦理学的提法。事实上，从文化学的角度对生命伦理学进行研究，目前在国内还相对少见。

其次，道家哲学作为一种极具中国特色的传统学问，它在很多方面与中国社会的文化发展息息相关。道家与政治结合形成了无为而治的社会政治观，与中医学结合形成了独具特色的道教医学，与艺术结合形成了独具特色的绘画艺术，甚至与佛教结合形成了本土的禅宗。因此，我们需要在更大的文化视域中观照道家哲学、道家伦理思想的智慧。

最后，道家生命伦理学就是要以道家文化来阐释、解决现代生命科学技术中的伦理之问。这种系统性的研究离不开对道家哲学的深度解读，也离不开对生命伦理具体问题的研究把握。

二 重构论中的文化自信问题

文化自信是当今时代的一种主流意识形态，也是一种学术上的理论自觉。建设有中国特色的社会主义，其中最重要的是建设文化强国。而要建成文化强国，就必须树立起强大的文化自信。如果不能确立这种文化自信，那么一个国家和民族就会在现代化的发展道路上失去走向兴盛的底气与骨气，就会陷入失去"文化自我"的迷茫与焦虑。对价值观的自信，是文化自信的内核，构成了其内在的核心本质。①

道家生命伦理学的当代重构就是文化自信的表现之一。它首先是对道家哲学和文化历史发展的理性认知，对道家文化成就的尊重与自豪，对道家文化发展道路的体认与自觉，对道家生命伦理学创新能力的关注与确信，对道家生命伦理学发展前景的希望与信心。

重构道家生命伦理学需要走出文化自卑、文化封闭、文化保守等错误情绪或立场。道家哲学有其优势和弱点，我们不必因为它是一种前现代的哲学思维，就认为它落后于西方现代哲学和生命伦理学，更不能因此而产生自卑感。重建道家生命伦理学必须走出文化封闭的狭隘视野，打破抱残守缺的保守思维，广泛吸收西方现代生命伦理学的有益成果，不能排斥或拒斥中国哲学的其他流派和西方哲学伦理学思想。必须以一种开放的视野和胸怀，在现代性的中国语境中重构生命伦理学。

重构道家生命伦理学并不是要打什么"文化牌"，笔者也不认为打文化牌才是我们的唯一出路。道家作为一个哲学流派，自有其存在的理论价值和现实意义。它的存在性、合理性不是靠我们打什么牌就能打出来的。一种理论究竟有没有生命力，是在于其理论自身的魅力与价值。有价值的东西，它终究会发扬光大的。

三 科学与人文的分裂与融合

近代以来，科学与人文作为"两种文化"，日益呈现出分裂和对立的局面。随着专业化和学科分化愈演愈烈，人文学科的阵地急剧萎缩，人文教育与科学教育互相隔绝。现代性的专业分工和力量意志，导致了科学与人文的分裂与人文学科的严重危机。具体表现在：自然科学与技术（包括生命科学、医学）的扩张和分化，导致了人文学科的领地日渐狭窄；运用自然科学的方式解决社会问题的社会科学日渐兴起，进一步挤压了传统人文学科的地盘；注重专业人才培养的教育体制人为地造成了科学与人文之间的疏远与隔离；自然科学中允诺的价值中立性拒绝人文关怀。② 这种分裂来源于知识的分科化、专业化，而知识的分科化、专业化却来自于追求效率、力量的技术理性。所以，本质上说，科学与人文的分离是技术筹划的必然结果。

道家生命伦理学的重建要求我们打通科学与人文的藩篱，破除人文价

---

① 沈壮海：《文化自信之核是价值观自信》，《求是》2014 年第 18 期。
② 吴国盛：《科学与人文》，《中国社会科学》2001 年第 4 期。

值世界和医疗技术世界的阻隔,加强同生命科学家、医生、生物医学科研工作者的深度对话与交流,普及医学人文、生命伦理、生物哲学等人文知识、思想理念和价值观。吴国盛教授指出,科学的人文本性是自由,近代西方科学与人文的分裂就在于抛弃了自由的理想,而沦落为求力意志(will to power)的工具。要克服这种分裂,让科学回归人文,就必须在恢复自由的理念上下功夫,因为自由的科学是真善美的统一。[1]

第三节　实践之维

生命伦理学作为一门应用伦理学,天然具有实践应用的品格。与抽象的道德哲学不同,生命伦理学必须对生命科学技术领域出现的伦理难题进行回应,制定出有效的伦理原则、规则来指导生命科学与医疗卫生的实践。人类道德生活的丰富性、多样性,需要我们对生命领域令人瞩目的现象进行研究与指导。

一　"道论"如何落地?

重构道家生命伦理学并不意味着我们只能谈论形而上学的道论,忽视对现实生活中实际问题的研究。生物医学技术发展迅猛,有很多新的前沿问题需要研究,这是很对的。但是,跟风的时髦研究必须建立在深厚的理论基础上才能长久。事实上,道家生命伦理学应该而且能够对于现实的生物医学伦理问题提供卓有成效的创建。

道家给人的错误印象通常是坐而论道、玄谈清谈而不从事任何实际的事务,乃至于出现"清谈误国"的骂名。事实上,清谈误国者通常不是真正的道家,真正的道家一定是把人间的事务处理妥当之后,才走入深山老林里去进行修道、修仙。把天下搞得大乱的绝对是有些人胡作非为、为非作歹,而不是主张无为而治的道家。"道不同不相为谋",道家如果觉得事情不可为、不能为,他一定会选择放弃,安时而处顺。

道家生命伦理学的重构,就是要将道家的思想精髓落地为能够指导生命伦理实践的伦理智慧。如果不能做到这一点,这种做得漂亮的学术研究又有何意义?那种抽象的哲学思辨除了能够带来思维的乐趣之外,还应该有更多的应用价值。很多人肯定会想,道家在实践特征上还不如儒家那样

---

[1]　吴国盛:《让科学回归人文》,《博览群书》2003年第11期。

来得直接，因为道家更加强调的是人心内在的超越，强调个人心灵的修炼，而不是社会化的伦理道德观念。特别是在庄子哲学中，社会性的伦理道德不在其理论观照的视野之内，其核心思想乃是个体身心的超越与安顿。确实，道家思想的特点正在于此，是其优点，也是其弱点。如何在具有超越精神的道家哲学中融入具有现实情怀的儒家式伦理，确实是摆在我们面前的一项突出工作。而这正是重构道家生命伦理学的核心议题之一。

笔者认为，将道家哲学与伦理道德相结合，并进而用来指导生命伦理实践不仅在理论上是可能的，而且在实践上也是可行的。要注意，道家从来都不排斥生命的实践，道家哲学中从来都不排斥真正的仁义道德情怀，它所拒斥的是那种虚假的仁义道德体系，以及那种坑人害人戕害生命的虚假道德观念。即便是在庄子本人（而不是庄子后学）的思想中，我们也不能武断地说他是完全反对伦理道德的。的确，庄子本人的理论兴趣点不在这里，但并不能由此说他就是反对伦理道德的。这一点明确了，我们就能明白地说，道家生命伦理学在理论上是完全可行的。那么，它又是如何来指导我们的实践呢？

二 "道论"如何指导实践？

生命伦理学指导实践工作，主要是从政策、法律、伦理等层面来展开。但是，道家生命伦理学有一个极其特殊的层面，那就是在个体层面来指导个人的生命实践活动。这是道家生命伦理学区别于一般生命伦理的独特地方。

1. 政策层面

道论如何指导生命伦理领域的公共政策？这是道家生命伦理学在应用实践中的题中应有之义。在国家政策和社会公共政策层面，道家哲学似乎一贯保持着相对来说较为疏远的距离和立场。如果要重构道家生命伦理学，就意味着要在公共政策领域提供有启发意义的指南。

生命伦理学在公共政策领域的意见建议大多集中于将一些抽象的伦理概念和理念具体化。例如，知情同意就是自主性原则的具体化，将它应用于临床和生物医学研究中就贯彻了个人自主性的独立价值立场和自由权利的基本理念。那么如何将道家的一些基本理念（如道法自然、天人合一、无为而治）贯彻到生命伦理领域中呢？这是摆在我们面前要考虑的具体问题。对这些问题的充分展开和论证，将构成后文所要论证的主体部分。在此，我只需要表明，道家哲学/伦理学可以用来指导政策上的实践，这是毫无疑问的。

2. 法律层面

现代社会的治理结构基本上采取法治的逻辑,这就是坚持依法治国的基本方略。对于中国这样的大陆法系国家而言,首要的就是制定出有关生命科学和医学技术领域的优良法律体系。如果暂时还达不到国家立法的层面,那么出台相应的政策指南、管理办法也是属于广义法律的范围。无论如何,就实践领域的问题提供法律上的立法建议,乃至于起草法律文本,已成为当今生命伦理学体制化、建制化发展的主要特征。因而,道家生命伦理学的当代重构也需要对生命伦理立法提供有价值意义的指导。

如果按照道家"无为而治"的思想,制定法律规范条文来约束人们的生命道德实践,似乎有悖于"无为"的价值理念。但我们似乎是在一种彻底消极的立场上来理解"无为"这个概念的。对很多人而言,"无为"似乎意味着什么都不要管的绝对放任状态,与自由放任的资本主义相契合。其实大谬不然,"无为"既不是什么都不要去干,也不是什么都不要管。老子提出"无为而治"的治国理政思想,怎么可能在这种较为低层次、近乎弱智的层面思考问题呢?"无为而治"的意思是要按照"道法自然"的方式去管,如果一切都遵循了"大道",怎么还需要那些伦理啊、法律啊、政策啊这些较低层次的"小道"来管呢?但是,一般人很难达到道法自然、无为而治的最高理想状态,这种状态只有圣人才能达到。对于生活在世俗社会中的凡人而言,对道的需要是一种向往,但对道的实践却很难实现。

如果我们很难走上"道法自然"的"大道",是否就意味着我们连伦理、法律、政策这种"小道"也要放弃呢?当然不能,如果连这低层次的"小道"都放弃了,那我们就无路可走了。我们毕竟是要走上某种"道路"吧,与"歪路""邪路"相比,"羊肠小路"还是很可取的,这是一种退而求其次的路径和方法。"无为而治"虽然不是现实中可取的方法,但它却仍然启示我们:该管的东西一定按照"道"的方式去管,不该管的东西绝对不要去乱管;在该作为的地方一定要以"道"的方式去作为,不能不作为,也不能乱作为;在不该作为的地方,绝对不要去有所作为,更不要乱作为。正如老子所说:以正治国,以奇用兵,以无事取天下。吾何以知其然哉?以此:天下多忌讳,而民弥贫;人多利器,国家滋昏;人多伎巧,奇物滋起;法令滋彰,盗贼多有。故圣人云:我无为,而民自化;我好静,而民自正;我无事,而民自富;我无欲,而民自朴。(《道德经》第五十七章)

3. 伦理层面

在现代社会生活中,法律与伦理道德是一体两面。法律作为刚性的制度性文件、规范性文本，它所规定的内容是人类社会生活中较为重要和突出的方面，是基础性的规范，以保证社会秩序的正常运行。然而，法律毕竟不能约束到生活的方方面面，不可能面面俱到，有很多生活内容处于法律制度之外。这种情况有很多，主要是两大类。一是有些东西还不适宜用法律来调整，或者还远远达不到用法律来制约的那种程度，比如助人为乐的行为，只能用道德的力量来号召，用道德模范的事迹来树立先进典型，却不适合制定出一部法律或法律条文来要求每个人实施助人为乐的行为。二是社会生活的复杂性往往会产生很多新的社会现象，这些新的社会现象往往会出现较大的争议，人们对于它的法律性质、道德性质没有最终的定论，对此很难用一个固定的法律文本来进行调整。生命伦理学所要处理的问题大部分都属于这种，比如脑死亡、安乐死、基因编辑、同性恋等。

生命伦理学的出场正好是基于这种争议性，即那些新产生的生命科学技术往往带来较为严重的社会、法律和伦理挑战，无法用传统的法律规范来解决，这就需要伦理学家从伦理道德层面来进行研究和探讨。在这个意义上，生命伦理学家与生命法学家的工作是一致的，都是力图制定出有用的规范性文本，保证有效调整生命科学技术和医疗保健领域的社会行为，使得它能够促进社会整体利益的发展，而不是单纯地为技术而技术、为科学而科学。只是差别在于，生命法学家制定的是法律条文，而生命伦理学家制定的是伦理法典、伦理规范、伦理指南。更重要的事情在于，法律条文的制定需要较为漫长的过程，并不能一蹴而就，它往往需要经历长时间的伦理学研究，形成广泛的社会共识，才能最终制定出较为固定的法律文本。如此看来，伦理学家往往走在法律专家的前面，从事的是打前站的工作，比如到目前为止世界上只有少数几个国家将安乐死合法化了，制定了安乐死的法律，但安乐死的伦理争议和学术研究却持续了很长时间，直到今天仍然属于生命伦理学研究的重要议题之一。

生命伦理委员会以一种制度化的组织形式确保了伦理规范制度的制定、解释与执行。这是现代民主社会形成的一个有效争议解决机制，当一些前沿领域产生的伦理问题无法得到妥善解决之时，我们往往想到的是通过一个专家委员会来予以处理。现代社会的专业化分工明确，使得我们更加依赖于专家的知识和判断，以一种预期或设想的科学理论和民主方式来解决问题。生命伦理委员和医学/医院伦理委员会的出场正是基于这样一个社会文化背景。我们倾向于专家的判断，而不是普通大众的外行意见。

4. 个体层面

道家生命伦理学有一个非常特殊的维度，那就是在个体生命层面的

"修道"维度。如上所述，生命伦理学指导实践主要是在政策、法律和伦理层面，它针对的是生命科学技术领域中的社会行为，这些行为往往会带来社会效应和不可预料的后果，正是基于这种后果论的考虑，人们的实践行为是需要被调整和规范的。如果我们抛开生命伦理学的社会维度，还会发现基于每一个个体行为还存在一个维度，这就是个体生命的内在维度，它强调的是个体的修身养性、内在心灵的发展，以及身心灵的合一。这一维度在当代生命伦理学中的理论体系中是不存在的。但它却是个体生存论哲学与人文主义的核心内容。外在的伦理规范很重要，但个体的生命体验、感悟、修身、养性等心灵维度显得更加重要。

道家生命伦理学正是要弥补当代生命伦理学的这一基本缺陷，试图以一种生命修养的方式敞开心灵的个体维度。道家讲究形神兼养、以养神为主的生命修养观，一方面重视养生，另一方面又反对以过分的、不恰当的方式养生，认为应当顺从生命成长的自然规律，反对人为地通过各种物质手段来追求生命的延长。道家提出了很多的修身方法，比如心斋、坐忘、主静、无为无执、任性从欲等，道教更是在此基础上发展出更多的内外兼修方法。如何从这些传统的修养方法中提炼出符合现代人生活特征的实践方法，是本书要考虑的问题之一。

第四节 价值之维

重构道家生命伦理学不仅是一个理论工作，更是一项文化事业。这项工作的价值和意义究竟何在？当生命伦理学席卷全球，并大有形成全球生命伦理学之际，我们有何种理由需要建构一种具有中国特色的道家生命伦理学？对于道家生命伦理学的理论价值和实践价值，我们需要清醒的认知和判断。传统道家生命伦理思想需要转型，需要进行理论的重构，需要解决中国的现实问题，需要讲好中国故事，这些要求都是我们应该坚持的理论品格。在现代化语境中，重建道家生命伦理学至少有以下几个方面的理论和现实意义。

一 提升生命伦理学的理论品质

目前中国生命伦理学研究存在的主要问题是理论层次、理论水平不高，迫切需要我们提升它的理论品质，不断拓展它的研究层次和水平。造成这种理论水平不高的原因是多方面的。最主要的原因是，生命伦理学作为一个诞生时间不长的学科，发展还不是很成熟，学科建制还不是很健全，到目前为止，生命伦理学还只是伦理学二级学科下面的一个研究方向，充其量只能算作是一个三级学科。在中国设置的学科目录中没有显示出其足够的分量和地位。这既是客观原因，也是学科体制的原因。除此之外，整个学科的研究队伍参差不齐，研究力量薄弱分散，研究能力和水平较低，特别是与欧美国家相比，我们的发展状况处于较为原始的初级阶段。为了解决这些困难，需要学术界多方面的努力，其中道家生命伦理学的当代重构可以算作是一份独特的贡献。

1. 拓展生命伦理学的研究层次

道家哲学为生命伦理学的发展提供了深厚的理论资源。生命伦理学的发展不能简单地停留在就问题而论的浅显层次，必须以更加开放、更加深入、更加超越的视野和角度来研究，赋予生命伦理学以全新的观照维度。道家哲学作为中国富有代表性的哲学理论，拥有非常丰富的理论资源来完成这项工作。特别是，道家哲学对人的生命的关注，其深刻性远远超越了其他的哲学流派。正是基于这一点，我们才有十足的信心来建构当代的道家生命伦理学。

道家生命伦理学的理论重建，需要我们破除一个错误的思想观念或误解。总有人认为哲学太抽象，道家哲学坐而论道更是玄而又玄，对于实际问题的解决似乎毫无用处，对于现实生活中的伦理难题之解决并无实际的帮助。对于理论伦理学或道德哲学，我们的要求不能太高，不能太现实化。须知，真正的伦理学并不是解决实际问题的说明书、行动指南，它只能为我们的道德行为和行动者提供思想上的启发、思考问题的新视角和行动上的建议。按照道家的观点，无用才是大用，进入道的无用境界，才是对生命本质的彻底参悟和深刻领会。将目光仅仅着眼于某一现实的有限问题，其思维方式终究会固化、片面化。只有站在道的高度与深度，才能深刻把握道家生命伦理学的丰富内涵。

提升生命伦理学的研究层次还需要打破僵化的程式化思维习惯。这就是对任何既定的理论都保持一种反思和批判的态度，未经反思的道德理论都不能为我们所轻易信服，不能在既定的思维框架中打转。这就要求我们始终保持一种开放的意识，对生命伦理学的不同文化背景持有包容的态度，因为每个人都可以从自己的文化传统中给出不同的生命伦理答案，给出不同的生命观照。这些不同的观照在相互借鉴、对话交流中才能碰撞出思想的火花，才能保持永久的思想魅力。

2. 进行跨文化交流与对话

科学无国界，但是科学家有自己的祖国、文化传统或宗教信仰。生命伦理学作为一门人文学科，更是受到文化价值观的深刻影响，它不像自然科学那样具有较强的理论客观性和中立性，它从诞生之日起就天然地具有文化依赖性（culture-dependent），文化和历史是生命伦理学得以广泛发展的生存土壤。离开了深厚的文化素养，生命伦理学就会成为无源之水、无本之木。

道家生命伦理学坚持文化特殊主义的立场，但是仍然敞开了一种开放性对话的可能性，而不是简单地走向封闭性的立场。事实上，任何文化的发展都必须在开放格局中才能获得勃勃生机。生命伦理学的道家话语，具有独特的文化内涵和人文关切，带有中国哲学的特点和气息。重构这种话语并不是要提供一种独白式、自说自话的言说，而是要谋求全球化时代生命伦理学的跨文化对话和跨学科交流与合作。它强调尊重道家思想在中国生命伦理学乃至世界生命伦理学体系中的深刻差异性，主张以一种尊重差异和道德多样性的姿态为自身存在的合理性做辩护。

道家思想为中国生命伦理学展开国际文化交流与对话提供了坚实的理论基础。进行跨文化的交流与对话，首先需要深刻理解和把握自身的文化传统和价值观。我们的价值观和文化传统虽然不只是道家，也包括儒家、禅宗等，所以，系统性地研究国学是非常重要的。道家在整个中国传统哲学中的独特地位，要求我们认真地研究其理论的独特性，特别是它在建构中国生命伦理学和展开国际文化交流对话中的主体地位。

道家生命伦理学需要在跨文化的交流对话平台中创建属于自己的理论体系。对生命伦理事件的审视离不开传统文化的道德资源和理念，在重构道家生命伦理的体系中，我们才能恰当地判断、描述并引导中国生命伦理学的实践与未来。在全球化时代，道家生命伦理学的建构将面临很多的机遇和挑战，它需要利用自身的独特伦理资源来创建属于自身民族文化的理论，为解决普遍性的生命伦理难题提供有价值和指导意义的解决方案。

3. 弥合中国生命伦理学与传统的断裂鸿沟

中国当代生命伦理学的发展与传统思想文化之间有一个巨大的断裂。这种断裂是由现代化进程特定的历史社会事件造成的，直到今天仍体现在社会生活的各个领域中。对于传统的遗忘、颠覆、批判与解构曾经是20世纪中国社会和文化思想界的一个主导性事件，我们太过仓促地遗忘了祖先遗留下来的优秀文化传统，太过着急地进入到由西方列强主导的现代性意识形态话语之中，以至于我们难以确认自己的文化身份。

在实现中华民族伟大复兴的"中国梦"的号召下，传统思想的灵魂再度向我们走来，我们又急切地投入到一场文化寻根之旅中。"国学热"便是这个浮躁时代最耐人寻味的又一场民间文化运动，它在市场经济的簇拥之下显得俗气十足、铜臭味浓重。我们甚至于从来都没有认真慎重地思考过国学对于中国精神的独特意义。从前是处在政治话语和意识形态的被动把控和压制之下，现在则主动拥抱在商业化和市场化的温暖怀抱之中。无论是哪种方式，传统的儒释道思想已经离我们的生活渐行渐远，在我们现代化的生活方式中抽身而去。

弥合生命伦理学与传统文化之间的断裂鸿沟，是重建道家生命伦理学的重大责任之一。在中国最原本的医疗话语体系中，医学活动与儒释道三家有着非常密切的关联。这不仅体现在中国独有的医学体系——中医——之中，更体现在儒释道三家对生命伦理与生命道德的终极关怀之中。按照中医辨证施治的整体观和方法论，人与自然之间、人与人之间原本应该是和谐相处的共同体。这种和谐的观念是中华文明对于世界文化的独特贡献。即便是在更具现代性意味的社会主义核心价值观中，我们发现在24个字中，只有"和谐"二字才是中国人独有的思想观念，其他如自由、民主、平等、公正、法治无不是来自于西方的思想文化。

中国传统伦理思想具有一种内在的精神气质。受中医和儒家文化的深刻影响，中国传统的医患关系模式处在家庭关怀伦理的温情脉脉之中，这是一种带有血缘宗法特征的伦理关怀模式，它以人的现实情感互动为主旋律，强调的是医者的自省、美德和道德自律，体现的是对患者无尽的人性关怀；是一种对内在要求多于外在约束的独特实践路径，完全不同于以个人自主为主要道德追求的西方传统。很显然，这是一种典型的前现代医患关系模式，它是以医患互动、医生和患者家庭双向沟通为基础的人际交往伦理，完全不同于处于医疗机构的科层化、官僚化下的组织行为学视野中的人际交往伦理。人与人之间的亲密互动关系逐渐被现代的行政化组织、标准化科学所肆意地切割、疏离。医学科学技术与官僚化行政组织的"紧密"结合，对人构成了一股强大的异化力量，不断挤压着现代性视野下人的生存空间。

二 促进生命伦理学本土化发展

中国生命伦理学还远远没有实现本土化发展的目标，缺乏中国意识、中国特色和中国气派。我们的大多数学者是在理论准备不足的情况下仓促上阵的，缺少自己的、作为行为想象力之出发点的"理想图景"。要培养出中国意识，打造有中国特色的生命伦理学，必须在本土化发展方面下功夫。

1. 构建中国问题

我们要直面自己的问题，以自身的问题为出发点，而不能跟在别人的屁股后面人云亦云，从而丧失了自身的问题意识。当然，我们不能排除有些问题属于全球性问题，不仅在中国存在，而且也在其他国家普遍存在的情况。这样的问题实际上不在少数，对于这些问题我们当然可以借鉴欧美国家的经验与做法，吸收对于我们积极有用的理论素养。但是，很多问题属于我们自己独有的，或者问题是全球性的，而其表现形式却是特殊的。对于这些具有独特性的内容和表现形式，我们绝不能生搬硬套西方的价值理念和道德规范，它们很有可能是不适合于自身国情和语境的。这点独立性是我们在研究生命伦理学的时候必须始终坚持的。

构建中国生命伦理学必须深入中国文化的价值核心，它绝不是什么零敲碎打、互不相关的所谓前沿或时髦的问题研究。当前中国的生命伦理学发展就存在这种碎片化、问题化的危险，只有从文化价值的立场出发，才有可能为生命伦理学的发展奠定良好的基础。范瑞平指出，每一种文化都有其技术层面和价值核心，技术层面只有工具性的、中性的价值，而价值核心才是内在的、具有规范指导意义的东西。[①] 只有深入到中国文化之中，才能找到属于中国人自己的问题，才能形成自己的问题意识，而不是他人的问题意识或虚假的问题意识。道家生命伦理学为我们重构中国问题、树立中国问题意识提供了深厚的理论支持。

构建道家生命伦理学并不是要走什么"中体西用"的路数。中与西的问题根本不是什么体与用的问题，也不是什么谁对谁错的问题，而是一种文化价值立场的问题。我们当然反对将中国传统生命伦理资源做一些箴言式、片段式、碎片化的处理，变成支离破碎的道德教条，然后强拉进西方生命伦理学的理论范式之中。

2. 提出中国方案

即便是对于具有普遍性的全球生命伦理问题，我们依然要有勇气拿出中国解决方案来，不能丧失自身的话语权。西方的生命伦理学基本上是以"权利"为切入点，在此之外，我们能否提供出独具一格的新方案来呢？对此，道家生命伦理学确实从"自然"的角度给出了独到的回答，这个可

---

① 范瑞平：《构建中国生命伦理学：追求中华文化的卓越性和永恒性》，《中国医学伦理学》2010年第5期。

能是中国哲学对于全球生命伦理学的最有价值意义的贡献。

提出中国方案与"中国梦"的官方主流话语密切相连。党的十八大以来，实现中国梦已经成为我们当下这个时代的最强音，成为凝聚全体中国人民最响亮的口号。实现中国梦，就是要实现中华民族的伟大复兴。对于一个具有上下五千年历史的古老民族而言，如何在21世纪重新以崭新的现代化姿态屹立于世界民族之林，是执政者面临的最大考验。然而，像中国和印度这样的文明古国，如果不能在自己的精神资源上重新站立起来，那么就根本谈不上什么伟大复兴。[1] 复兴不是一句空洞的口号，它应该以民族文化的重建为最基本的出发点和落脚点。任何抛弃民族文化特色的现代化都将在世界发展的浪潮中丧失自己的身份。

中国方案是中国在全球治理体系和格局中提出的积极应对之策。习近平总书记指出，中国要从世界和平与发展的大义出发，贡献完善全球治理的中国方案，为人类社会应对21世纪的各种挑战做出自己的贡献。在2016年二十国集团领导人杭州峰会上，全球治理的中国方案再度引起了国际社会和国内外媒体的广泛关注。中国方案是习近平总书记治国理政的新理念、新思想的重要组成部分，寻找解决当前世界经济面临的挑战与问题的共同方案，是其中最核心的内容。如何在中国方案中体现中国特色、中国智慧，是我们面临的一大挑战。

全球化的生命伦理学需要来自中国的声音和中国方案。在全球性的生命伦理事件之前，任何国家和文化传统都不能独善其身。生物安全、人类基因组计划、克隆人、干细胞研究、基因编辑等是各个国家都要面临的全球性问题。这些事件对各个国家的宗教信仰、文化观念和道德价值带来了极大的冲击，任何国家都不可能拿出一套被所有国家和民族所普遍接受的解决方案。这就排除了任何一种文化的话语霸权，也就是每一种文化都应该发出自己的声音。对中国而言，能否在这些全球性的活动和事件中提出让世界为之信服、鼓舞和振奋的方案，是中国生命伦理学家的历史使命。

中国方案的提出需要学界在道家生命伦理学的当代重构方面做出广泛而积极的努力。一方面，需要对西方生命伦理学的历史渊源、理论传统、文化精神进行认真细致的梳理，揭示其内在的本质特征和发展脉络，合理地选择、引进和吸收其优秀的理论成果，为道家生命伦理学的当代重构提供借鉴和启示。另一方面，需要将道家哲学和文化资源进行再解读、再研究、再创新，将其理论精髓合理地应用到当代生命伦理学的学科建构和道

---

[1] 范瑞平：《如何建立生命伦理学普适规范？》，《医学与哲学》2004年第10期。

德实践活动之中，发展出一套有中国特色的生命伦理学体系，指导中国生命伦理实践，解决各种应用难题，为促进世界生命伦理学的发展贡献中国智慧和中国方案。

3. 形成中国特色与风格

中国的生命伦理学必须形成自己的鲜明特色。这是一个全球化的时代，也是一个彰显主体性、独立性的时代。在全球化时代，每个人都是全球公民，似乎都遵循着全球的伦理道德准则。至于什么是这个时代的全球准则，不仅至今各个国家、各个宗教文化信仰中的公民之间尚未达成一致，而且存在广泛的分歧。这种分歧不仅来自彼此不同的宗教信仰，而且来自于彼此不同的深刻文化差异和价值观的鸿沟。趋同与差异是这个时代的永恒双重主体，没有哪个时代像我们今天这样呼吁全球共同体、命运共同体，没有哪个时代像我们今天这样更加需要各民族之间的彼此尊重、承认各自的差异性。这种差异意识就是承认"你和我是不同的""我有着与你完全不同的鲜明特点"，正是这种差异性才成就了你我之间的身份性（identity）和文化认同感。

要形成中国特色和风格就必须推进生命伦理学的本土化建设。所谓本土化，是指立足于本国文化传统，对生命伦理学的问题和内容进行批判性反思，构建属于中国人自己的生命伦理学体系。本土化应该包括研究主体、内容与方法的本土化，它最基本的要求是对传统文化的认同，在此基础上建构自己的理论体系，并以开放包容的姿态进行多元文化的交流与对话，凸显自身的文化立场与特色。① 当然，这种本土化建设并不是要完全拒斥西方的道德价值观，而是要在借鉴吸收的基础上，将中国独有的道德价值观和文化传统融入其中，进行有效的理论转化，形成有效的实践指南。这种本土化建设正是体现了中国生命伦理学的主体性、独立性。

中国生命伦理学的本土化建设并不意味着只是承认道家，儒家、佛教等思想完全可以也应该成为本土化的重要理论资源。儒家的仁爱观、和谐观、家庭主义，佛教的平等观、悲悯情怀等思想都可以成为生命伦理学的有益养分。构建道家生命伦理学只是本土化建设的一支重要而独特的力量，它不会也不可能忽视其他思想流派的存在性和贡献。

总之，道家生命伦理学的当代重构和本土化建设将奠定中国生命伦理学在世界生命伦理学版图中的地位。只有将中国文化的优秀传统发扬光

---

① 张作平、黄晓利：《传统文化视阈下中国生命伦理学本土化建构》，《山东社会科学》2016年第6期。

大，发挥自身的优势和特长，提出切实可行的中国方案，才能创造出一门独具中国特色和风格的生命伦理学。

三 培养生命伦理学的超越情怀

生命伦理学既然是一个俗世的伦理学科，如何保证它的超越性呢？生命伦理学在某种意义上是入世的，解决的是俗世的人间伦理问题。这是当代生命伦理学在抛弃了宗教束缚之后必然要面临的问题。如果单纯地执着于伦理道德层面，它确实是无法实现某种超越性的。只是"宗教祛魅"之后的生命伦理学是否还有超越的可能性？道家生命伦理学的当代重构可以在某种意义上来回应这个问题。只是这种超越性指向的不再是神性，而是内在心灵维度的人性。

1. 坚持生命伦理的终极关怀

当代生命伦理学的发展客观上要求我们站在"人"的高度，从更宽广的视野，对生命的终极关怀进行审视。生命伦理不只是一门工具式的伦理教科书，更不是什么小册子式的操作指南。生命伦理学虽然以现实问题为取向，但是同样涉及对生命的深层次看法。生命是什么？人是什么？人应该如何决定生死？在什么意义上能够支配自己的身体？如何维护人的尊严？如何善待生命？等等，这些都是生命伦理学不可忽视的元哲学、元伦理问题。仅仅着眼于生物医学技术的伦理问题，很容易被当今的基因工程、基因编辑等流行的技术所左右，认为生命不过就是单纯的生物学基质——细胞与基因。伦理学应该严格拒斥基因决定论的思维，不能将人/人格贬低为动物式的生命，在此之外，应该展开对生命的形而上的人文追问。道家生命伦理学尤其注重对生命终极问题的关怀。在这方面有着非常丰富的理论资源。

2. 追求生命的安顿与超越

道家生命安顿的方式有两种：上善若水、安时处顺。老子曰："水善利万物而不争，处众人之所恶，故几于道。"水有七善：居善地、心善渊、与善仁、言善信、正善治、事善能、动善时。这里体现出道家的生命智慧：为人低调，做到光而不耀；胸怀博大，具有宽容精神；善于调整，做到随机应变。安时处顺是指在面对生命的失意与无奈时，要顺应时势，顺其自然，不要强求，正确面对自己所处的客观环境，以平和的心态接受现实中发生的不可改变的事件。正所谓"得者，时也。失者，顺也。安时而处顺，哀乐不能入也"（《庄子·大宗师》）。

如果说儒家的思想精神是进取，佛教的精神是解脱，那么道家的精神就是超越，正所谓"儒为表，佛为心，道为骨"。道家的超越精神体现在外在超越、内在超越和终极超越三个层面。外在超越要求我们在社会生活和客观环境中以简驭繁、以道驭技，"物物而不物于物"，要能够驾驭外在世界（物质、技术、环境等），而不被外在环境所左右和控制。内在的超越要求人返璞归真，回归本色，回归于小孩子那样的纯真无瑕的赤子之心。"夫物芸芸，各复归其根。归根曰静，静曰复命。"（《道德经》十六章）终极超越是指对有限生命的生死超越，"以死生为一条"（《庄子·德充符》），达到生死释然、生死通达。

第三章 道家生命伦理的哲学基础

道家生命伦理是建立在道家哲学的基础之上的，它的建构必定要以"道论"为基础。道家哲学有着其独特的本体论、认识论和方法论，在此基础上道家形成了一套关于生命的伦理思想和价值理论。道家生命伦理与道家哲学有着紧密的联系，它们共同构成了其思想理论体系中不可缺少的部分。国内主流的生命伦理学基本上很少探讨一般性的哲学基础问题，认为它是离生命伦理具体问题较远而不切实际的话题。笔者认为这是一种非常狭隘的观点，它一方面造成了生命伦理学界视域的限制性，只是将有限的眼光盯在所谓的现实问题之中，而不是超越于现实问题之上，无法获得一种超越性的视野；另一方面，与此相关，不可避免地造成了研究的表浅性甚至是肤浅性，失去了它本身的哲学味道与厚度。生命伦理学作为哲学的一个重要分支，其实践性特征不应该抹杀其应有的理论品格和特色。

第一节 本体论基础

道家哲学具有非常明显的本体论特征。"道"是道家哲学的中心观念，其哲学系统和伦理道德观念都是围绕"道"这个形而上学的假设而展开的。"道"的丰富内涵体现在道家哲学文本的论述中，这是我们研究与阐释的基础。

一 道与本体

"道"的本义是指道路，即人能够行走于其间并到达目的地的中间距离。"道，所行道也。"（《说文解字》）道，从"行"从"首"，故"道"取象于人行走于途中。从这个取象与本义中可以看出，人们必当遵循一定的法则才能达到目的。道，作为道家哲学的基本概念，其最基本的含义就是指这种宇宙本原、世界本体、世界整体自身。

首先，从宇宙生成论意义上来说，道是世界万事万物存在的本原，即"造物者""造化者"。万事万物的生成和毁灭都是由道造成的，有形的万物都是无形的道生成的，但是道自身是不生不灭的。当然，道生万物的过程不是一次性的，而是"生生不息"的，永不间断的过程，每时每刻都有新生事物的诞生，正所谓"方生方死，方死方生"。老子在《道德经》第四十二章中对道生成万物有着非常经典的论述，"道生一，一生二，二生三，三生万物。万物负阴而抱阳，冲气以为和"。虽然对什么是一、二和三，不同的哲学家有不同的理解，但无论如何解释，道都是生成世界的本源，都是在天地万物之前就存在的自本自根之物，"夫道……自本自根，未有天地，自古以固存……生天生地"（《庄子·大宗师》）。

"道"的最重要功能是"生"，这与"德"的功能是有区别的。"道生之，德畜之，物形之，势成之。是以万物莫不尊道而贵德。道之尊，德之贵，夫莫之命而常自然。故道生之，德畜之；长之育之；亭之毒之；养之覆之。生而不有，为而不恃，长而不宰。是谓玄德。"（《道德经》第五十一章）在这里，道、德、物、势在万物的生长发育的整体过程中所起到的作用是不一样的，但是道的作用是最为根本的，是源头性的，没有"道之生"就没有"德之畜""物之形"和"势之成"。但是道虽然生养万物，但是却不居功自傲，始终保持着"谦虚"的美德。"大道泛兮，其可左右。万物恃之以生而不辞，功成而不有。衣养万物而不为主，可名于小；万物归焉而不为主，可名为大。以其终不自为大，故能成其大。"（《道德经》第三十四章）

其次，从存在论和本体论意义上讲，道是万物存在的本体。本原讲的是万物是怎么来的，而本体讲的是存在的本质、根据、规律，即"天道"。"且道者，万物之所由也。"（《庄子·渔父》）万物生成之后，道作为世界的本质和命运依然维持着、支配着它的运转，从而呈现出一种本质性的规律。

《庄子·知北游》中对万物的本体有非常深刻的论述。"天地有大美而不言，四时有明法而不议，万物有成理而不说。圣人者，原天地之美而达万物之理……扁然而万物，自古以固存。六合为巨，未离其内；秋毫为小，待之成体。天下莫不沉浮，终身不顾；阴阳四时运行，各得其序。惛然若亡而存，油然不形而神，万物畜而不知。此之谓本根，可以观于天矣！"这就是说，对于天地、四时、万物而言，都有一些不可言说、不可议论的道理，对天地而言就是"大美"，对四时而言就是"明法"，对万物而言就是"成理"，其实都是"道"的异名同义词。很显然，天地万物的生成都是由道来主宰的，春夏秋冬四季的变化都是道在周而复始地运行，万事万物都是按照其本质性的规律来运转。正所谓，"天不得不高，地不得不广，日月不得不行，万物不得不昌，此其道与！"（《庄子·知北游》）。

作为万物的本体之道，它与万物的关系需要讲清楚。道不是脱离世界的一个独立运行的实体，而是就存在于世界之中的本体之道。所以，在《庄子·知北游》中有一个很有意思的对话，东郭子问庄子：道在哪里？庄子的回答是，道就体现在蝼蚁、稊稗、瓦甓、屎溺这些不起眼的、极其卑微的事物之中。东郭子感到很纳闷，道怎么会这么每况愈下①呢？而不是变得越来越高大上呢？庄子认为，东郭子根本就没有问到点子上，没有抓住问题的实质（"夫子之问也，固不及质"）。那么，怎么样才算是抓到点子的正确问题呢？在庄子看来，道其实是周遭万物、在世界之中普遍存在的那个东西，注意这个东西不是一种看得见、摸得着、有固定存在位置的实体（entity），而是构成事物存在本质属性的本体（thing-in-itself）。这种观点其实是与老子的观点相一致的。

为什么很多人像东郭子一样对道的理解比较肤浅呢？其原因就在于道太过于抽象，无法用一般的语言来形容和描述。普通人难以理解，无法达到哲学家的高度。事实上，即便是对老子、庄子而言，要想清晰地描述非常玄妙的"道"，也是很困难的。连老子都说，"吾不知其名，强字之曰道，强为之名曰大"（《道德经》二十五章）。老子和庄子用了很多比喻、隐喻、故事的方式来论述道，像冲、渊、谷等。例如：

> 道冲，而用之或不盈。渊兮，似万物之宗。挫其锐，解其纷，和其光，同其尘。湛兮，似或存。吾不知谁之子，象帝之先。（《道德经》第四章）

> 视之不见，名曰夷；听之不闻，名曰希；搏之不得，名曰微。此三者，不可致诘，故混而为一。其上不皦，其下不昧，绳绳兮不可名，复归于无物。是谓无状之状，无物之象，是谓惚恍。迎之不见其首，随之不见其后。执古之道，以御今之有。能知古始，是谓道纪。（《道德经》第十四章）

---

① "每况愈下"的原文是"每下愈况"，它是庄子讲的一个故事，有个叫"获"的市场监督员问屠夫，怎么样去检验猪肉的肥瘦。屠夫说，要看一头猪长得肥还是瘦，其实只需要看它的腿部以下有没有肉、有多少肉。所以，我们对于庄子的隐喻今天存在严重的误读。

> 孔德之容，惟道是从。道之为物，惟恍惟惚。惚兮恍兮，其中有象；恍兮惚兮，其中有物。窈兮冥兮，其中有精；其精甚真，其中有信。自今及古，其名不去，以阅众甫。吾何以知众甫之状哉？以此。（《道德经》第二十一章）

所以，道不能用感官经验去认识、体验，它完全超越了我们的视觉（视之不见）、听觉（听之不闻）、触觉（搏之不得），不能依靠经验主义的思维去把握，只能依靠理性的思维来认识。如果单靠经验来认识的话，就会形成一种"惟恍惟惚"的模糊认识。道显然不是一种具体的物质，所以老子说"道之为物，惟恍惟惚"，这也只是一种勉强为之的说法。按照庄子的说法，它是独来独往的，不依赖外物而独立存在的东西，是"物物而不物于物"的"物物者"。

最后，按照北京大学哲学系韩林合教授对庄子和老子哲学的解读，"道"实际上可以理解为世界整体本身。① 它不仅包括万事万物或万变万化的总和，而且包含了世界的事实结构，且所有的事物都处于这样的事实结构之中。在这个意义上，道就是作为世界整体的物化过程。因为，作为整体的世界具有"道"的全部特征，包括：整体的世界也是无声无形的；从时间和空间上来说，世界也是无穷无尽的；每个事物都是由某个其他事物生成的，最终都是由作为整体的世界生成的；在生成万物之后，整体的世界作为它们的本性和命运而继续支配着它们；作为整体的世界无所不包，无所不在；作为整体的世界严格按照虚、静、淡、无为的原则生成和支配万物；在世界整体之内或道之内根本不存在任何意义上的此物与彼物的区别。即，"以道观之，物无贵贱；以物观之，自贵而相贱；以俗观之，贵贱不在己"（《庄子·秋水》）。②

二 道与生命

在中国古代典籍中，生命一词最初是分开来使用的，并没有我们今天所使用的生命概念。"生"字最早见于殷代卜辞，指草木的生长发芽。到

---

① 韩林合认为，老子的道也可以理解为作为世界整体本身。只有道或世界整体本身才是真正意义上的"大"，其他所谓大只是通常意义上的"大"。作为世界整体本身的道，当然与个别的事物是完全不同的。参见韩林合《虚己以游世：〈庄子〉哲学研究》（修订版），商务印书馆2014年版，第28页注释。
② 韩林合：《虚己以游世：〈庄子〉哲学研究》（修订版），商务印书馆2014年版，第21—28页。

西周时，才开始有"生命"的含义。而"命"字则由"令"字演化而来，即"命令"、发号施令之意。而"命"字最初是与"天"联系在一起的，意思是每个人的命是上天、老天爷给的，对个人的命，每个人其实并没有自主性。到春秋时期，"命"开始与人之生、死联系起来，开始有"生命""性命"的概念。① 此时，人们已经充分意识到生命是自然事件，生命的发生或死亡是自然命运决定的结果。

生命虽然是一个自然事件，但与社会性的富贵贫贱状况也发生密切关联。儒家就意识到"死生有命，富贵在天"（《论语·颜渊》），意思是人的生死是命定的，而个人的社会境遇之好坏是由上天决定的。这里的上天很明显带有某种意志力色彩，冥冥之中的某种主宰者。由于生命也是天（自然之天）给的，所以不管是人的自然性生命（生死），还是社会性生命（富贵、祸福穷通等）都是天赋予的。这是一种典型的天命论思想，认为生命来源于一种自然的力量，这种力量非人力所能控制和支配，它作为一种主宰性的异己力量决定着个人的自然生命和社会命运。

1. 生命本位论

生命本位思想是道家哲学的一个基本特征，也是道家生命伦理的一个基本特质。道家哲学对生命本源的探讨实现了从"神秘之天"到"终极之道"的过渡，体现了哲学思考的理性精神。实际上在《周易》中，就对宇宙之存在提出了理性的探索，认为宇宙内部有两种本源性的力量，即乾和坤，使得"乾道成男，坤道成女"，这是从宇宙生成论的角度来探讨生命的起源。道家哲学则在此基础上提出了更加系统的生命本源论、本体论。道家在致思方向、思考对象、理论重心上与儒家不一样，儒家完全以现实的社会问题为致思方向，以现存的人类世界为思考对象，其理论重心是解决人与人的关系问题。所以，儒家哲学天然是一种伦理学。道家不仅以形而下问题而且以超现实的形而上问题为致思方向，既以事物的现存状态，也以事物的终极根源为思考对象，其理论重心不只是解决人与人的关系问题，更重要的是解决人与自然、人与自身（身、心、灵）的关系问题。② 所以，道家哲学天然是一种生命哲学。这是儒家哲学和道家哲学的一个基本区别。

老子生命本位观具体体现于其生命崇拜意识，他主张以身观身，以道修身，外其身而身存，退其身而保身。老子盛赞道伟大、深奥、玄妙，实

---

① 李霞：《生死智慧——道家生命观研究》，人民出版社2004年版，第69页。
② 同上书，第70—71页。

际上也是对生命的盛赞,因为道在本质上是一种生命之道,对道的崇拜实际上就是对生命的崇拜。这一点在文本上体现为崇母的意识。老子将"道"视为万物之母,主张"得其母""守其母""贵食母",实质上是对母性创生能力的崇拜。"谷神不死,是谓玄牝。玄牝之门,是谓天地根。绵绵若存,用之不勤。"(《道德经》第六章)所谓"牝"是指女性生殖器,"玄牝"是盛赞女性生殖器的神秘玄妙,之所以神秘玄妙就在于它的生殖能力、创生能力,用"玄牝"来比喻道,实际上就是赞美道创生万物的生命活力。[①] 老子生命本位观还体现为重身、贵生的思想,将"身"置于高于一切的位置,在身与名、身与利、身与天下的价值对比中,都特别强调身的重要性。"名与身孰亲?身与货孰多?得与亡孰病?甚爱必大费,多藏必厚亡。"过分地追求名利、财富等身外之物,终究会带来适得其反的不好后果,所以任何事情都要适可而止,要懂得知足常乐。

对老子生命价值观存在一个文本解释上的分歧或误读。老子第十三章曰:"何谓贵大患若身?吾所以有大患者,为吾有身,及吾无身,吾有何患?故贵以身为天下者,若可寄天下;爱以身为天下者,若可托天下。"很多人认为这段话表明老子轻身恶身,把身体视为人的最大祸患,如果没有了身体,人就无所谓祸患了。笔者认为,这种解读不符合老子的整体思想。老子真正想表达的意思是:只有对身体、对生命(此处的身实际上是指人的生命)造成的祸患才是最大的祸患,其他方面的威胁(如功名利禄)只能算是小的祸患,不足以称之为"大患",因为这些东西都是身外之物,与生命本身无关。所以,一个人若能贵身爱身,像爱惜自己的生命一样爱惜天下之人,我们才可以把天下托付给他;如果他竟然连自己的生命都不爱惜,怎么可能指望他爱惜天下苍生呢?可见,"身"才是唯一的价值尺度,生命才是判决的终极标准。

庄子生命本位观比老子更加全面系统。一是确立了贵生、尊生的人生价值取向。"自三代以下者,天下莫不以物易其性矣!小人则以身殉利;士则以身殉名;大夫则以身殉家;圣人则以身殉天下。故此数子者,事业不同,名声异号,其于伤性以身为殉,一也。"(《庄子·骈拇》)庄子对当时社会上普遍存在的殉利、殉名、殉家、殉天下的价值取向持批判否定态度,认为都是"以物易性",丧失了人之为人的本性,是非常可悲的。人应该重视的是生命本身,而不是名利、家国、天下等身外之物。二是主张全生尽年。人的生命是道赋予的,是自然给予的,应该遵守自然之道,

---

[①] 李霞:《生死智慧——道家生命观研究》,人民出版社2004年版,第74页。

获得生命固有的长度，就是所谓的"颐养天年"。一个人能否获得"天年"，就要看个人的全生之道如何。三是主张养生来达到天年。养生的方法有很多，主要是"无用之用"的全生法，养形、养神、心斋、坐忘、寡欲等方法。

庄子之后的其他道家哲学家都继续发扬阐述了生命本位的观念。最突出的是杨朱。他最著名的论断是"拔一毛而利天下不为也"，这是一种非常重视个体生命的思想，哪怕是身体上的非常微小的一根毫毛，都不能轻视。因为，第一，我们不能孤立地看待一根毫毛，毫毛虽小，但它也是身体的必不可少的组成部分，生命正是由这些非常微小的、不起眼的基本物质组成的，故而轻视一毛就意味着轻视生命，故不为。第二，一毛虽小，但也是生命分内之毛，是身内之物；天下再大，也是身外之物。身内之物与身外之物，两相比较，孰轻孰重，一目了然。第三，如果每个人都重视生命、爱护自己的身体，把自己的事情处理得很好、井井有条，那么天下不就很太平了吗？哪还需要什么人来管理统治呢？天下之所以这么乱，就是因为每个人都没有照看好自己的生命，老想着去利益众生。"人人不损一毫，人人不利天下，天下治矣。"很明显，杨朱是继承了庄子关于生命本位的思想，其实质是和庄子一样将个体生命置于高于一切的位置。他的这种思想在历史上遭到了很多人的批判否定，直到今天仍然有不少人斥之为"为我主义""利己主义""自私自利"。实际上，这些批评是没有道理的，杨朱的本意是重生而非自私，是贵己而非利己。[①]

2. 气化论

生命的终极根据是道，但它产生的内在机制是什么，这需要进一步解释。道家提出了气化论的观点，认为生命的产生、运行机制都是由无生命的气运动变化的结果。在老子的思想体系中，还只是一种宇宙生成论意义上的气化论。所谓"道生一，一生二，二生三，三生万物。万物负阴而抱阳，冲气以为和"。也就是说，"一"是指气的原初状态；而"一生二"是指由最初的混沌统一之气转化为阴阳之气；"二生三"是指由阴阳二气到阴阳和谐之气的变化，这种和谐之气是阴阳相互作用，阴中有阳，阳中有阴的状态。宇宙就是由这阴阳二气相互作用而产生的。

庄子在老子宇宙气化论的基础上系统性提出了生命气化论的思想。他

[①] 因为杨朱自己也非常清楚地意识到，天下是不可能靠一根毫毛就能拯救得了的，"世固非一毛之所济"。即便一根毫毛能够有利于天下，也仍然要考虑其对于生命本身的重要价值意义。参见《列子·杨朱》。

认为气虽然虚而无形，但却具有化生功能。"气也者，虚而待物者也。"气的形态也是千变万化的，有"天气""地气""云气""春气""四时之气"等。但是，就气的性质而言却只有阴阳两种属性。"阴阳者，气之大者也。"其阴性使事物具有静态特征，阳性使事物具有动态特征；阳气使人喜悦，阴气使人哀怒。在生命形成的过程中，气是道与万物之间的一个中间环节。"然察其始而本无生；非徒无生也，而本无形；非徒无形也，而本无气。杂乎芒芴之间，变而有气，气变而有形，形变而有生。今又变而之死。"（《庄子·至乐》）这就是说，宇宙最开始时是没有生命、没有形体、没有气的，道在混沌之中转化为气，气变化产生了形体，形体再进一步变化就产生了生命，从而构成了"道—气—形—生"完整的生命形成全过程。在庄子看来，气有三次质变，一变而为形体，二变而为生命，三变而为死亡。人的生命就像自然四季的循环更替一样，自然而生又自然而死。"人之生，气之聚也。聚则为生，散则为死。若死生为徒，吾又何患！故万物一也。"气的聚散离合构成了生命产生与死亡的根本机制。

《管子》是先秦黄老道家的重要历史文献，继承了老庄的气化论思想。它更加重视"精气"的生化作用。内生篇说："凡物之精，此则为生。下生五谷，上为列星。流于天地之间，谓之鬼神；藏于胸中，谓之圣人。……是故此气也，不可止以力，而可安以德；不可呼以声，而可迎以音。敬守勿失，是谓成德，德成而智出，万物毕得。"这就将万物都看作是物质的精气形成的，其功能不仅化生人的生命甚至圣人，更是生成五谷、列星等。《枢言》篇指出，"有气则生，无气则死。生者以其气"。这就形成了中国传统社会中沿用至今的心肺死亡标准：是否断气。《管子》认为，气不仅能决定人身体的好坏，也能影响人的思维和精神活动。"精也者，气之精者也。气，道乃生，生乃思，思乃知，知乃止矣。凡心之形，过知失生。"气的通畅与否是思虑活动产生的基础。

《吕氏春秋》是先秦黄老道家的集大成之作，其生命气化论在吸收前人思想的基础上，构建了一套以十二纪为框架的宇宙自然大生命观。它将气的变化、时序的变化和万物生命生长变化的过程统一起来，构造了一个融气变、时变和万物生命之变的大生命观图景。它以四季十二月为序，描述了阴阳二气的渐次变化而引起的草木作物的生长变化，指出人事应该根据时令的变化而相应地安排不同的活动内容。生命的孕育、萌芽、生长、成熟、死亡，都是阴阳二气随着时间的变化（四季的推移）而演变的结果。并且指出，气有血气和精气之分，血气决定身体的健康和疾病状况，精气是生命活动和知性活动的基础和源泉。

《淮南子》将道家生命气化论推到了新的理论高度。它认为一般的生命形态是由"烦气"化生的,而人作为高级动物是由"精气"化生的。《精神训》篇说,"古未有天地之时,惟象无形,窈窈冥冥,芒芠漠闵,澒濛鸿洞,莫知其门。有二神混生,经天营地,孔乎莫知其所终极,滔乎莫知其所止息,于是乃别为阴阳,离为八极,刚柔相成,万物乃形。烦气为虫,精气为人。是故精神,天之有也;而骨骸者,地之有也"。《淮南子》的特色在于将生命气化论配以五行思想,说明生于不同方位的人,由于所禀受的气也不同,其体态、肤色乃至寿命也有差异,从而建立人文地理环境论。例如,"东方川谷之所注,日月之所出,其人兑形小头,隆鼻大口,鸢肩企行,窍通于目,筋气属焉,苍色主肝,长大早知而不寿;其地宜麦,多虎豹。南方,阳气之所积,暑湿居之……"(《地形训》)。

总之,气化论是一种前现代的哲学思维,它虽然不符合现代生物医学对生命机制的科学解释,但代表了当时较为抽象的理性水平。气化论将人类生命与宇宙万物联系起来,从宇宙的广阔性来审视生命的起源,从道的深刻性去把握生命的本质,将道、气、生、死构成一个连贯的整体,构成了道家生命观的独特内涵,对于我们理解和把握道家生命伦理具有非常重要的基础性意义。

3. 生命与自然

生命与自然的内在紧密关系主要有以下几个方面。首先,生命的本源来自于道,也来自于自然。道不是独立于自然万物之上的主宰者或实体性的存在,而是根植于自然之中的生命力,根植于宇宙大化流行之中的生生不已的创生力,其本质特征就是自然性,正所谓道法自然、道性自然、道贵自然。其实,道与自然是一而二、二而一的关系,可以说道即自然。如果道是万物的本源,那么生命的本源也是道,也是自然。生命根植于道,也根植于自然,离开了自然,生命便失去了存在的根本。

其次,生命的本质也是自然。道的本质是自然,那么由道所产生的生命,其本质也只能是自然。这个自然,不是指作为客体的自然界,而是指生命的本性应该是自然天成,不加人为修饰。每个人与生俱来的生命都是从自然而来,向着自然而去,在人有限的一生中应该遵守自然之道,顺应自然,保护人的自然天性。生命与自然处在一种天然的联系之中,生命离不开自然,违背自然天性的人生都是异化的人生。所以,庄子将生命与自然本质的同一性理解为"人与天一",这就是指生命应该合于天、合于自然、合于道(其实都是那个"一"),达到天人浑然不分的自然状态,强调人与自然的亲和性、共生共荣性。

再次，在道家理想的生命存在图景中，有自然环境而无人文环境，或只有最低限度的人文环境。其理论的逻辑是这样的，生命的存在可以没有人文，但绝对不能没有自然；人可以脱离社会群体过起独立的隐居生活，但绝不能脱离自然环境而生活。① 道家的理想人物都是一些仙风道骨、卓尔不群的隐士，他们离群独居，过着与世隔绝、世外桃源般的生活。老子的理想社会是小国寡民，虽然也设有国家、军队、舟舆、什伯之器，却很少使用或从不使用，形同虚设。庄子比老子走得更远、更彻底，将他所虚设的国家机器、社会器物都一并扫除，人所生存的环境变成赤裸裸的大自然②，即"同与禽兽居，族与万物并"（《庄子·马蹄》）。可见，在道家的生命存在图景中，人文的东西没有任何的立足之地，也没有任何存在的必要。生命只源于自然，根于自然，以自然为条件。③ 这显然是一种将自然主义价值观贯彻到底的生命存在论思想。

最后，道家的生命观可以总结为道法自然，或者说道即自然。自然构成了生命最基本的规定性，称之为人性自然观；也构成了道家判断一切事物的最基本价值标准，称之为自然主义的价值观。生命来源于道，道创造了万事万物；生命也来源于自然，自然是生命的起源和归宿。所以，生命应该按照道法自然的规律来运行。道法自然具体表现在：一是道性自然。道以自然为根本特性，以此为依据，生命/人性也以自然为根本属性。二是道法自然。道没有独立于自然之外的法则，它就是自然的法则本身，就是表现为自然界中运转的客观不变之准则。它就是那种"寂兮寥兮，独立不改，周行而不殆，可以为天地母"的东西。三是道贵自然。道之尊贵就在于它能法天贵真："道之尊，德之贵，夫莫之爵，而常自然。"四是道顺自然。道生万物的过程是一个非人格化的过程，没有人的主观意志、目的欲望等，它完全是独立于神的意志、人的意志，它"生而不有，为而不恃，长而不宰，是谓玄德"。

第二节　认识论问题

道作为世界本源、本体和世界整体本身，它自身究竟能否被人的理智

---

① 这一点是很显然的，必须依靠天地万物的供养才能生存。
② 庄子最理想的生活环境是彻底地拥抱大自然，"就薮泽，处闲旷，钓鱼闲处，无为而已矣"。（《庄子·刻意》）
③ 李霞：《生死智慧——道家生命观研究》，人民出版社 2004 年版，第 44 页。

所认知和把握，这是一个很重要的认识论问题。建构道家生命伦理学必定要以"道论"为基础，以道家的认识论和方法论为基本方法，或者至少是对这种方法进行系统性的反思和批判，才能真正建立起属于道家生命伦理学的方法论基础。虽然在主流的生命伦理学界，基本上很少探讨一般性的认识论和方法论问题，认为它是离生命伦理具体问题较远而不切实际的话题，应该交给搞纯哲学、哲学基础理论的人去研究。这是一种非常狭隘的观点，它不仅造成了生命伦理学界视域的限制性，而且造成了研究的表浅性、肤浅性，失去了它本身的理论品格和特色。

探讨道家生命伦理的认识和方法论，意在弥补国内生命伦理学研究的上述缺陷。一方面，生命伦理学究竟有没有自己的认识论和方法论，这个问题在学界几乎没有被人认真地讨论过，更遑论进行系统性的研究了；另一方面，就道家哲学而言，其理论体系中所独有的认识论与方法论内容为生命伦理学的建构和发展提供了非常有益的启示。我们虽然不能机械地将这些方法直接套用在具体案例分析上，但是一些非常有创见性的想法和观念将从这里诞生，并以一种或隐或显的方式弥散在道家生命伦理的理论体系之中。

特别是，我们需要对庄子哲学中的相对主义问题进行进一步的研究和澄清，庄子究竟在什么意义上使用相对主义，在建构道家生命伦理学基本原则过程中如何回应或规避这种相对主义？因为，如果在伦理道德中不能克服相对主义，那么任何道德原则的提出和建构都可能是无效的。在一个经济全球化、文化多元化的后现代社会语境中，相对主义是一个非常令人棘手的难题。任何雄心勃勃的道德论证计划都必须坦率地面对之。

一 道的不可知论

从认识论的意义上来说，如何认识那作为本体、根本的"道"，这构成了道家认识论的基本问题。从道家哲学文本中，我们可以仔细地分析和把握"道"的不可知论的基本特点。

1. 不可知与"机心"

道既然被界定为世界之本质、世界整体，那么作为世界整体之内的人当然是无法思考、认识整体的本来状态。这不仅仅是一个人的知识欠缺、知识水平有限的问题，而是在根本上而言，人的认知能力、认知之心是与道相反、相违背的。"吾生也有涯，而知也无涯。以有涯随无涯，殆已。"（《庄子·养生主》）这句话的意思重点不在于说人的生命有限、精力有限，而在于说要知道的东西（道）是无限的，不要企图用有限的生命、有限的认知能力去追求无限的道，否则就会过得很痛苦。试图用有限的心智来认识无限之道，其结果只能是空耗生命。

为什么是这样呢？庄子认为，道是一般人所无法理解的，它超越了一般人的理解和认知范围。一般人都是所谓世俗之人，世俗之人的特征是眼光盯着世界之内的各种现象之物，而看不见现象之物背后的本真之道、世界整体、世界之本质。如果说，人的眼睛会瞎、耳朵会聋，那么人的心灵也有聋盲之分，世俗之人就是对"道"处于一种聋盲的状态。"瞽者无以与乎文章之观，聋者无以与乎钟鼓之声。岂唯形骸有聋盲哉？夫知亦有之。"（《庄子·逍遥游》）所以，相比于耳朵和眼睛的聋盲状态，心灵的聋盲状态才更为可怕。而这种心灵上的聋盲是指人的区别心、是非之心，这种心只能认识世界中的个别现象事物，而不能认识作为世界整体的道。一个人只有消除了心灵上的聋盲，超越了是非之心、区别心，才能真正体会到道的境界，才能理解庄子所描述的至人与神人是真实的。

庄子还用"坎井之蛙"来形容世俗之人的心智认知模式。如果说聋盲状态是心智的一种隔绝模式的话，那么"坎井之蛙"则意味着常人心智模式的局限性、有限性，不能体会到"天地之大""天地之美"。庄子以公孙龙、惠施等辩士为例，说明了他们认知的有限性。之所以成为井底之蛙，就是因为人的认知能力和水平受到自身个体经验、生活环境、所受教育等限制，无法从这里面跳跃出来看到外面更为广阔的大千世界。比如，这些辩士"学先王之道"，"明仁义之行"，"合同异，离坚白"，"困百家之知，穷众口之辩"，他们总是在自己的知识识见范围内谈天说地，实际上对真正的天和地毫无认知，离真正的道还远得很。

如果道在根本上是不可认知的，超越了我们一般意义上的知识，那么关于道似乎只有保持沉默了。能够说清楚的就去说，不能说清楚的就保持沉默。这实际上就是老子所说的，"吾不知其名，强字之曰道"。对于"何思何虑则知道？何处何服则安道？何从何道则得道？"这样的问题，最好的回答就是不回答。我们只能否定性地回答说，道不是什么，道不是这个那个，但不能肯定地以正面的方式来回答道是这个、是那个。一旦以某种肯定性的言语来论说道时，就会陷入庄子所说的"机心"："有机械者必有机事，有机事者必有机心。"有一种机械就必然有关于它的一些事情及相关的道理和知识，人们怀有某种道理或知识的心就是"机心"。有了这种"机心"，人离真正的道就比较遥远了，因为他势必"纯白不备""神生不定"。

常人心智的一个基本特点就是"机心"：区别之心、是非之心、善恶之心等，依靠这些"机心"，人们往往会形成非常强烈的偏见、浅识、小识，而无真正的大知、大识、大慧。因为，关于是非、好恶、义利等的言论只能服人之口，不能服人之心，只有体道之人才能使人心服，破除彼此的对立偏见。这种"机心"还不是我们常识所理解的"心机"，有"心机"或"心计"，或许能表明一个人比较聪明，善于耍点小聪明，善于算计、谋划、规划等，但是"机心"却是每一个有正常认知能力、在世界之内成为认知主体的人都会有的一种特征，即他会将世界之中每一个与之照面的物体作为一个认识的对象来进行认知的感性接触和理性分析，从而"人为"地获取关于其对象的某种有限性、具体性、境遇性知识。这种知识显然只能建立在主客二分、主体和客体对立的基础上，知识越多，主体性意识凸显越强，自然界本身并不向我们呈现任何知识，它只是"如其所是"地向我们展示其自身。是我们人而不是任何别的事物，将客体对象拉入到人的认识思维框架之中，从而"强行"获取关于自然对象或客体的知识。这种强行的方式以英国哲学家培根的"知识就是力量"这一句话得到最好的证明。而在现代实验科学的范式中，知识更是以一种在实验室中"拷打"自然界的征服性方式来获得对自然的认知的。然而，当我们以这样一种"暴力"性掠夺的方式获取人类社会的知识之时，真正的道则离我们而去，不见踪影。老子有言，"为学日益，为道日损"，知识越多，其离道则愈加远矣。

既然通常人的心智"心机"太重，从而成为"机心"，不能真正地认识作为世界整体本身的道、无法知"道"，那么还有什么途径或渠道来抵达道呢？庄子的回答是：体道——与道同体或与道为一。体道，要求去体会、领悟，而不是去思谋、思虑、认识，庄子要求人停止所有的思维活动（心斋）来体会和领悟之，而不是作为一个客观的对象来认识之。也就是说，体道之人根本不用心智，弃绝了通常意义上的知识（"小知"），却因此而获得真知、"大知"。通常的心智无论怎么高超、怎么卓越，都无法抵达真正的道，无法真正知"道"。"世俗之所谓至知者，有不为大盗积者乎？"只有去掉这种知识，才能达到真正的"大知"。

2. 不可言与不可说

如果道不能成为思维的对象（不可思）、不能成为认知的对象（不可知），那么它就是根本上不可言说之"物"。也就是说，对于道，我们不能用人的语言进行有意义的描述。因为，有意义的言说都是建立在正常的认知前提之下，必须以正常的思维和认知为基础。

第一，道不可被言说，这一方面表明了道自身的基本特征，另一方面也说明了人的语言的局限性。语言按照其本质只能言说有形有象的事物,或者说世界之内存在或发生的事物或事件,不可能描述世界之外的存在物;而道之为道恰恰就在于无形无象无声,它是世界整体本身(the world itself),就像康德所说的"物自体"(the thing itself),它完全超越了人的经验认知和理性认知,"无形者,数之所不能分也;不可围者,数之所不能穷也"①,所以道是不可言说的。如果说道是世界的本质、本源,或自然界运行的基本规律、规则,这恰恰是人的理性认知所要追求的东西,也是现代自然科学和社会科学所努力追求的目标。但是,如果在庄子的意义上将道理解为世界整体本身,那么它就超越了人的理性能力,它只是一种人生的境界:与道为一的至一、至精、至大境界(天地与我并生,万物与我为一)。这种至一的境界就是不可言说的:"天地与我并生,而万物与我为一。既已为一矣,且得有言乎?既已谓之一矣,且得无言乎。一与言为二,二与一为三。自此以往,巧历不能得,而况其凡乎!故自无适有,以至于三,而况自有适有乎!无适焉,因是已!"(《庄子·齐物论》)

　　道的境界实际上就是体道的至一境界,对此我们不能说什么。如果你在它之外说了什么,那么这种境界就不复存在了,或者你说的根本就不是道的境界。既然如此,你关于道的言说只能是没有任何意义的声音或语言符号,你表面上写下了很多话,但是实际上都是空洞无"道"的;你表面上是滔滔不绝地说了很多关于"道"的话,但是实际上等于什么都没有说,"有谓"等于"无谓"。

　　第二,道不可言说,是因为它超越了人的经验世界,用庄子的话说"道"处在"六合之外"。在《齐物论》中,庄子做出了非常精致的阐述:

　　　　夫道未始有封,言未始有常,为是而有畛也。请言其畛:有左有右,有伦有义,有分有辩,有竞有争,此之谓八德。六合之外,圣人存而不论;六合之内,圣人论而不议;春秋经世先王之志,圣人议而不辩。故分也者,有不分也;辩也者,有不辩也。曰:何也?圣人怀之,众人辩之以相示也。故曰:辩也者,有不见也。夫大道不称,大辩不言,大仁不仁,大廉不谦,大勇不忮。道昭而不道,言辩而不及,仁常而不成,廉清而不信,勇忮而不成。五者圆而几向方矣!故知止其所不知,至矣。孰知不言之辩,不道之道?若有能知,此之谓天府。注焉而不满,酌焉而不竭,而不知其所由来,此之谓葆光。

----

① 韩林合:《虚己以游世:〈庄子〉哲学研究》(修订版),商务印书馆2014年版,第366页。

在此，"六合之内"是指经验世界，"六合之外"是指经验世界之外的至人境界。对于经验世界，我们可以言说，也可以评论，但是至人不做是非的评价，也不与他人争辩，所谓"六合之内，圣人论而不议"；对于"六合之外"的超验世界，我们不能言说，但对于圣人而言的确是存在这样一个世界的，所谓"六合之外，圣人存而不论"。处在"六合之外"的道是大道、是大辩，而非世界之内俗人的小道、小辩，世俗之人通过争辩、言谈的方式所获得的知识就是这种小道、小辩，他们所谈论的东西（常人的闲谈，从无到有，从生到死，社会万象，人生百态等）严格说起来都不是道。道不可道，意味着它是"不道之道"；道不可辩，意味着它是"言辩而不及"的大辩，即至人式的争辩。

第三，道不可言说，意味着任何企图对道的言说和古人书籍都是虚妄不实的。在此基础上，庄子甚至认为古人之书都是糟粕。世俗之人特别看重古人之书，认为是经典书籍，而庄子却不这么认为。庄子认为，书是记载人们的话的，而话则是用来传达某种意义的，而在传达某种意义时人们往往是要传达他的个人体验或关于道的知识。这种就是人们通常所说的，文以载道、言以载道。但是，道却不是任何语言所能描述的，也不是任何书籍所能宣称能够清楚地表达的。这样，古人所认为论道的书籍实际上都是糟粕。"古之人与其不可传也死矣，然则君之所读者，古人之糟粕已夫！"（《天道》）古人已经逝去，道也不可言说、不可传授，所以人们所读的是不传道的糟粕而已。

如果道不可言说，那么个人经验是否可以言说呢？那些记载人们个体经验的书籍是不是可读的呢？对于超验之道，不可言、不可道，我们能够理解；对于个体经验，一般认为是可以言说的，这符合我们对于文学作品和哲学书籍阅读的感受和经验性理解。然而，庄子的思维更为彻底，他不仅认为道是不可言说的，甚至认为日常的个体经验内容也是不可言说的，即便可以言说也是没有什么太多的价值。庄子的理由是什么呢？庄子认为，古人的书（今天称之为经典）记录的是先王治世之经验，但这种经验存在三个层次的问题。首先，先王的经验本身是否可以言说是不确定的，有人甚至认为它在本质上是不能言说的；其次，古人书籍中的记录无论怎么完善都不能准确地传达先人的经验，只是先人留下来的"迹"，而不是原初的"所以迹"；最后，即使这种记录准确地传达了先王的统治国家、治理社会的经验，它们能否用在我们当今的社会仍然是存疑的，因为时过境迁之后，经验不再适用了。这就是庄子所主张的，"礼义法度者，应时而变者也"。天底下没有普遍适用的、一成不变的治国之道，要因时而变、因势而变、因地制宜。

第四，道不可言说，意味着我们对它只能表示沉默了。这样，如果有人说自己知"道"，并对道高谈阔论了一番，那么他要么就是肤浅的，要么就是根本不懂得道的道理。与之相反，一个说自己不知"道"的人，就显得内在、深刻一些，他就是"知不知之知"。道不可言说、不可闻、不可见，超越了人的经验范围，对于道的问题，正确的回答是不回答、保持沉默。因为语言能够表达和言说的是世界之内的个别事物、经验事物（"四方之内""六合之内"），不能表达作为至一的世界整体或道（"四方之外""六合之外"）。在这个意义上，人们所说的话真正说起来是与道无关的，都只是关于世界之内的事物的。对道的沉默不是简单的口头沉默、口上不说，最恰当、最根本的是要心保持沉默，用庄子的话讲就是要"心斋"。

如果对道只能保持沉默，那么道家的著作又算什么呢？道家都声称对道的描述只是勉强为之，说道"大""公""无私""无名""不可言""不可说""不可闻""不可见"等，基本上都是一种否定性的说法，表达的意思基本上是：道不是经验世界的事物，如果要用经验世界的语言来表达道，那是根本上搞错了方向，道之于经验世界，正如狗之于马一样是完全不同性质的东西。"鸡鸣狗吠，是人之所知；虽有大知，不能以言读其所自化，又不能以意其所将为。"（《则阳》）

第五，道不可言说，意味着所有关于道的言论都只是通往道的一个道路、路径、工具或梯子，要"得道而忘言"。庄子对于自己的"道"论做了明确的回答。首先，对于道的言说不等于通常的言论，它们是无心之言，而不是有心之言，不以正常的心灵运作、逻辑思维活动为前提，它的基本特征就是"心斋""不思不虑"。其次，即便是无心之言，它也只是一种抵达道的语言工具，最终是要抛弃不用的，类似于捕鱼或捕兔的工具，捕到鱼儿或兔子之后就应该将其弃置一旁。"筌者所以在鱼，得鱼而忘筌；蹄者所以在兔，得兔而忘蹄；言者所以在意，得意而忘言。吾安得夫忘言之人而与之言哉！"（《外物》）对于一个已经得道而忘言、得意而忘言的人你又怎么能同他言谈呢？所以，一定不要执着于言谈、言论，当理解了它的意义之后，就应该大胆地抛弃它们，忘掉它们。① 庄子的这种

---

① 问题是，很多人做不到这一点，世俗之人太执着，能够得意而忘言的人是少之又少！"鱼相忘于江湖，人相忘于道术"的境界非一般人所能达到。

思想与维特根斯坦关于语言的观点是一致的:"我的命题以如下的方式起着作用:理解我的人,当他借助这些命题——踩着它们——爬过它们之后,最终认识到它们是没有任何意义的(可以说,在登上梯子之后,他必须将梯子弃置一边)。他必须放弃这些命题,然后他便正确地看待世界了。"[1] 维特根斯坦认为,形而上学的问题(包括世界的本质、超验的事物、人生的终极目标、绝对的善与美等)都是不可言说的,对它们的言说都是没有意义的。

然而,道家还是说了很多关于道的话,它们难道都是没有意义的吗?实际上,庄子也非常清醒地认识到这一点。所以,他毫不避讳地将自己的言说称为"谬悠之说"(虚远之言)、"荒唐之言"、"孟浪之言"、"无端崖之辞"(狂放之言)、"时恣纵而不傥,不以觭见之也"。也就是说,庄子之言与世人之言谈迥然相异,在世俗人眼里成为放荡之言、虚妄之言、狂人之言、汪洋恣肆之言。正是以这样一种决然相反的方式,庄子告诉世人天下各家言说均是一家之言、天下各家各派均是一曲之士,他们的言论顶多只能算是"方术",至多只能是关于道的某个侧面的认识,而不是关于道的真正认识,真正的"道术"隐而不现,甚至为天下偏见浅陋之人所割裂成支离破碎了。可悲的是,学者们已经看不见完整的纯粹的道了(天地之纯),看不见真正的大道(大体)了,最终的结局是:"道术将为天下裂。"

既然一定要说,那么道家肯定采取了一种与众不同的言说方式,来尝试着对道说点什么。老子的方式是否定性的、辩证法式的描述,而庄子则采用的是一种非常独特的寓言故事的方式。因为人们对于寓言故事比较容易接受,而单纯的哲理性论证则显得较为深奥难懂,这也是庄子用意之深刻的地方。在庄子著作中,"寓言十九,重言十七,卮言日出,和以天倪"(《寓言》)。寓言就是借他人/他物之口来表达自己的意思,重言则是通过著名历史人物之口来说出自己想说的话,比如黄帝、尧舜禹汤、孔子、老子等人们所尊崇的历史人物。在《庄子》一书中托人之口的言论占到九成,而其中重言又占到七成。而卮言是无心之言,是从体道之人/至人口中自然流淌出来的、未经任何人为加工的言论,它是真实无妄的、合于天

---

[1] 转引自韩林合《虚己以游世:〈庄子〉哲学研究》(修订版),商务印书馆2014年版,第405页注。

道的。①

3. 不可教与不可学

既然道或体道的境界不可思、不可知、不可言、不可说，那么我们就无法在通常的意义上教人如何学道。我们的现代教育特别强调教与学，教学相长，相互促进。教学是在理性的心智模式下所采用的一种教育方法和手段，依赖于心灵正常地发挥作用。但是，道显然超越了这种理性的心智模式，进入到一种完全超越性的超验领域之中，它无法用一种教和学的方式来达到。

首先，道是不可教的，这意味着我们无法用有效的语言表达来传授道、讲授道。这是因为道在根本上是不可言说之物，超越了语言的范畴。所以，在《天道》篇中，桓公读圣人之书于堂上，庄子告诉桓公：既然圣人已经死掉了，那么你读的圣人之书就是糟粕，而不是真正的道。真正的圣人之道是不可言传的，能够言传的肯定不是道，所以毫无疑问这是糟粕。

道不可教，所以圣人是"行不言之教"。"夫知者不言，言者不知，故圣人行不言之教。道不可致，德不可至。"（《知北游》）如果一定要有所教，那就是不言之教，因为道不能从非道的方式和途径获得，它只能按照其最本源的方式来获得，它不能通过任何理性或经验的方式达到，这就是"道不可致，德不可至"。

其次，道是不可学的，这意味着为道的方式不是去学，不是去做加法，而是要去损，做减法。正所谓"为学日益，为道日损，损之又损，以至于无为"。企图用任何认知的方式、心智的模式去学习道，其结果是离道越来越远。得道的方式是"修""体"，称之为修道、体道，它要求空置自己的心灵、渐次去除心中所装载的一切内容，保持清零的状态，才能虚而受道。

《大宗师》篇中描述了南伯子葵和女偊关于修道的对话。女偊认为，道不是一般人可以学到的。要想学道既要有圣人的根器（圣人之道），又

---

① 韩林合认为，庄子的思想是有内在矛盾的。首先，按照庄子的整体思想，他自己关于道的言说不可能有什么意义，因为道不可言说。语言和话语都是特定的心灵活动，而在庄子的心斋中，心灵活动却是停止的。意义的表达和使用显然是要以正常的心灵活动为前提的。其次，对于普通人而言，即便是庄子用了很形象的寓言故事来讲述道，但是人们听了之后可能会引起这样或那样的联想或想象，但依然是只可意会不可言传，对于真正的道仍然是一无所知。通过庄子的寓言故事能够抵达道吗？对此，在理性的限度内，我们是存有疑问的。参见韩林合《虚己以游世：〈庄子〉哲学研究》（修订版），商务印书馆2014年版，第401—404页。

要有圣人的才智（圣人之才），二者缺一不可。对于那些有圣人之才智的人，跟他讲道可能比较容易领悟一些。这种修道的领悟过程是：先是持守一段时间遗忘世故，然后再坚持以达到不被外物所奴役，然后达到无虑于生死，把生死置之度外，最后达到心境清明洞彻，体悟绝对的道（"吾犹守而告之，参日而后能外天下；已外天下矣，吾又守之，七日而后能外物；已外物矣，吾又守之，九日而后能外生；已外生矣，而后能朝彻；朝彻而后能见独；见独而后能无古今；无古今而后能入于不死不生"）。可见，悟道的过程完全是与世俗生活完全相反的，它要求超越时间观念、物欲观念、生死念头，最后进入与万物同体、随万物生息死灭，在万物生死成毁的纷纭烦乱中保持宁静的心境，这就是"撄宁"①。

在"撄宁"的意义上，"道"恰恰是不能学的，或者说它只能通过一种"习"的方式来通达之。道在根本上是摆脱了我们通常意义上的学习观，它所要学习的恰恰是那种不能学习的，所要实践的恰恰是那种在日常行动中难以实现的。《庚桑楚》有言："学者，学其所不能学也？行者，行其所不能行也？辩者，辩其所不能辩也？知止乎其所不能知，至矣！若有不即是者，天钧败之。"这就是说，修道完全超越了一般意义上的学习，如果按照通常知识论意义上的方式来学习，恐怕是无法学道的。

二 致道与修道

道虽然是不可知、不可思、不可言、不可说、不可教与学的，但这并不意味着它是绝对"不可致"的。在庄子看来，抵达道的唯一方式和途径是心斋，一旦做到了心斋，便能与道同体，进入体道境界。他将道比喻成一种光源，进而用"明"来形容体道者的境界。这样，体道的境界虽然不可言说，但是可以明白显示——对于那些得道的人来说，是清楚明白地显示出来的。

"欲是其所非而非其所是，则莫若以明。"（《齐物论》）陷入是非之争的区别心之中是不可能达到至道的境界，只有通过心斋之明才能显示至道的澄明之境。与道同一的人是"知不言之辩，不道之道"，"注焉而不满，酌焉而不竭"，所以可以称之为"天府"。凭借天府，他吸收了道的无尽光芒，使得"万物皆照"，世界一片光明澄净。得道之人虽然神采奕奕、光

---

① 释德清注："撄者，尘劳杂乱，困横拂郁，扰动其心，曰撄。言学道之人，全从逆顺境界中做出，只到一切境界不动其心，宁定湛然，故曰撄宁。"参见陈鼓应《庄子今注今译》（上册），商务印书馆2007年版，第219页。

彩照人，但却是"光而不耀"，"此之谓葆光"。一个人如果心灵安泰宁静进入心斋，那么便可体道。体道之人反射出道的光辉，显示了道的本真状态，世界万物也一片澄明，此时，便进入到虚旷之野、混冥之境。

要达到澄明的道的境界，就需要修道、修心。修道是一个非常艰难的修心、外心的过程，非一般之人所能达到，庄子甚至认为像孔子这样有学问的贤人都很难得道。《庄子·天运》篇讲了孔子修道的过程，孔子到了51岁都没有得道，所以前来向老子请教如何得道。孔子实践了很多得道的途径，包括修习礼法度数5年，修习阴阳之道12年，但一直都没有得道。老子的回答也很巧妙，他告诉孔子说：如果道是可以贡献出来的，那么人们就会拿着它献给君王以求功名，献给亲人以示好，告诉兄弟子孙以求福。然而，事实上并不是这样的，道是需要内在的修行领悟，而不是向外的求索。

> 孔子行年五十有一而不闻道，乃南之沛见老聃。老聃曰："子来乎？吾闻子，北方之贤者也！子亦得道乎？"孔子曰："未得也。"老子曰："子恶乎求之哉？"曰："吾求之于度数，五年而未得也。"老子曰："子又恶乎求之哉？"曰："吾求之于阴阳，十有二年而未得也。"老子曰："然，使道而可献，则人莫不献之于其君；使道而可进，则人莫不进之于其亲；使道而可以告人，则人莫不告其兄弟；使道而可以与人，则人莫不与其子孙。然而不可者，无佗也，中无主而不止，外无正而不行。由中出者，不受于外，圣人不出；由外入者，无主于中，圣人不隐。"（《庄子·天运》）

《庄子·田子方》篇中也有类似的故事。"孔子曰：'夫子德配天地，而犹假至言以修心。古之君子，孰能脱焉！'老聃曰：'不然。夫水之于汋也，无为而才自然矣；至人之于德也，不修而物不能离焉。若天之自高，地之自厚，日月之自明，夫何修焉！'孔子出，以告颜回曰：'丘之于道也，其犹醯鸡与！微夫子之发吾覆也，吾不知天地之大全也。'"修道需要用至言来修心，即便是孔子这么勤于修道的人，都自我感觉离道的境界非常遥远，还没有完全理解道的整体全貌，更何况一般俗人哉！

老庄的修道带有很明显的直觉体验特征，它强调的是个体的生命实践。这种实践不是向外求索的过程，任何的向外求索都表明了主体恰恰缺乏某种东西，否则就不会向外。道的体悟和洞察恰恰在于人的内心观照和澄明。如此说来，这种修道的方式似乎多少有些神秘主义的色彩。

总之，道家哲学的认识论分为两个最基本的层次：在"道"（宇宙本源、本体、世界整体本身）的层次上，道家基本上是主张不可知论的；在世界之诸存在物（自然万物、世内之物）的层次上，道家基本上是坚持相对主义的。道家基本上对"道"坚持一种不可知论的观点，或者更彻底地说，道是一种完全超越了知识和认识的一种状态或境界，达到了这种境界的人被称为至人、神人、真人、天人、圣人（道家意义上的圣人）。

三 道的辩证法

道家的辩证法思想集中体现在老子的《道德经》中。在五千言的书中，老子阐述了非常丰富而深刻的辩证法思想，成为我们理解"道"的一个重要思想路径。这种辩证法思想可以用"反者道之动"和"弱者道之用"来进行高度的概括。"反者道之动"的意思是，万事万物都是按照"道"的运动规律向着相反的方向发展；"弱者道之用"的意思是，在万事万物运动变化的过程中，我们要把握住、利用好事物否定的、柔弱的一面，做到以柔克刚、以弱胜强、以不争而争天下、以无为而至无不为。

1. 反者道之动

第一，老子认为自然界和人类社会的万事万物都是两两相对的。在《道德经》中他一共概括了大约 81 对两两对立的范畴。① 比如，有无、美恶（丑）、善不善（恶）、难易、长短、高下、前后、虚实、强弱、先后、彼此、得失、上下、清浊、动静、曲全、枉直、轻重、静躁、开关、黑白、荣辱、左右、刚柔、厚薄、贵贱、进退、阴阳、益损、成缺、冲盈、屈直、巧拙、辩讷、寒热、正反等。这里只是列举其中部分大家所熟知的对立范畴，从这些可以看出，老子的辩证法思想运用之广泛，不仅涉及自然界的客观事实现象，如长短、高下、前后、上下、清浊、动静、黑白、阴阳等；而且涉及人类社会生活的各个方面，如美恶（丑）、善不善（恶）、得失、荣辱、贵贱、进退、巧拙、辩讷等。

第二，这些正反两方面的范畴不仅是相互对立的，老子还揭示了它们相互依存、相互渗透与包含的统一关系。也就是说不仅要看到两两相互对立、相互斗争的一面，而且要看到其中相互依存、相辅相成的一面。第二章说："天下皆知美之为美，斯恶已。皆知善之为善，斯不善已。有无相生，难易相成，长短相形，高下相盈，音声相和，前后相随。"这段话非

---

① 赵妙法：《老子辩证法再认识与再评价》，《安徽大学学报》（哲学社会科学版）2000 年第 4 期。

常明确地告诉我们，美丑、善恶、有无、难易、长短、高下、音声、前后等对立的范畴都是相互依存、相互依赖的关系，每一方都是依靠对方的存在而存在。没有丑就没有美，没有恶就没有善，没有无就没有有，没有难就没有易，没有长就无所谓短，没有高就没有下，没有音就没有声，没有前就无所谓后。所以，老子非常清楚地解释道，"万物负阴而抱阳"，万事万物都包含了阴阳正反两方面的要素，对立双方存在于一个共同体中，不能将彼此截然分开、截然对立。

第三，正反两方面的对立范畴还是可以相互转化的。即"正言若反"，正的东西可以向相反的方向发展，反的东西可以向正面发展，当然这种发展是有条件的。当我们处在有利的环境中，不应该盲目乐观，应当看到其中不利的一面，因为它随时都可能向着不利的一面发展；当我们处在不利的环境中，不应该悲观消沉，应当看到其中好的一面，因为它随时都可能朝着好的一面发展。这方面的思想老子阐述得非常深刻。如，五十八章说："祸兮福之所倚，福兮祸之所伏。孰知其极？其无正也。正复为奇，善复为妖。"祸福是相依的，现在看来是灾祸的事情，其中往往隐藏着幸福的一面；现在觉得很幸福的事情，往往埋藏着看不见的灾祸；正阵可以变为奇势，善良可以转变为妖孽。这就告诉我们人在社会生活中遇到好事不要得意忘形，遇到坏事不要悲观绝望。四十二章说："人之所恶，唯孤、寡、不穀，而王公以为称。故物或损之而益，或益之而损。"孤、寡、不穀这些称呼是一般人所不愿意使用的，但是王公却用它来自我称呼。为什么会是这样呢？因为一切事物都会向着相反的方向发展，如果你去减损它，反而会增加；你去增加它，反而会减损。二十二章说："曲则全，枉则直，洼则盈，敝则新，少则得，多则惑。是以圣人抱一为天下式。不自见，故明；不自是，故彰；不自伐，故有功；不自矜，故长。"这一段告诉我们很多为人处世的道理：委曲便会保全，屈枉便会直伸；低洼便会充盈，陈旧便会更新；少取便会获得，贪多便会迷惑。所以有道的人坚守这一原则作为天下事理的范式，不自我表扬，反而能显明；不自以为是，反而能是非彰明；不自我夸耀，反而能得到功劳；不自我骄满，所以才能保持长久。

第四，老子还提出了量变和质变的观念。六十四章说："其安易持，其未兆易谋；其脆易泮，其微易散。为之于未有，治之于未乱。合抱之木，生于毫末；九层之台，起于累土；千里之行，始于足下。"这就是说，在社会局面安定时最容易保持和维护，事变没有出现迹象时最容易图谋；事物脆弱时容易消解；事物细微时容易散失；所以，做事情要在它尚未发生以前就处理妥当；治理国政要在祸乱没有产生以前就早做准备。为什么要这样呢？因为合抱的大树，是从很细小的萌芽开始长出来的；九层高的楼台，是用一堆堆的泥土建筑起来的；千里的远行，是从脚下第一步开始走出来的。任何事情的发展的都是从量变到质变的过程，做事情都是从细小的、容易的开始着手，一步步将它做大的，"图难于其易，为大于其细；天下难事，必作于易；天下大事，必作于细"（六十三章）。相反，坏事情也是逐步恶化的过程，所以对坏事的最好防备是"防患于未然"，消灭其于萌芽状态之中。

第五，老子的著作中还隐藏着"度"的思想。度，用我们现在的话讲就是要适中，既不要做过了头、过了火，也不要不及、不足，保持在从量变到质变过程中的那个恰当的"临界点"之下，超过了这个节点就会走向反面。祸福相依、相互转化，但是在什么情况下会走向对立面呢？肯定是超过了一定的度。很多人的心里迷惑，不懂得这个道理。所以，"圣人方而不割，廉而不刿，直而不肆，光而不耀"（五十八章）。圣人就是那些得道的人，他们懂得为人处世的法则，为人正直而不显得生硬，性格分明、有棱角而不伤害他人，性情直率却又不放肆，浑身散发出一种真诚的光亮而不刺眼。四十四章说："甚爱必大费；多藏必厚亡。故知足不辱，知止不殆，可以长久。"过分地追求名利必定要付出很大的代价；过于积敛财富，必定会招致更为惨重的损失。所以说，懂得满足，就不会受到屈辱；懂得适可而止，就不会遇见危险；这样才能保持长久的平安，保持长久的富足，"知足者富"。四十六章说："祸莫大于不知足；咎莫大于欲得。故知足之足，常足矣。"最大的祸害是不知足，最大的过失是贪得无厌的欲望。知道到什么地步就该满足了的人，就永远是满足的。

第六，老子作品中隐藏着非常深刻的否定之否定的辩证法思想。[1] 这一点我们需要对文本进行解读才能看得出来。我们先来看第四十五章："大成若缺，其用不弊。大盈若冲，其用不穷。大直若屈，大巧若拙，大辩若讷。"如何解释大成、大盈、大直、大巧？这种"大……若……"的句式究竟隐藏着什么秘密？我们知道成与缺、盈与冲、直与屈、巧与拙、辩与讷都是相互对立的范畴，按照前面的分析，事物都是从量变到质变、并且经过一定的度的发展过程，那么大成、大盈、大直、大巧肯定是经过了这样的一个过程，其中经历了两次否定的过程：成是对缺的否定，大成

---

[1] 赵妙法非常敏锐地察觉并深入分析了这一点。参见赵妙法《老子辩证法再认识与再评价》，《安徽大学学报》（哲学社会科学版）2000 年第 4 期。

是对成的否定，因而构成了缺—成—大成这样一个否定之否定。以此类推，大盈若冲是冲—盈—大盈的发展过程，大直若屈是屈—直—大直的发展过程，大巧若拙是拙—巧—大巧的发展过程，大辩若讷是讷—辩—大辩的发展过程。在四十一章中也有类似的表述："大白若辱；大方无隅；大器晚成；大音希声；大象无形。"对此，我们也可以按照否定之否定的方式进行解读：辱—白—大白，隅—方—大方，声—音—大音，形—象—大象。

2. 弱者道之用

"弱者道之用"的意思是在道的日常生活运用中要从柔弱、不争、无为的一面入手，不要从刚强、竞争、有为的一面着手。这实际上是道的辩证法在实践中的应用，这种应用就像道本身一样是"虚而不尽""用之不竭"的。《道德经》第四章说："道冲，而用之或不盈"，大"道"空虚无形，但它的作用却是无穷无尽的。

（1）柔弱胜刚强。老子认为柔弱的东西能够胜过刚强的东西。"天下之至柔，驰骋天下之至坚。"（四十三章）天下最柔弱的东西，腾越穿行于最坚硬的东西之中，无形的力量可以穿透没有间隙的东西。

老子之所以认为柔弱胜刚强，首先是因为他观察到"水"的特性："天下莫柔弱于水，而攻坚强者莫之能胜，以其无以易之。弱之胜强，柔之胜刚，天下莫不知，莫能行。"（七十八章）天下再没有什么东西比水更柔弱了，而攻坚克强却没有什么东西可以胜过水。弱胜过强，柔胜过刚，没有人不知道这个道理，但是很少有人能真正地按照它去做。

其次，是他观察到人的生命、动物的生命、植物的生命也是这样。"人之生也柔弱，其死也坚强。草木之生也柔脆，其死也枯槁。故坚强者死之徒，柔弱者生之徒。是以兵强则灭，木强则折。强大处下，柔弱处上。"（七十六章）人活着的时候身体是柔软的，死了以后身体就变得很僵硬。草木生长时是柔软脆弱的，死了以后就变得干硬枯槁了。所以坚强的东西属于死亡的一类，柔弱的东西属于生长的一类。因此，用兵逞强就会遭到灭亡，树木强大了就会遭到人们的肆意砍伐。凡是强大的，总是处于下位，凡是柔弱的，反而居于上位。

最后，通过柔弱胜刚强的自然现象，老子总结道："上善若水，水善利万物而不争。处众人之所恶，故几于道。"（第八章）最善的人好像水一样，人应该学习水的品质，因为水善于滋润万物而不与万物相争，停留在众人都不喜欢的地方，所以最接近于"道"。上善若水，要求我们在日常生活中"知其雄，守其雌，为天下溪"。也就是说，要知道什么是雄强，却安守于雌柔的位置，甘愿做天下的溪涧。甘愿处于水一样柔弱的地位，就会长久。

（2）圣人之道，为而不争。如果说柔弱胜刚强是从自然界得到的一种哲学启示，它来自于"上善若水"的朴素直觉认识和理性反思，那么在人类社会生活中究竟该如何运用它呢？上善若水告诉我们要贵柔、贵谦虚、贵退让，在为人处世中突出地体现为无为和不争。

首先来看不争。不争首先是天之道，是自然界的基本运行规律。《道德经》七十三章说："天之道，不争而善胜，不言而善应，不召而自来，繟然而善谋。"自然的规律（天之道）是不斗争而善于取胜，不言语而善于应承，不召唤而自动到来，坦然而善于安排筹划。

不争不仅是天之道，而且还是人之道，第三章说："不尚贤，使民不争；不贵难得之货，使民不为盗；不见可欲，使民心不乱。是以圣人之治，虚其心，实其腹，弱其志，强其骨。常使民无知无欲。使夫智者不敢为也。为无为，则无不治。"不推崇有才能的人，使老百姓不互相争夺；不珍爱难得的财物，使老百姓不去偷窃；不显耀足以引起贪心的事物，使民心不被迷乱。因此，圣人治理社会的原则是：去除百姓的心机，填饱百姓的肚子，减弱百姓的竞争意图，增强百姓的筋骨体魄，从而使老百姓没有智巧，没有欲望。让那些有才智的人也不敢妄为造事。圣人按照这种"无为"的原则去治理社会，那么天下自然就太平了。

不争在老子看来是一种很好的道德品质（不争之德），它可以应用于社会生活的各个方面。"善为士者，不武；善战者，不怒；善胜敌者，不与；善用人者，为之下。是谓不争之德，是谓用人之力，是谓配天古之极。"（六十八章）善于带兵打仗的将帅，不逞其勇武；善于打仗的人，不轻易激怒；善于胜敌的人，不与敌人正面冲突；善于用人的人，对人表示谦下。有不争之德的人能够借力发力、用人之力，在不知不觉中完成自己的愿望，这才符合自然无为的道理。

不争并不意味着是一味地退让，而是以退为进的"非竞争战略"，或者说是一种"道谋"。第二十二章说："夫唯不争，故天下莫能与之争。"正因为不与别人竞争，所以走遍天下没有人能与他竞争。第六十六章说："江海之所以能为百谷王者，以其善下之，故能为百谷王。……以其不争，故天下莫能与之争。"江海之所以能够成为百川河流所汇往的地方，乃是由于它善于处在非常低下的、别人不愿待的位置，所以才能够成为百川之王。因为他不与别人相争，所以天下没有人能和他相争。

其次，我们来看无为。很多人简单地将无为理解为什么事情都不做，这是对无为的狭隘片面理解。"无为"是站在"不为"的立场上去"为"的。就人类社会管理和国家治理来说，彻底的什么都不干肯定是做不成任何事情的。无为的意思解释为"道法自然"比较合适，一切都按照自然本身的规律去进行，"人法地，地法天，天法道，道法自然"。第二章说："是以圣人处无为之事，行不言之教；万物作而弗始，生而弗有，为而弗恃，功成而不居。夫唯弗居，是以不去。"圣人用无为的态度对待世事，用不言的方式施行教化，听任万物自然地产生与发展，而不去实施任何人为的干预，不施加人为的各种倾向性，即便功成业就也不自居，不居功就无所谓失去。

相比有为来说，无为所取得的实际效果可能会更好些，往往能够达到"无为而无不为"的绝佳状态。无为首先是对个人生活而言。对个人来说，无为表面上表现为与世无争、谦虚退让、没有个人私利性，但正是这种无私反而能成就个人私利，"是以圣人后其身而身先，外其身而身存。非以其无私邪？故能成其私"（第七章）。比较好的方式是"为无为，事无事，味无味"（六十三章），以无为的态度去有所作为，以不滋事的方法去处理事物，以恬淡无味当作有味。

对老子而言，无为更多是针对君王治理来说的。一个国家的统治者不能妄为、乱为，以繁苛之政扰害民众，要相信民众的自我发展能力，实行无为之政，老百姓反而能自我化育、自然就会投入生产之中过上富足的生活，民风自然会淳朴起来，"我无为，而民自化；我好静，而民自正；我无事，而民自富；我无欲，而民自朴"（五十七章）。有所作为必然会有所过失，做的多、犯错的概率肯定更大，所以要想不犯错的话，实行无为之政反而更好些，"是以圣人无为故无败，无执故无失。……是以圣人欲不欲，不贵难得之货，学不学，复众人之所过，以辅万物之自然而不敢为"（六十四章）。也就是说，真正懂得治理国家的人都会遵循万事万物的自然本性而不会妄加干预，以"无事"的方式来治理天下，不用珍奇稀宝来激发民众的贪欲，经常补救民众犯下的过错。

第三节 相对主义问题

为什么要在道家生命伦理学的理论建构中探讨相对主义问题，这主要是基于两个方面的考虑。首先，从哲学的普遍性意义来说，相对主义是近现代哲学面临的一个理论难题。任何一种普遍性的伦理道德规范的建构都必须克服道德相对主义，才能卓有成效地建立起真正坚实的理论地基。其次，从道家哲学的特殊性来说，庄子哲学富有创意地阐释了这个极具"现代性"的问题，构成了其理论的核心部分之一，因此必须从认识论和价值论上予以分析澄清。为了有效应对并解决当代伦理学遭遇的棘手难题，无论是在理论上还是在实践上，都需要予以积极回应。道家生命伦理学的理解构建也只有解决了相对主义，才能建立起真正的理论原则和方法体系。

一　认识论的相对主义

道家哲学提供了关于宇宙世界的本体论学说，就是以道为本体。对道而言，道家哲学基本上坚持的是一种不可知论，在这个意义上说，道家有自己的认识论。尽管道家所关注的理论重心是道，是世界本源、本体和世界整体本身，但它对世界之内的事物仍然提出了自己独到的认知理论，可以说，正是凭借着这种对世界之内事物的认识，揭露其局限性、狭隘性，才能超越于世内之物的道的认识。正因为如此，认识论问题是庄子哲学中一个非常重要的论题，它以非常集中的方式体现在庄子《齐物论》篇中。[①]

如果说道是不可知的，体道的方法只有非理性的心斋（唯道集虚，虚—心），那么这是在世界整体的意义上来谈论道的。作为世界整体之道的不可知性，并不意味着世界之内的现象事物也是不可知的。恰恰相反，世界之内的事物在道家眼里是可知的，这种可知性落入了俗人的认识论视野，而不是道家的体道境界之中。在这个意义上，道家哲学的不可知论针对的是道本身，而不是呈现出道的、作为道之载体的世内事物。如果世界之内的现象事物是可知的，那么它在什么意义上是可知的？对此，一个基本的回答是：世内之物是在彼此相对的立场上为人所认知，一切事物的差异和相同点都是建立在相对性和参照系之中。

1. 认识论与价值论

当代很多著名的哲学家都把庄子看作是相对主义者。比如，冯友兰认为，《齐物论》是"庄周哲学的相对主义和不可知论的认识论的一个总结

[①] 庄子的齐物论，究竟是要齐"物"还是齐"物论"？即，究竟是齐万物还是要齐关于万物的观点？单从篇名来讲，这很难确定，似乎二者兼而有之。如果是齐万物，那么这就是一个单纯的认识论问题，因为它所涉及的是万物究竟是否齐一、同一的问题。如果是齐"物论"，那么它要探讨的是人们关于世界物质认识的差异性与同一性问题，这里面就复杂了，它就不单是一个认识论的问题了，人们认识差异形成的原因很可能是有价值偏好性的因素存在，所以既是一个认识论问题，又是价值论问题。这是从齐物论的篇名来看，我们得出的结论是庄子哲学既是认识论的，又是价值论的。

性概论"①；冯契认为，庄子"用相对主义的态度对待人间的一切"，"庄子哲学是相对主义和怀疑主义论，能够把人们从'独断的迷梦'中唤醒起来，所以构成了哲学发展的一个必要环节"；② 崔大华认为，"在庄子看来，相对性是世界本然的存在状态，而不是我们认识上的谬误，这是彻底的相对主义观点"③。如此看来，既然这么多哲学家都将庄子哲学判定为相对主义的，那么它不可避免地与相对主义发生了某种内在关联。那么，问题是在什么意义上，庄子才算得上是一个相对主义者？

有学者基于详细的文本解读，对庄子的相对主义问题进行了仔细的考辨，认为将庄子哲学判定为相对主义是一种误读，之所以被误读，是由于庄子吊诡的言说方式和郭象的"独化说"造成的。④ 我们不论对庄子的某些核心概念，如"天籁""自己"的解读是否存在误解或误读，也不论郭象的独化论是否符合庄子本人的思想，摆在我们面前的是庄子文本解读的多样性和开放性，任何一种基于庄子文本的解释都是从该文本生发出来的。在此，我们不去过多地纠缠于文本解释学问题，而着重于庄子哲学的内在精神结构，只有把握了其精神主旨和内在结构，我们才能够对庄子哲学有最切己的把握和理解。

那么，庄子哲学的内在精神结构是什么呢？庄子对道与德，仁与义，知识与德性等问题展开了详细论述，从中我们可以得出一个最基本的判断：道与德基本上属于最高的层次，而道为最高的本体论范畴；仁、义、礼、智、信等概念则属于次一级的伦理范畴或知识范畴，只有当最高的道与德被埋没和隐藏的时候，才有其用武之地。直白地说，在一个有道的社会中，无须伦理道德来约束人们的行为；在一个无道的社会中，才需要道德和法律等人间的规范要求和秩序性约束。庄子的本义在于，人们应该抛弃道德和法律这种"小道"，走上道与德的真正"大道"。

从庄子哲学的精神主旨去理解，他在其最根本的意义上并不是一个相对主义者，而是一个绝对主义者。也就是说，从"道"的观点来看，它是绝对的，是不可妥协和放弃的绝对精神追求和价值取向。庄子甚至要求我们从道的观点来审视人间的一切，包括是非、善恶、美丑等知识、道德和审美问题，而一旦我们从世俗的观点中脱离出来，以一种超然的道论来看问题，世界将展现出另外一番美妙的情景。说得直白些，我们这些俗人的

---

① 冯友兰：《中国哲学史新编》（第二册），人民出版社 1984 年版，第 111 页。
② 冯契：《中国古代哲学的逻辑发展》（上），上海人民出版社 1983 年版，第 219—220 页。
③ 崔大华：《庄学研究》，人民出版社 1992 年版，第 276 页。
④ 刘志勇：《天籁与独化——庄子"相对主义"考辨》，《复旦学报》2007 年第 4 期。

认识水平、道德水平、审美水平是非常有限的，受着各种局限和约束，就像井底之蛙一样看不见天地之大美、世界之全体，唯有体道之人、悟道之人、得道之人才能真正把握和理解庄子所描述的超越性的精神世界。

但是，从人类的认知、知识和语言的角度来理解，庄子确实是表现出了相对主义的认识论特征的。"大知闲闲，小知间间"，世俗认知都是一种"小知""小言"，都有不可避免的局限性，语言只能表述可知的存在之一部分，永远不可能穷尽无限的"大知""大言""真理"或"道"。[1] 需要加以说明的是，认识论上的相对主义不是庄子哲学的精神旨趣所在，毋宁说，通过对人类认知上的莫衷一是、相对性来阐释和论证道的唯一性与绝对性。相对主义只是庄子哲学的一种论证方式，只是他用来抵达道论的一种言谈策略，它所揭示的恰恰是无道社会中人们思想和价值观的混乱状况。为了有效地结束或彻底地解决各种哲学流派之间的争论（儒墨之争、儒法之争等），必须以一种釜底抽薪的方式、站在道论的高度来审视之、超越之，否则将会落入世俗的话语之争、意气之争、是非之争、小大之辩中而无法自拔。在这个意义上，庄子哲学确实显得更加高明。

如果庄子在认识论上是相对主义的，那么它在道德上是否也是持有道德相对主义或伦理相对主义的观点呢？对此，我们仍然要回归到庄子哲学的精神主旨中才能得到答案。站在道的高度，庄子认为伦理问题是可以超越的，故而不存在什么道德相对主义、伦理相对主义问题；但是，如果站在世俗社会的角度，人间的伦理道德规范将呈现出一番什么景象呢？庄子的回答似乎很自然的就是，一切的是非、善恶、美丑将莫衷一是、无所判定，在有限的残缺的世界中我们不可能找到绝对的善恶，绝对的仁义，绝对的道德，一切的伦理规范都需要诉诸最高的道，才能予以彻底解决。

在此，我要反对的是将认识论和价值论看作截然二分的观点。任何认识论中都不可避免地带有价值因素，因为认知主体是有先入之见的，有价值偏好的，是戴着有色眼镜来看世界的（所以，庄子区分了几种不同的看世界的方法）。主体之为主体，就在于它的主动性、创造性，说得更直接一点就是主观性、人为性。追求纯粹的客观性几乎毫无可能，除非放弃人的主体地位，将人变成一个纯粹的仪器来观察世界。反过来说，任何价值观都不是无缘无故地提出来的，都或多或少地与某种对世界的观察、认知方式密切相关，一个人之所以坚持这种价值观而不是别种价值观，是与他

---

[1] 李志强：《相对主义认识论下的两种语言文化观——谈智者学派和庄子的"辩"》，《求索》2008 年第 10 期。

的世界观紧密相连的。如果看待世界的方式变了,那么对待世界、人生与生活的态度和方式也会随之发生改变。这就是说,世界观、人生观和价值观(俗称"三观")是不可分割的。在齐物论中,庄子首先或主要的目的是改变我们常人对于世界的看法,揭示俗人眼中的世界是如何的狭隘,向我们展示一种真正广阔无边、自由自在的世界是如何可能的。

笔者认为,庄子为自己的价值观提供了系统性的认识论论证,这是庄子和其他道家的一个显著区别。对庄子而言,问题的核心不在于"齐物论"是认识论的还是价值论的,而在于庄子是如何论证和阐释自己的价值观的,也就是说庄子是如何为自己的价值观做出独特的证明的。这恐怕是庄子之所以为庄子的特点所在,他有自己的认识论和方法论,并且这种认识论和方法论是为道论和价值论服务的,是庄子从常人/俗人认知的角度出发所做的出色证明,这种证明是为了说给顽固不化、死守常理、囿于成心之偏见的我们每个常人所听、所看、所思、所想的。在这个意义上,齐物论探讨的是认识论问题,但其目标却是价值论问题,即要达成对人生诸多价值问题的正确看法。

因此,我们可以总结说,庄子哲学既是相对主义,又不是相对主义。从世内存在物来看("以俗观之"),一切是非善恶美丑等价值判断都是相对的;但是,从道的高度来看("以道观之"),世间万物都统一于道,无所谓差别,都是同一的。美国庄子研究名家爱莲心在《向往心灵转化的庄子》中指出,"庄子认为超乎相对之上有一个绝对,那就是他所说的'道'"[①]。

2. 立场与客观性

现代自然科学都预设了一种纯粹观察说的理论,认为人对世界的观察和认知是绝对客观公正、不偏不倚的。这种观点虽然是现代科学力图追求的一种目标,以保证科学的客观性、独立性;然而,事实上它不仅在现实的科学实验和研究中无法实现,而且遭到了科学哲学家们的激烈批评与质疑。如果我们抛开现代科学的纯粹客观性立场,回归到前现代的道家哲学认识论,就会发现古人以一种高度的智慧眼光把握住了人类理性认知所可能具有的各种局限性,以及人类在各种知识面前所身处其中的窘境。我们把这种窘境称之为相对主义。

相对主义的出场语境首先是来自于认知的立场性问题,俗话说就是看问题的角度。一个人为什么是从这种立场或角度来看问题,而不是从另外

---

① 爱莲心:《向往心灵转化的庄子》,江苏人民出版社2004年版,第113页。

的角度来看问题，其中存在的基本差异是什么？对于事物的认识我们总是想提出一个客观的标准（"同是"），但这种标准恰恰是不存在的。

  啮缺问乎王倪曰："子知物之所同是乎？"曰："吾恶乎知之！""子知子之所不知邪？"曰："吾恶乎知之！""然则物无知邪？"曰："吾恶乎知之！虽然，尝试言之：庸讵知吾所谓知之非不知邪？庸讵知吾所谓不知之非知邪？且吾尝试问乎女：民湿寝则腰疾偏死，鳅然乎哉？木处则惴栗恂惧，猨猴然乎哉？三者孰知正处？民食刍豢，麋鹿食荐，蝍蛆甘带，鸱鸦耆鼠，四者孰知正味？猨猵狙以为雌，麋与鹿交，鳅与鱼游。毛嫱丽姬，人之所美也；鱼见之深入，鸟见之高飞，麋鹿见之决骤，四者孰知天下之正色哉？自我观之，仁义之端，是非之涂，樊然淆乱，吾恶能知其辩！"（《齐物论》）

  庄子《齐物论》篇中啮缺问王倪，一问三不知：一是不知道事物的共同标准、同一性（"物之所同是"），二是"不知道自己不知道"这件事（"子知子之所不知邪"），三是关于事物是否可知（"然则物无知邪？"）。这并不表明他没有知识，而是他对知识持有某种怀疑和谨慎的态度。随后，王倪列举了世间各种认知的状况：人与泥鳅、猿猴、麋鹿、蜈蚣、猫头鹰等动物在生存环境、饮食居住方面的巨大差异，人与鱼儿、鸟儿、麋鹿等动物在审美等方面的差异。这就是说，对于人来说很潮湿的居住环境，恰恰是动物所需要的；对人来说是美食的东西，在动物眼里可能如腐臭；对人来说是美女（毛嫱丽姬），对鱼雁来说却是丑八怪（此即"沉鱼落雁"之本义）。如此来看，事物之间的差异性表明并不存在哪种统一的标准，这是事物的本然状态使然。至此，王倪似乎陷入了认识上的不可知论："仁义之端，是非之涂，樊然淆乱，吾恶能知其辩"，仁义与是非纷然错乱，我怎么可能辨明其中的差别呢？

  我认为，庄子在此实际上是对俗人的认知模式提出了一种深刻的批评。他的反问并不说明他不能区分世界之内的事物的区别性、差异性，他举的这些例子正好说明他很清楚人与动物在生存环境与饮食起居等各方面的巨大差异，这种差异是客观存在、不以人的意志为转移的。庄子所试图表明的是，陷入这种狭隘的"是非之涂""仁义之端"的争论是没有结果的，是不可能带来真正的知识和智慧的。

  为什么仁义是非之争在人的理性范围内得不到根本有效的解决呢？庄子进一步说：

    既使我与若辩矣，若胜我，我不若胜，若果是也？我果非也邪？

我胜若，若不吾胜，我果是也？而果非也邪？其或是也？其或非也邪？其俱是也？其俱非也邪？我与若不能相知也。则人固受其黮暗，吾谁使正之？使同乎若者正之，既与若同矣，恶能正之？使同乎我者正之，既同乎我矣，恶能正之？使异乎我与若者正之，既异乎我与若矣，恶能正之？使同乎我与若者正之，既同乎我与若矣，恶能正之？然则我与若与人俱不能相知也，而待彼也邪？（《齐物论》）

庄子认为人们彼此之间的争辩辩论通常是无效的，难以辩出个所以然。这就涉及辩论的裁判标准之不确定性问题。两个人在一起辩论，究竟谁对谁错，往往需要第三方来裁决。那么第三方的裁决以什么作为最终胜出的依据？那最终胜利的一方就是正确的吗？两个人究竟谁对谁错？既然有裁判或评委，那么裁判或评委的偏见就会影响到评判的结果。如果裁判的观点与其中某一方相同或相近，其评判的结果自然就会倾向于那相同或相近的一方。如果裁判的观点不同于论辩双方的任何一方，那么他又是依据什么来裁判，他所依据的标准就一定是客观的吗？这是庄子提出来的一系列疑问。很显然，庄子认为，在论辩双方之间并不存在判若分明的、绝对客观的判定标准，仁义是非之争最后都难以争论出个所以然来。既然是人，每个人都有主观性的立场或固有的认知偏见（人固受其黮暗），这是任何人都难以避免的，只是多与少的问题罢了。

如果争论不出所以然，那么最终论辩的结论就是两可之间。"物无非彼，物无非是。自彼则不见，自知则知之。故曰：彼出于是，是亦因彼。彼是方生之说也。虽然，方生方死，方死方生；方可方不可，方不可方可；因是因非，因非因是。"在这里，彼此彼此，意思就是说彼此的关系并非一成不变的，从自己的角度看，自己是此，别人是彼；但站在他人的角度看，别人是此，我自己是彼。人们通常会厚此薄彼，就是因为不可避免地会站在个人狭隘的立场（有时候是囿于个人的认知偏见或偏差，有时候是陷入个人一己之私利）之上来看问题，而忽略了对方的观点或立场。生与死、可与不可、是与非，也都是这样相对的，看你的立场在哪里。站在生的立场上，现在生的就是生，死的东西就是死；站在死的立场上，现在死的东西却在孕育着新的生命，现在生的东西却在慢慢衰老、身体的各个组成部分在不停地新陈代谢。人们激烈争论的生与死、是与非、可与不可，实际上都是相对的，它们都是在相对的条件下才能成立的，没有生就没有死（方生方死，方死方生），没有是就没有非（因是因非，因非因是），没有可就没有什么不可（方可方不可，方不可方可）。所以，最终的结论是：彼亦一是非，此亦一是非。

在《秋水》篇中，庄子全面深刻地总结了看问题的六种基本立场：以道观之、以物观之、以俗观之、以差观之、以功观之、以趣观之。"以道观之，物无贵贱；以物观之，自贵而相贱；以俗观之，贵贱不在己。以差观之，因其所大而大之，则万物莫不大；因其所小而小之，则万物莫不小。知地之为稊米也，知毫末之为丘山也，则差数睹矣。以功观之，因其所有而有之，则万物莫不有；因其所无而无之，则万物莫不无。知东西之相反而不可以相无，则功分定矣。以趣观之，因其所然而然之，则万物莫不然；因其所非而非之，则万物莫不非。知尧、桀之自然而相非，则趣操睹矣。"

这就是说，站在以道观之的立场上，万物没有任何贵贱差别之分。站在万物自身的立场上，它们都是自以为贵，而相互鄙视看轻对方的。站在流俗的立场上，贵贱的判断都是外在的、社会性的判定，而不是内在的、生命个体本有的。站在差异性的立场上，如果着眼于事物大的一面，则所有东西都是大的；如果着眼于事物小的一面，则没有什么东西不是小的，这样天地就如同一粒小米，一根毫毛就如同一座大山。站在功用的立场上，顺着事物有用的一面，它就是有用的；顺着事物没用的一面，它就是没用的，但任何事物都既有有用的一面，也有无用的一面，如果一味地纠结于无用的一面，大概天下之物都是废物。站在价值取向的立场上，顺着事物对的一面，那么万物都是对的；顺着事物错的一面，那么没用一物不是错的了，这样我们就知道尧和桀都是站在各自的立场上来菲薄对方，其实，他们只是各自的价值取向不同罢了。

3. 是非与成心

是与非一般用来表示肯定和否定、赞成与反对的观点或态度。在《庄子》书中，它的用法有三种不同的语境。第一，用"是"来指示某物是什么，如"地籁则众窍是已，人籁则比竹是已"，就是指认"众窍"就是"地籁"，"比竹"就是"人籁"。第二，认为某种观点是正确的，如"天下非有公是也"，"孰是而孰非乎"，"若是若非，执而圆机"等。第三，认为某种观点或看法符合自己的观点或看法，合于自己的心理预期或认知。如，"各是其所是，天下皆尧也"，"同于己为是之，异于己为非之"，"始时所是，卒而非之"。这三种情形都有认同、肯定的意思，但第三种用法特别强调了认知主体的自我反思，人们之所以采取认同、肯定的态度（是其所是），就在于人们心里早就有了一个认同、肯定的东西，拿心里已有的东西与将要做判断的东西做了一个对比和反思，最终才认为它是对的还是不对的。① 庄子认为人们用来做出判断（所是、所非，是之、非之）的东西就是"成心"。

> 夫随其成心而师之，谁独且无师乎？奚必知代而自取者有之？愚者与有焉！未成乎心而有是非，是今日适越而昔至也。是以无有为有。无有为有，虽有神禹且不能知，吾独且奈何哉！（《齐物论》）

根据我们的理解，"成心"是根据个体经验和知识而形成的一种主体的认知心理状态或心智模式。只要一个人生活在世界上，每个人都是有成心的，且以之"为师"的（随其成心而师之），不唯聪明人是这样，即便是愚人也是这样，也有自己的成心。人们正是通过这种成心来做出是非、对错的判断，它依赖的是知识和经验的积累，是人的一种经验思维和理性认知。在某种意义上说，作为经验世界中的每个个体，其所受的教育、所掌握的知识、所做出的日常生活判断、所发表的意见和建议、所做出的决断和裁决，都离不开成心的作用。这是每一个"在世之内"的个体每天都要发生的事情。也就是说，成心是世界之内的经验个体做出是非判断的先决条件，没有成心就没有是非，如果没有成心而有是非，就好比今天到了越国而硬说成是昨天已经到了一样（未成乎心而有是非，是今日适越而昔至也），是自相矛盾的。

然而，正是由于"成心"的作用，使得我们在任何关于是非的判断（无论是事实判断还是价值判断）上都不可避免地带有主观性，而无法保证绝对的客观性。这种成心使得每个人都有自己的固有立场，由于立场的存在就无法保证客观性，总是带来基于立场的认知偏见和偏差，也就是说每个人都存在或多或少的"先入之见"，从而导致是非的争论变得没有定论、争论不休而没有结果，是非的判断没有最终的依据和结论，无法形成天下人的"公是"。职是之故，每个人都陷入自己的"先入之见"之中，相信自己的认知，忽略、反对或批评别人的认知，所谓"自彼则不见，自知则知之"。

基于成心的认知和知识被庄子称之为"小知"，与之相反，基于道的认知和知识被称之为"大知"。"小知不及大知，小年不及大年"，也就是说小知和大知是不可同日而语的，有根本的区别。"大知闲闲，小知间间。大言炎炎，小言詹詹。"小知表现出论辩不休、论证很精细的样子，而大

---

① 李大华：《自然与自由：庄子哲学研究》，商务印书馆2013年版，第174—175页。

知表现出很广博宏阔的样子。对于常人而言，有小知而无大知，有小聪明而无大智慧，生命完全被小见识的成见成心所遮蔽了，完全看不到真正的大智大慧；言语也被花言巧语、诡辩辩论所遮蔽了，无法分清是非。

可以看到，庄子实际上是站在一个更高的立场上来看待知识论问题的，他并非是一般意义上的非知识论者或反知识论者，而是说通常的知识是小知识、小见识，是成心的作用，这种知识太有限了。他告诉我们，应该跳出成心的束缚，抛弃小知识、小聪明，接纳大知识、大智慧，做体道之人！

4. 小大之辩

庄子的相对主义认识论还反映在小大之辩中。在《逍遥游》中通过寓言故事的方式描述了常人所认为的两类大小事物：鲲鹏与斥鷃、蜩和学鸠，鲲鹏展翅，其广大数千里，是为大物，而斥鷃、蜩和学鸠则是很小的动物。

> 穷发之北，有冥海者，天池也。有鱼焉，其广数千里，未有知其修者，其名为鲲。有鸟焉，其名为鹏，背若泰山，翼若垂天之云，抟扶摇羊角而上者九万里，绝云气，负青天，然后图南，且适南冥也。斥鷃笑之曰："彼且奚适也？我腾跃而上，不过数仞而下，翱翔蓬蒿之间，此亦飞之至也，而彼且奚适也？"此小大之辩也。（《庄子·逍遥游》）

很显然，鲲鹏之大是斥鷃、蜩和学鸠这等小物所不能想象和理解的，其飞行之距离远远超越了它们的经验范围，故其翱翔之举反而遭到了嘲笑。在此，庄子似乎是在用一种反讽的笔调，要嘲笑的对象不是鲲鹏，而是斥鷃、蜩和学鸠。对于鲲鹏而言，其身体之广大达到了数千里，所以需要整个冥海才能容得下身躯，需要更加广阔的天空才能翱翔，这就是说体大量亦大；对于斥鷃这等小鸟，其身体之小，只需要在蓬蒿之间飞行就可以了，数仞之高的树都显得有点大了。鲲鹏飞起来像垂天之云，在天地之间翱翔，飞行九万里而至南海，看到的是"天之苍苍"，"其远无所至极邪"，对于整个天地而言它哪里算得上大！正所谓"无极之外，复无极也"。

小大之辩要阐明的是境遇论中的相对主义。每一事物都有每一事物所适应和生存的境遇，它本身的大小属于其性质，与之相对的空间和距离就是它所适应的境遇。小鸟有小鸟的生存环境，大鹏有大鹏生存的环境，就其自身的本性而言无所谓大小，小鸟和大鹏各自逍遥于自己所适应的环境中，哪里还有什么大小之分。只有当我们把小鸟和大鹏做一个对比，才能看出其中的大小之别，小鸟只不过是飞行数仞的距离，而大鹏则要翱翔九万里。没有这种对比，何来小大之辩！

在《秋水》篇中也记载了一篇关于河神和海神的对话，寓意深远。河伯自以为天下之大、天下之美集于自己一身，然而东行至海边一看傻眼了，居然还有比自己大得多的大海！（"秋水时至，百川灌河。泾流之大，两涘渚崖之间，不辨牛马。于是焉河伯欣然自喜，以天下之美为尽在己。顺流而东行，至于北海，东面而视，不见水端。"）其实每个人都有河伯这种自以为是的毛病，不知道天外有天、人外有人，以至于常常贻笑于大方之家。人们之所以是这样，是由于生存境遇决定的，我们怎么能跟井中的青蛙谈论大海呢？怎么能跟夏天的虫子讨论冬天的冰雪呢？怎么能跟受礼教束缚的书生讨论大道呢？（"井蛙不可以语于海者，拘于虚也；夏虫不可以语于冰者，笃于时也；曲士不可以语于道者，束于教也。"）这一切都是囿于个体经验的局限所至。大海虽然很大，但相比于整个天地而言，不正像小树木小石头在大山上一样吗？（"吾在于天地之间，犹小石小木之在大山也。方存乎见少，又奚以自多！"）每个人也只是人类社会的一分子，个人和万物比起来，不正像马身上的一根毫毛吗？（"号物之数谓之万，人处一焉；人卒九州，谷食之所生，舟车之所通，人处一焉。此其比万物也，不似豪末之在于马体乎？"）所以，人千万不要自大就是这个道理。

既然小大都是相对的，那么就应该打破这种狭隘的大小观念。从小的东西看万物，万物都是大；从大的角度看小，万物都是小。这里有三点需要说明。第一，每一物无论大小，都有其适合的生存境遇，井蛙、夏虫、曲士都生活于自己适合的环境中，且受其限制，因此而形成的见识也是有限的。第二，大与小都是相对而言的，都是观念性的，任何东西再小也还是可以细分为更小，也总可以找到比它更小的事物；任何东西再大，也还可以发现比它更大的。所以，毫末不足以"定至细之倪"，天地不足以"穷至大之域"。第三，大与小的差别取决于"观"的角度。这就是上文提到的六种基本"观"的视角。从万物的本性自足而言，无所谓大小。"天下莫大于秋毫之末，而大山为小。"

二　价值论的相对主义

如果认识论的相对主义涉及的是认识的相对性、客观性问题，那么价值论的相对主义则涉及价值的相对性、主观性问题。价值论的相对主义是现代哲学中的一个棘手问题，它以某种形式展现在道家哲学尤其是庄子哲学中。

1. 价值相对性问题

如果说庄子的相对主义是在认识论意义上的，那么它就涉及相对主义产生的一个基本知识背景：那就是知识统一论的幻灭和知识多元论的胜利。在前现代的哲学思想中，这一点显得不是那么明显和紧迫，而在现代社会中这种知识多元论的论调逐渐在哲学界形成了一股思潮。它肇始于20世纪的逻辑实证主义运动，即对知识表达的清晰性和确定性的执着追求，最终消解了欧洲启蒙运动以来的知识统一论的迷梦。经由蒯因、库恩、普特南等哲学家对语言分析、逻辑分析和科学史的研究，得出了一个令人沮丧的否定性结论：人类无法凭借其有限的理性来建构统一的真理体系，统一意味着逻辑上的前后一致，统一的真理即是由所有的真命题构成的逻辑体系。①

知识统一论的幻灭意味着知识多元论的胜利。它对人类的认知能力、历史和现状做出了全新的判断：人类的知识体系是多种多样的，没有一种单一的知识体系；人的认知总是从特定的背景和视角给出的，对特定事实或者真相的认知往往忽略其他的事实和真相；每一种不同视角的认知都自成一套逻辑体系，但无人能把这些众多的不同认知体系整合成一个逻辑上一致的、整全的真理体系；除了用政治和军事的强迫力量来征服人们的思想之外，我们无法用纯粹说理的方式来统一所有人的思想，或者说没有任何一种学说能够让所有人都心悦诚服。知识多元论实际上是承认和认可了人类知识的分散状态和认知能力的有限性。

但是知识的多元论或多元主义并一定意味着或导致相对主义。多元论仅仅是对人类的认知能力和知识状况进行了一个事实性的描述，而没有给出任何实质性的价值判断和诉求。在前现代社会中，知识的多元论往往是通过君主的强权来实现形式上的大一统的，例如秦始皇通过焚书坑儒、汉武帝通过独尊儒术来实现思想上的单一化、统一化和集权化，从而无人能够从知识和思想上挑战封建王朝的权威。然而，在现代民主社会中多元化、多样化确实一个既定的事实，它能够得到几乎大多数人的理解和包容，多样性、多元化正如人的口味一样多样，这是再正常不过的事实了。罗尔斯认为，这种多元化是现代民主社会的一个永久性特征，我们不应该将它看作是令人厌恶的思想混乱，而应该愉快地接受之、包容之，将其看作是民主公共文化的常态。

---

① 卢风：《道德相对主义与逻辑主义》，《社会科学》2010年第5期。

如果说多元是不可避免的事实，那么相对主义则是可以避免的一种哲学理论。相对主义表现为认识论的相对主义、文化相对主义、价值相对主义和道德相对主义等形式。庄子哲学是一种温和的认识论相对主义，认为在认识和知识上存在语境上的相对性、不确定性。在现代认识论学说中，极端的认识论相对主义认为，在任何语境中都无法判断命题的真假，这当然是有所偏颇的。任何命题的判断，都有一个理论或语言框架，在特定的框架内我们实际上是可以判断真假的，例如在现代经典物理学理论中，我们可以断定"地球是围绕着太阳转的"这个命题为真，"太阳是绕着地球转的"这个命题为假。然而，人类的知识体系、认知框架是多样的，而非单一的、统一的，我们不可能用某种单一的理论体系解释自然世界和人类社会的所有现象和社会事实，这样我们就不可避免地陷入到认识论的相对主义之中。

至于文化相对主义，依照其基本的内涵来说，表达的是文化语境上的相对性。文化上的相对性也是现代社会的一个社会事实，不仅世界上各个民族、各个国家存在着多种多样的文化现象，而且即便是一个国家之内也存在多种民族、多种文化的现象，比如中国有56个民族，每个民族都有自己独特的文化、语言、风俗习惯和历史等，中国占主导地位的儒家文化不同于西方的基督教文明和东方的伊斯兰文明、佛教文明等。文化上的相对性是一个客观存在的历史和社会现实，是任何人都不可否认的。但是文化上的相对性，是否必然会导致文化相对主义呢？其实不尽然，各个文化之间虽然存在很大的差异性与鸿沟，但是其中或多或少地存在一些文化上的相似性和共同点，正如我们不能过多地强调它的统一性、普遍性，同样也不能过分地夸大不同文化之间的差异性、特殊性。对此，我们一个基本的理性态度和立场应该是求同存异，在不同的文化差异性中寻求对话、交流的共同点与合作的空间，而不是陷入差异性之中无法自拔。

至于价值相对主义，则是和文化相对主义密切相关的，它表达的是人类价值判断的相对性和价值取向的多元性。关于价值观的理论，有三种主要的代表性观点：价值实在论或一元论、价值相对主义或多元论、价值虚无主义或怀疑论。[1] 价值实在论认为在人类社会中存在普遍的、客观的价值标准，用来衡量一种观念、活动或事件，可以判断其是非善恶的程度，对于一种文明或文化，可以用来判断其进步或落后的状况。价值相对主义不承认存在普遍客观的价值标准，也不存在价值上的先进与落后、孰优孰劣、

---

[1] 沈亚生：《价值观相对主义辨析》，《人文杂志》2008年第2期。

批判谁和取代谁的问题。价值虚无主义则走得更彻底,认为每一种价值都是偶然的存在,彼此之间没有因果联系,人类社会生活中不存在什么有价值的事物,一切都是虚无的、毫无意义的,这种观点很显然会导致价值观的无政府主义和反理性主义。价值虚无主义是一种需要予以批判的意识形态,它不仅会走向重估一切价值的价值性毁灭,而且会走向理性自身的自我毁灭。价值相对主义则是需要真正认真对待的一种意识形态,相对性、多元化、多样性的存在既然成为既定的事实,那么在哲学上如何有效地克服相对主义就成为一个极为棘手的紧迫性课题。价值实在论的主张则会受到知识论、价值论的双重挑战,如何论证价值实在的客观性、必然性则是一件非常困难的哲学工作,因而很难说能够为其奠定有效的坚实基础。

　　需要指出的是,实在论不等于一元论,多元论也不必然导致相对主义,怀疑论也不必然导致虚无主义,三者彼此之间不存在一一对应的关系,不能用简单化的思维来处理之。价值实在论、价值相对主义和价值虚无主义更多的是从价值论的视野和立场来观照的,而价值一元论、多元论和怀疑主义则是从认识论的角度来考察价值观的。从哲学批判性的视野来看,保持合理的怀疑精神是进行任何哲学思辨和反思的基本条件,也是主体性意识的彰显和存在论明证。失去了怀疑精神,大概哲学的反思性就会丧失;相反,保持了高度的怀疑精神,也并不一定会导致虚无主义的价值观,在科学中需要怀疑精神,这种怀疑精神所结出的果实却不是什么一无所是的"虚无"。一元论和多元论之争表面看起来是本体论之争,但形而上学的本体论在遭遇现代性之后,一切固化僵硬的东西便开始融化了,那种单一的本质、本源、存在开始变得多元、多样和模糊,因而多元化、多元论构成了这个时代的基本生存论写照。它不是一个理论上或真或假的问题,而是一个现实中是否实际存在的事实性问题。据此,多元论是我们需要认真考虑的有关价值论的认识论问题。

　　价值的相对性意味着主客观的辩证关系。一个东西是否有价值,要依照其所观照的主体和对象来说,客体对主体而言具有非常重要的意义,那么它显然就是非常有价值的。价值的多元性体现在:每个人所认定的价值是不一样的,有些人认为一样东西很有价值,而另一个人则很可能认为它一文不值;在经济学上的价值多半是以物质的稀缺性来衡量的,物品越是稀缺其价值就越大,反之就越小。价值的多元性还体现为人们价值观的多样性,在现代民主社会中,人们秉承着各自互不相同的价值观,有些人认为健康的价值是排在第一位的,因为没有了健康的身体就没有其他的一切,而有些人则宁愿用或者不知不觉地在用健康来换取事业的追求、职业的发展；有些人钻到钱眼中去了，成了不折不扣的拜金主义者，而有些人则视金钱如粪土，把它当作生不带来、死不带去的东西。价值和价值观选择的多样性，一方面说明了现代社会比传统社会更加多元化、多样化，更加开放与包容，另一方面也说明了人们主体存在论、生存论上的差异性。

庄子实际上非常明确地阐明了这种价值的相对性。是非之争、大小之辩、善恶之分、美丑之别等，涉及的不仅是认识上的相对性问题，而且是价值判断上的相对性问题。依照其价值判断的立场、视角、视域之不同，事物展现在认识主体面前的景象也就不同了。庄子举了沉鱼落雁的故事，极其恰当地说明了审美价值判断的相对性，在我们人类看来非常漂亮的西施美女，在鱼儿等动物的眼中却可能是极其难看的丑八怪，这就启示我们不要将自己的审美价值观强加于他人，萝卜白菜各有所爱，尺有所短寸有所长，不能强求所有人的审美观都是一致的。如果我们一定要寻求一致性、统一性，那么肯定会像削足适履一样适得其反，就会对人性造成巨大的伤害。每个人都是活在自己的本性之中，都有适合其生存与发展的条件、环境和价值偏好。一句话，适合自己的才是最好的，才是最有价值的，不适合自己的再漂亮、再完美也等于零。

就价值论而言，庄子哲学不像有些学者所认为的那样是一种生活态度或生活方式的问题，[①] 而是涉及最根本的价值哲学问题。生活态度和生活方式是世俗之人的提法，每个世内之人都可以标示一种生活方式，都可以对世界之现象事物发表自己的观点，或宣示一种态度。但庄子认为，正是这种所谓的生活方式、生活态度是阻碍我们抵达道的境界的障碍所在。既为生活方式，必然落入世俗生活之中，受生活经验种种之限制而无法自拔；既为生活态度，必然是针对某种问题之态度，必受个人生活经验和价值判断立场之局限。所以，对庄子而言，世人所坚持的人生态度和生活方式恰恰是需要予以抛弃和超越的。

总的来说，价值相对性主要体现在以下几个方面。一是不同的时代、社会或国家，有着不同的价值观或原则，以及相应的法律制度。这一点毫无疑问是对的。作为中国，我们主张的价值观是社会主义的核心价值观，

---

① 北京大学哲学系王博教授认为："齐物"是一种生活态度和生活方式，而不是知识，这是我们关于《齐物论》说的最后的话。我认为这种观点有所偏颇，庄子哲学确实是提供了一种生活态度或生活方式，但庄子哲学不止于此；齐物论虽然也阐明了生活态度和生活方式，但它却是以一种认识论的方式来阐释和证明的，在这个意义上，我们不能认为它不涉及知识，虽然庄子本人并没有从根本上反对知识本身，而是反对狭隘的知识（小知）、不正确的知识（妄见）。参见王博《庄子哲学》，北京大学出版社2004年版，第90页。

实行的法律制度是有中国特色的法律制度，这些与西方国家都存在着很大的不同。

二是特定的价值观体系或原则、法律制度支配着特定社会中具体社会事件的价值判断，以其所从属的价值体系或原则为判断框架或基本标准。在儒家文化价值观体系下，一切社会事件、活动和个体行为的价值判断依据都是在儒家价值的统领之下的。其他价值观体系或原则也莫不如此。

三是各种不同的价值体系、原则或法律制度之间不存在孰优孰劣的问题，都是在特定的社会经济条件下产生、发展和变革的。社会经济制度的变革必然引起文化价值观的相应变革，价值观只有适应性与否的问题，而无优劣、先进落后之分。即便是在社会主义核心价值观占据主导地位的当今时代，传统文化中的价值观也有可供借鉴、启发和利用的内容。当然，优秀的传统文化价值观必然面临着在现代社会中的转型问题。

四是不能用一个特定的价值体系、原则或法律制度来判断其他社会文化中的价值取舍，对各种差异性的文化价值观必须保持宽容的态度。既然多元化、多样性的存在是客观事实，每个民族都有属于自身特色的文化价值观，那么保留该文化价值观的存在就是捍卫当代社会人权的基本内容之一。不能搞文化霸权、价值观输送和意识形态灌输等隐性的强制性手段，对此每一个觉醒的民族都应该保持高度的警惕与自觉。

五是价值相对主义认为，不存在超越时空条件适用于人类一切时代和社会的普遍价值标准和法律制度。虽然说，绝对的普遍性是不存在的，但是相对的普遍性还是存在的。对于一个国家或民族地区适应的价值标准就是在该范围内存在的普遍性价值观，超越了该范围当然就不再适用了。不能因为相对性的存在就夸大了相对性的范围，也不能因为普遍价值的存在就夸大了普遍价值的绝对性。要之，普遍性和特殊性是共存的，任何价值观都是普遍性和特殊性相统一的结合体，根本的要点在于分清楚它在什么意义上是特殊的、在什么意义上是普遍的，而不是笼统地谈论所谓的普遍性和特殊性。

2. 有用与无用

从庄子哲学的内容来看，其价值论的特征非常明显，或者说庄子哲学之魂就在于其极具特色的价值观。它不仅涉及仁义道德之是非争论的道德价值问题，美丑的审美价值判断问题，而且涉及更为根本的人生哲学问题：生死观、自由观、技术观、养生观等。这些带有主观价值倾向的观点，并没有被世人所广泛接受，很多人实际上对它持有反对的态度，尤其是主张积极入世的儒家认为它根本是荒诞无稽之谈。

有用与无用属于价值论问题，这要么是涉及物品的使用价值，要么涉及人的生命价值问题。有用与无用，看你怎么看，在什么情况下有用，在什么情况下没有用。人们通常认为看得见的东西是有用的，看不见的东西是没用的。老子认为这种常人的观点是错误的，那些看不见的东西才是真正有大用处的。"三十辐共一毂，当其无，有车之用。埏埴以为器，当其无，有器之用。凿户牖以为室，当其无，有室之用。故有之以为利，无之以为用。"就像一个车轮、一个杯子、一座房屋，我们只看到了它的有形物体之一面，而没有看到它虚空的一面，但正是虚空的空间部分才提供了有效的使用价值：车毂中空的地方才有车的作用，杯子是空的才能装水，房屋是空的才能住人。所以，天地万物的虚无部分才是有形天地之根本，对其我们是"冲而用之"的。

庄子对有用与无用的讨论更加形象、生动、有趣，在寓言故事中给人以启发。在《逍遥游》中庄子与惠施讨论了大瓠的有用性问题。物体有用还是没有用，看我们怎么用、会不会用，有没有"蓬之心"。惠施执着于世俗之用，而不会换个思路来考虑物体之用，所以他为自己种出来的重达五石的大葫芦而苦恼：用来装水，坚固程度不够；剖成瓢，又显得太大了。（"魏王贻我大瓠之种，我树之成而实五石。以盛水浆，其坚不能自举也。剖之以为瓢，则瓠落无所容。非不呺然大也，吾为其无用而掊之。"）庄子则告诉他：这么大的葫芦，你为什么不把它当作一艘小船浮游于江湖之上，反而忧愁它太大了无处可容、没有用呢？（"何不虑以为大樽而浮乎江湖，而忧其瓠落无所容"）换一种场景，无用之物可能就有大用处了。庄子讲了一个故事，说宋国有个人善于制造治疗手裂的膏药，却世世代代以漂洗丝絮为业。一个客商花百金收买了这个药方。这个宋国人觉得自己世世代代以漂洗丝絮为业，只赚到了很少的钱，现在能得到一百金，所以就卖了。这个商人拿到药方后就去说服吴王，吴王派他用兵，冬天和越人水战，凭借着不龟裂膏药，吴国就打败了越国，最终吴王割地封赏了这个商人。同样是药方，因使用的方法不同，结果用处就大不相同。

庄子与惠施关于大樗树的讨论也说明了同样的问题。惠施不仅忧虑自己种的大葫芦没有用，而且也忧虑自己种的大樗树没有用，因为其主干长得结结疤疤，树枝长得弯弯曲曲，完全不符合木匠对于木材的要求（"其大本臃肿而不中绳墨，其小枝卷曲而不中规矩"），即便是长在大路旁，也仍然没有人愿意看它一眼（"立之涂，匠者不顾"），在常人眼里完全是一块大而无用的木头、废木材而已。庄子很风趣地告诉他：你为什么不把它种在毫无人烟的旷野之上,悠游自在地在其底下徘徊逍遥呢?("何不树之于无何有之乡,广莫之野,彷徨乎无为其侧,逍遥乎寝卧其下。")正因为这棵树看起来没有什么用,所以人们才不会拿斧头去砍掉它,它才得以保全了性命,这样岂不是更好吗?("不夭斤斧,物无害者,无所可用,安所困苦哉!")你看那些猫和黄鼠狼,东奔西跳,伺机捕食,往往身陷机关,死于罗网之中;而那些笨重庞大的犀牛,虽然不能捕捉老鼠,却无性命之忧。

在《人间世》篇中,庄子描述了匠石与栎社树关于"散木"的讨论。一棵大栎树,树干有几百尺粗,树身高达一座山,好几丈以上才长树枝,大到可以供几千头牛遮荫,观赏的人就像集市一样络绎不绝。但是木匠看都不看一眼,认为它是块无用的废材——"散木":用来做船容易沉没,用来做棺材容易腐烂,用来做器具就会折损,用来做门窗容易流出污浆,用来做柱子容易被虫蛀掉,总之是一块不材之木,毫无用处。("以为舟则沉,以为棺椁则速腐,以为器则速毁,以为门户则液瞒,以为柱则蠹,是不材之木也。")晚上栎树就托梦给木匠,说道:正是我没有一点用处,才得以保全性命至今,否则的话就像那些楂梨橘柚一样被人肆意地砍伐,哪还能够活到今天呢?("夫楂梨橘柚果蓏之属,实熟则剥,剥则辱。大枝折,小枝泄。此以其能苦其生者也。故不终其天年而中道夭,自掊击于世俗者也。物莫不若是。")你们都是将死的"散人",哪里懂得"散木"的意义和价值呢?

在《人间世》篇中,庄子还描述了南伯子綦关于"不材之木"的故事。南伯子綦到商丘去玩,看到一棵大树长得很奇特,它的树枝长得弯弯曲曲不能用来做房屋的栋梁,它的树干纹理旋散而不能做棺材,闻一闻它的树叶就让人狂醉三天而不醒,舔一舔就让人嘴巴溃烂。("仰而视其细枝,则拳曲而不可以为栋梁;俯而视其大根,则轴解而不可以为棺椁;舐其叶,则口烂而为伤;嗅之,则使人狂醒三日而不已。")南伯子綦称之为"不材之木",正是因为它毫无用处才得以保全性命。与之相反,宋国荆氏这个地方适合种植楸、柏、桑,这些有用的树木都被人砍伐来做木栓、栋梁、棺材,所以都不能够尽享天年,都中途夭折了,这都是"有用之材"招致的祸患啊!("故未终其天年而中道之夭于斧斤,此材之患也。")相反,那些白额头的牛、鼻孔向上的猪、生痔疮的人,都不用来祭祀河神,人们认为它们不吉祥,没有任何用处,才能够得以保全性命,活得长久。

最后,庄子在《人间世》中做了非常精彩的总结:"山木,自寇也;膏火,自煎也。桂可食,故伐之;漆可用,故割之。人皆知有用之用,而莫知无用之用也。"山木是由于自己长得有用才被人肆意地砍伐，膏火是因为自己能够点燃所以招来煎熬，桂树因为可以吃所以被人砍掉，漆树因为可以用来制漆所以遭到刀割。世人都知道这些有用的东西的用处，却不知道无用的东西的用处。有用之用，人所共见；无用之用，人所不见。

由此可见，庄子对于有用和无用的讨论是通过寓言故事的方式讲述的。将它们放到一种境遇之中来展示，来警示我们，那些看起来毫无用处的东西很可能发挥很大的用处。对于宇宙万物，我们不可把它的有用性看绝对了、看死了，而应该在境遇中来辩证地看待，有用和无用只是相对的，只有知道了无用之用，才能讨论有用之用（"知无用而始可与言用矣"），才能够真正明了无用的大用（"然则无用之为用也亦明矣"）。

三　道德相对主义及其克服

道德相对主义是现代伦理思想中的梦魇，许多伦理学家和哲学家都在为摆脱这一梦魇而苦苦思索。道德相对主义问题的凸显似乎与现代人类学研究有关，与全球性的广泛人类交往有关，与逻辑主义和独断理性主义相关。[①] 毫无疑问，当代知识统一论的坍塌、信仰的多元化、道德文化的多样性，是道德相对主义产生的思想背景和时代背景。道德相对主义是道家生命伦理的当代建构不可绕开和回避的一个重要论题。很多当代生命伦理学家（如美国生命伦理学家恩格尔哈特）都是在积极面对和处理道德相对主义问题的基础上建构自己的思想观点和理论体系的。

道德相对主义是现代社会中才会凸显的一个伦理问题，它在前现代社会中还没有那么令人忧心和突出。在前现代社会中，不同国家和民族的人们生活在各自的生活文化世界中，还不能广泛地与其他民族产生广泛而复杂的交往关系，在生活的共同体范围内人们彼此之间基本上共享着一套相对固定的善恶是非标准和道德价值观。例如在1840年之前中国传统社会中占据绝对统治地位的道德价值观是儒家道德教义，而在鸦片战争之后，中国社会受到了来自西方文化的各个方面的冲击，儒家的道德价值观面临着现代民主社会中的自由、民主、平等、人权等现代价值观的强烈挑战，不得不进行价值转换，甚至可以说直到今天这种价值观的转换与融合过程还远未结束，可见它对中国人的道德生活图景产生了多么持久而深远的影响。

如果说在前现代社会中道德呈现出一片祥和和谐的景象，那么在现代

[①]　卢风：《道德相对主义与逻辑主义》，《社会科学》2010年第5期。

社会中它的多元化、多样化、碎片化和断裂感就成为我们这个时代的一道独特文化景观。曾经被许诺为一致性、统一性、融洽性的道德价值观一去不复返了，取而代之的是多样性、多元化、矛盾性的现代价值观。封闭的国门曾经被西方列强强盗般地撞开，但现代性的制度变革、经济转轨、文化变迁和道德转换却是在中国人的主体性意识逐渐增强的情况下去主动拥抱的。在现代化伊始是西方列强"要我们改变"，而在现代化进程遭遇各种艰难险阻之时却是我们自身发出了"自己要改变"的改革开放的时代强音。这不能不说是时代变迁的伟大力量，正是这股不可逆转的世界潮流让我们深切地反思传统文化中的道德价值观。

道德的相对性是指道德标准的具体性、差异性和不确定性。从道德规范本身的内在运作而言，具体表现在以下几个方面。[①] 首先是道德规范体系有不同的层次性，每一个层次的适用性都是不一样的，都有其特定的适用范围。例如，在现代生活中比较强调的是公民道德规范，包括职业道德规范、社会公德规范和家庭美德规范，其规范的对象和范围有着明显的差别，虽然不排除一些交叉的地方。其次，即便是具体的道德规范在不同的时代和民族中，也存在很大的表现差异甚至冲突。例如，在原始部落社会以杀死丧失劳动能力的老人为善，而在现代社会却以此为恶。具体的道德就呈现出因时因地而异的情况。最后，从道德行动主体来看，在此情景中为善的行为在彼情景中则可能为恶。最典型的是撒谎，一般来看，撒谎是不道德的行为，但是在一些非常特殊的情况下，如面对临终的病人，撒谎则有时候会成为善意的谎言，符合人们对于道德的通常理解。

从道德的外部环境条件来看，它的相对性表现在以下几个方面。首先，道德不是独立存在的社会意识形态，而是与整个社会的经济、政治、文化、法律等多个要素密切相关的，与它们是相互独立又相互依存的关系。不能在抽象的哲学理论体系中谈论道德，而应该在具体的社会环境和语境中来考察之。其次，一个社会的道德状况受到多种因素和条件的制约，包括物质生产条件、地理环境、人口、民族、宗教等，都会对道德的多样性产生影响。最后，从历史的发展脉络来看，道德随着时代的变迁和社会形态的改变而发展，不同社会的道德形态呈现出不同的道德文化景观，这是它的变动性、变易性特点。[②]

[①] 熊慧君：《论道德相对性及其道德实践意义——兼析道德相对主义》，《伦理学研究》2008年第1期。
[②] 聂文军：《论伦理相对主义与绝对主义》，《吉首大学学报》2012年第9期。

道德相对主义是基于道德的相对性而产生的，然而这种相对性并不必然地导致相对主义。道德作为一种社会意识形态和文化现象，它总是与特定的文化传统、历史时期、生活方式和社会关系密切相关，没有脱离社会历史文化条件的抽象道德，每个时代的人们总是在特定的历史时期、社会关系和文化语境中来开展道德实践和做出道德评价的。这种因社会历史文化语境而生的相对性是一个客观存在的现实，不是理论上的当然主张。相对性意味着我们要动态地、辩证地把握和认识道德现象，而不是静态地、形而上地对待之。这种事实上的相对性也并不意味着我们要在理论上宣称或主张一种道德相对主义的观点。极端的道德相对主义认为，在任何情景中都无法判断行为的对与错、善与恶。这种观点显然是有所偏颇的，因为在一种给定的文化语境中我们总能够明确地提供关于是非善恶的标准，并以此而做出明确的道德判断。

我们承认道德相对性社会事实，但在理论上拒斥道德相对主义的价值立场。承认相对性事实，意味着我们立足于当下的全球化生活世界，没有任何一个国家、民族乃至个体能够脱离于这一基本的生存境遇，每个人都是一个现代人、地球公民，其行动不仅要遵循国内社会的基本道德和法律规范，而且要受到国际社会的普遍通行规则的约束。现代化和全球化让全世界的公民紧密联系在一起，人们的生产、生活乃至个人的职业前景和人生计划都彼此相连，那么秉持着不同民族语言、文化背景和道德观念的人们如何能够融洽地生活到一起、彼此相安无事地"共存""共在"于世界之中，乃是我们这个时代最为瞩目的话题。

道德相对主义实际上涉及道德的普遍性和特殊性问题。对此我们不能割裂地来看，道德相对主义由于过度地强调了道德的相对性、特殊性一面，而忽略了道德普遍性、绝对性的一面。不同领域的道德规范虽然彼此各不相同，但是都表达了人性中基本的普遍性道德要求，这就是基本的人性向善的力量。任何道德规范其规定的出发点都是为了克服人性中恶的部分，弘扬人性中善的部分。对于社会公德而言，其所维持的则是社会基本秩序的形成，让整个社会运转得更加顺畅。不同国家的文化差异性、道德观念的差异性并不能排除基本道德约束力的一致性，有些不适合现代社会要求的道德规范会随着时代的变迁而发生改变或者被抛弃，这并不意味着我们要从整个社会制度层面完全弃道德而不顾。现代社会深刻的差异性、多元性并不意味着我们根本不能达成任何的道德规范的共识，也并不意味着我们在国际行动能力和普遍道德能力上是软弱和无能的。相反，当代人类社会极其珍贵的道德遗产往往都是超越了国界、宗教、信仰和人种的差别，例如甘地、白求恩、南丁格尔等道德楷模用自己卓越的行动证明了道德的人类普遍性和价值意义。

道德相对主义的克服不能诉诸超验逻辑的论证之上，而应该转身诉诸公共生活中道德共识的达成。[①] 企图用逻辑的方式来解决道德相对主义的问题，乃是走错了方向。逻辑是人类语言和思维的基本规则，是人类交流交往的工具性规则，没有这种规则，人们彼此之间就无法进行有效的交流和沟通，对话、交流、谈判与合作就无法开展。但逻辑却不是道德的固有结构或形式，道德作为社会生活的一种基本样式，乃是出于人们共同生活的需要，它遵循的是一种实践逻辑，表达的是一种实践智慧。特别是在全球秩序和社会公共生活（公域）的道德构建中，最重要的未必是逻辑，而是对话各方的信念、情感、意志和境界。逻辑主义者对道德相对主义的忧虑与启蒙理性密切相关，它们秉持的是一种普遍化、客观化的放之四海而皆准的道德逻辑，正如康德在道德的绝对命令中所诉求的那样。逻辑主义要么认为道德必须奠定于逻辑之上，要么认为道德话语是没有意义的情感表达。按照康德的意思，道德"绝对命令"的客观性是一种先天的客观性，这种客观性来自逻辑，以为逻辑的约束力是先天的、普遍的，就像数学演算公式一样可以进行逻辑推理。但在实际生活中，道德判断和推理的逻辑不是按照数学法则来进行，道德共识的构建也不需要什么先验逻辑，而是基于对话、协商程序来达成。道德规范和原则的有效性并非遵循康德普遍客观性原则，而是源自于两种基本的力量：作为道德自律的行动者内心信仰、作为道德他律的外部世界的约束力量。只要是有了道德共识，并在公共生活中依靠道德的自律和法律的他律来保证实施，道德相对主义就迎刃而解了。然而，也许真正的挑战就在于道德共识形成的艰巨性，在一个多元化的社会中道德争论也许永远不会停息，人们只能在众声喧哗的争吵中达成基本的共识，然后又趋于共识的瓦解而进行道德的重建，如此处于"争论—共识—争论—共识"之永恒循环之中。

道德的相对性并不必然就是不好的，它时刻提醒我们要充分认识道德的多样性、多元性、差异性，提示我们要在国际交往和民族生活中始终保持相互尊重、相互宽容的心态，给予他人在道德价值追求上足够的自由选择空间。必须注意的是，不能由道德的相对性走向道德相对主义，将相对性推向极端，认为没有任何可普遍化的道德、不能达成任何的道德共识。如此，我们才能正确客观地看待现代社会道德现象的复杂性。

---

① 卢风：《道德相对主义与逻辑主义》，《社会科学》2010 年第 5 期。

第四章　道家生命伦理的核心价值

道家生命伦理的核心价值，是道家区别于其他哲学流派的基本内核和标志性特征。这些核心价值以自然理念为导向，以生死观、技术观、养生观和自由观为基本内容，提供了一套有关生命价值的系统性理论学说。严格说来，任何一种伦理学都是一种价值学说，都建立在某种价值前提和预设的基础之上。对道家而言，它的生命哲学特征使得生命价值观色彩更加浓郁厚重。价值学说可能是较为普遍的人类生活形态，而伦理问题则可能是相对具体的道德指南；前者提供的是关于"什么是好的生活"，而后者则告诉我们在面对具体道德问题时的实践指引——"如何来实现好的生活"。因此，我们需要对道家生命伦理的核心价值展开充分的论证。

第一节　自然主义的价值观

自然主义是道家的最基本、最核心的价值主张。这种价值观不仅有道的本体论作为其基础（"道法自然"），而且有着其深刻的认识论和方法论根源。在社会生产力并不发达的先秦时期，能够非常深刻地认识自然之道，体现了中国古代哲人的理性精神和高度智慧。在与儒家人文主义的对比之中，道家自然主义才更加显示出其独特的价值和意义。

一　自然主义的价值主张

自然主义是道家哲学最基本的立场，也是道家生命伦理的价值基础。自然主义有着丰富的内涵，它不仅是一种关于生命起源、生命本质、人性本质的哲学理论，更是一种关于个体生命和个人日常行为（包括道德行为）的基本依据和规范。对自然主义的价值观需要从哲学、伦理学的角度进行深入的阐释和论证，尤其是要在一种儒道对比中才能充分显示其理论的特色与魅力。

自然主义是道家生命伦理的核心主张。道家哲学采取的是"道法自然"的"天人合一"模式，看待任何事情都是要从"法自然"的角度来思考，都要置之于与自然的关系中来考察，是否合乎自然是衡量、评价一切事物之价值的唯一标准。

对"自然"（nature）的概念要予以澄清和解释。它有两种基本的含义：（1）作为客观存在的物质世界——自然界；（2）作为某种价值预设的自然而然、本然如此的自然物。第一种意义上的自然就是我们俗称的大自然，第二种意义上的自然是指一种事物的自然属性、本性或本质。作为客体的大自然是自然科学研究的基本对象，它的存在不以人的客观意志为转移。作为自然属性的自然物，按照道家的理解，它的存在也独立于人的主观作为、修饰、人为添加物，可以用"天然去雕饰"来形容之。

对于第一种意义上的自然界，我们都需要考虑一个最基本的哲学问题：有没有一种完全独立于人类社会活动而存在的绝对自然界？答案显然是否定的。我们可以在头脑中思维一个纯粹的自然界，想象它可能存在的样子；或者我们假想一块还没有被人类社会认识、开发的处女地，它也许是蛮荒之地，也许是浩瀚宇宙中人类活动还没有达到的纯洁之地。但只要人一思维，它就会落入人类认识活动的范畴之中，因此就不能构成完全独立的绝对自然。那么，对于那种人类社会活动还没有开采过的处女地，它的存在仅仅是理性的一种预设，它完全超越了人的认识论范畴——我们对它一无所知，所以，我们无法对它做出过多的判断。实际上，这里存在一个基本的辩证关系：自然的人化与人化的自然，天然自然与人工自然。在生存论的语境中，人类既不是生存于绝对的天然自然中，也不是生活在完全的人工自然中，而是生活于既有人工自然物也有天然自然物的世界之中。

对于第二种意义上的自然本性概念，我们都需要考虑一个最基本的哲学问题：一个事物的自然本性究竟是指什么？有没有独立于自然本性之外的其他属性或本质？当我们在用 nature 这个概念来表达事物的本性、本质之时，在一定意义上意味着从它最自然的角度来理解其本质，因为 nature 的本义就是自然。而当我们用 human nature 这个概念来表达人的本性之时，实际上意味着我们是从自然的角度来理解人性，而非其他。无论如何，当我们使用 nature 来表达事物的本质之时，就意味着是按照自然界自身运转的规律、法则、属性来理解万事万物的。而这正是道家所理解的 nature——自然或本质/本性。在汉语中通常所使用的"自然而然"，其字面意思是"像它自然或本然状态的那个样子"，这种说法不过是解释上的同义反复,并没有对"自然"概念做出任何有实质内容的说明。

当我们从一种事实性的自然概念过渡到一种对人性解释的自然(human nature)概念时,它实际上在悄然从一种事实判断走向了价值判断。而道家正是在这种意义上来理解人性自然概念的。人性自然不单是对人性的一个纯粹自然状态的描述,而且也包含了对人性理想状态的规范性要求:人应该按照他最本己的状态来生活,才像是一个真正的人(庄子所说的"真人");否则的话,就是庄子意义上的"假人"。

二 人在宇宙中的地位

道家坚持自然主义的价值立场,把一切都纳入到自然之中,认为生命来自于自然,本性自然。实际上,就是以自然来观照生命、观照人的生存。那么,人在自然万物中、在宇宙中究竟处于什么位置?这不仅是一个现代生态伦理的反思问题,更是一种生存论意义上的人之追问。老子对这个问题的回答是:"故道大,天大,地大,人亦大。域中有四大,而人居其一焉。人法地,地法天,天法道,道法自然。"(《道德经》二十五章)

按照老子的排列顺序,很显然人在宇宙"四大"之中是居于最后一位的,道、天、地三者排在"人"的前面。如此看来,人在"四大"中的位置好像是不高的。道显然是最高的,它派生了天地万物,派生各种生命,包括人。天和地是人生存的基本条件,"天地相合,以降甘露,民莫之令而自均"。因此,将天和地置于人之前也是在情理之中。那么,这么看来是不是显得人的地位并不高呢?

其实不然。老子将道、天、地、人并称为宇宙之中的"四大",而人是这"四大"之一。这种观点其实是将人置于非常之高的位置。在老子哲学中,能够称之为"大"的东西是非常少的,只有这四种才能够称之为"大",宇宙中的其他万物都只能算是"小",由此可见人在宇宙中地位的重要性。老子是在"域"中来考察道、天、地与人,是一种非常宏阔的大宇宙观,将人放在无限广阔的时空视域之中来观照人的位置,来阐述人的地位的独特性。老子说的"人"是指作为整体意义上的"人类",将人类视为宇宙中伟大者之一,第一次从哲学上阐释了人类在宇宙中的地位,高扬了人类生命存在的独特价值。

庄子在老子思想的基础上更加高扬了人在宇宙中的地位。他的观点是:"天地与我并生,万物与我为一。"也就是说,人的地位并不比天地渺小,而是与天地相平等的,都是由道产生的。从生存论、存在论的角度来看,人与天地是平等齐一的,这突出地体现在"齐万物"的思想中。人作为宇宙万千中的存在物，是宇宙之一员，跟天地万物的地位都是平等齐一的，既不是超越于宇宙万物的主宰者（人类中心主义），也不是将一切生物或生态系统看作是高于人的存在者（生物中心论或生态中心论）。

三 人性自然观

按照自然主义的理解，生命的本质是自然，那么其本性就是自然性。道家特别强调返璞归真、质真若渝、朴散为器，以素朴、质、真、天等自然概念反复去论证人的自然本性，甚至追求人应该像婴儿般那样的天真生活。老子认为，人的本质特征是"真"，过一种纯而不杂、清而不浊、净而不浑的生活，不受外在因素干扰的自然状态，即所谓的"清水出芙蓉，天然去雕饰"。这样去理解，是否意味着人应该过着像动物、植物般的生活？是否将人性降低为物性，将人的本质降低为自然本能呢？这里的关键在于我们该如何去理解人的"自然本性"。

首先，我们需要澄清，道家所理解的人性不是一个伦理概念，不可以下"性本善""性本恶"这样的论断，这一点与儒家有着根本的区别。以善恶论人性是以伦理道德论人性，将人性等同于道德性。而道德及道德意识是在后天的社会教化过程中形成的，儒家的伦理道德的基本范畴是仁义礼智信，属于伦理学研究的对象。而道家所理解的人性不是人的后天之性，而是人的先天之性，[①] 它不包含仁义等道德的内容，而且反对仁义道德，认为它是扰乱人性的重要因素。[②] 这种先天之性在道家看来就是人性自然论，就是人的自然本性。总的来看，道家的人性论不仅超越了西方基督教的神性人性观，也超越了儒家的伦理德性观，更是超越了一般俗世意义上的物性观，直接从生命的本源处、根源处，从人类生命与宇宙的统一中去理解人的生命本质，凸显出道家独特的理性精神。

其次，将人的本性定义为自然本性，绝不等同于动物本性或植物本性，也不是要降低人的尊严。即便是庄子也没有倡导一种动物式或植物式的生活方式。庄子对待世界的态度是"齐万物"，对待人生的态度是"逍遥游"，对待生命的态度是要做"养生主"。道家的自然概念既超越了人文，超越了善恶，同时也超越了人的动物本能，它是对人的生命本质、生

---

① 尽管儒家也讲人的先天之性，但基本上是从人的道德属性来理解人性。
② 《庄子》一书中反对仁义道德的内容较多，如"夫子若欲使天下无失其牧乎？则天地固有常矣，日月固有明矣，星辰固有列矣，禽兽固有群矣，树木固有立矣。夫子亦放德而行，遁道而趋，已至矣！又何偈偈乎揭仁义，若击鼓而求亡子焉！意，夫子乱人之性也"（《庄子·天道》）。

命本性做理性分析、思索与观照之后得出的结论，它指向的是人的终极关怀。在本真意义上来说，道家弘扬的是最本真、最自由的人性。

再次，道家所追求的理想人性，要求抛弃社会性的欲望，并且将自然性的情感、欲望等减少至最低的自然状态。对此，道家内部有一个最主要的争论是人到底是有情还是无情，到底是有情欲还是无情欲？老庄强调人的自然朴真性；《吕氏春秋》认为人要受自然情欲的支配；何晏认为圣人无情，贤人有情，而常人则为情欲所累；王弼则认为任何人都有喜怒哀乐之情，圣人也不例外；郭象认为物性自然，人性亦自然，主张人要"各适其性"，顺从自己的自然本性，但由于自然本性是自然天成的，不可改变，故而只能自足于自己的本性。

按照我们对于人性的常识性理解，人只要活在世界上，就不可能没有基本的欲望。欲望有很多种，但大致可以分为基本的自然性的生存欲望，和社会性的发展欲望两大类。我们看马斯洛的需求理论，也可以证明这一点。对于道家而言，凡是社会性的欲望（如功名利禄）都是应该抛弃的，因为这种欲望不可能构成人的自然本性，相反它对于人性是有害的。庄子的思想最典型，他认为世俗社会中的人都是在殉名、殉利、殉家、殉国，都是汲汲于追求生命本身之外的东西。反对人的社会性欲望，在这一点上道家思想家们基本上没有分歧。但是，对于人的自然性欲望，他们却有不同的意见。

对此，我们要将"情"和"欲"区分开来。世俗之人都有情感和欲望，情感主要是指人的一种喜怒哀乐的心理活动，欲望则是人的身体、心理或精神上的一种欠缺、不完满状态，需要有某种东西来填补。情感性的心理活动通常是变化无常的，具有不稳定性。而欲望则是无止境的，满足了身体的欲望（口腹之欲、性欲），心理和精神上的欲望（对爱的渴望、对社会尊重的需要）就会随之而至。所以，人的一辈子基本上都是在情感和欲望中苦苦挣扎。道家认为情感和欲望会牵累人生，惑乱本心、本性。[1] 所以应该做到无情、无欲。无情无欲很难做到，所以对一般人而言要"清心寡欲"。庄子的妻子死去了，他却"鼓盆而歌"，表面上看来他是个无情无义之人，实则他是超越了世俗的情感和欲望，其行为才是真正的"大

---

[1] 例如，老子说："五色令人目盲；五音令人耳聋；五味令人口爽；驰骋畋猎，令人心发狂；难得之货，令人行妨。"（《道德经》第十二章）庄子说："小惑易方，大惑易性。"（《庄子·骈拇》）"且夫失性有五：一曰五色乱目，使目不明；二曰五声乱耳，使耳不聪；三曰五臭熏鼻，困惾中颡；四曰五味浊口，使口厉爽；五曰趣舍滑心，使性飞扬。此五者，皆生之害也。"（《庄子·天地》）

情",正所谓"道是无情却有情"。要完全摆脱情感和欲望的纠缠很难,正因为其难,才显得其珍贵、其重要。

最后,人的自然本性的丧失是由于人有"成心"的结果。对人的自然本性,庄子给出了经典的表述:"夫虚静恬淡寂寞无为者,万物之本也。"(《庄子·天道》)为什么现实中的人表现出来的不是这种特征呢?庄子认为,在人类之初和人生之初,人的本性是自然的,是与天地万物、与自然、与天道合一的。后来之所以有分离、分裂,是因为人有了"成心",慢慢地远离了道,丧失了道的本性,不再与世界整体保持同一的状态,沦落为世界整体之内的一个对象。"成心"是指完成了的心或者成熟了的心,具有完整心理官能(认识、感受、意欲等)的心,而非一般意义上的成见之心。① 这种成心表现在很多方面,主要是"是非之心"(对与错、真与假、仁与不仁、义与不义等)和"分别之心"(大与小、多与少、此与彼、物与我、尊与卑、贵与贱等)。陷于这种"是非之心""分别之心",人心就会陷入"小识"之中,行动就会成为"小行",最终的结果只能是"小成"。所以,"道隐于小成""言隐于荣华"。

四 儒道之对比

在此,我们要下一个基本的论断:儒家主要是从人与社会的关系中来考察人的生命价值,确定人在宇宙中的地位;而道家主要是从人与自然的关系中来考察人的生命价值,确定人在宇宙中的地位。而在人与社会的关系中,儒家重点强调的是伦理道德关系,即社会性的人伦秩序。在人与自然的关系中,道家重点强调的是宇宙自然之道,即宇宙中的自然秩序。如果说儒家重视的是生命的伦理价值,那么道家重视的则是生命的本然价值。生命的伦理价值必须在社会性的人与人之间才能确立,而生命的本然价值则超越了这种社会关系,回归到人与万物、与自然的关系之中。并且这种回归不是以一种差异性的方式,而是以一种同一性的方式来切入。人在宇宙中的地位是立体的,不只是有人与人、人与社会的关系,而且有人与物的、人与自然的关系。人的生命价值不是单向度的,而是多维度的。

儒家将善恶的伦理道德作为人之本性,并且以之与动物相区别。孔子说:"鸟兽不可与同群,吾非斯人之徒与而谁与?"鸟兽因为没有像人一样的仁爱之情,无法与之交流,所以不能与之同居。孟子认为,人与动物的根本区别在于人有道德感,有恻隐之心、羞恶之心、辞让之心、是非之

---

① 韩林合:《虚己以游世:〈庄子〉哲学研究》(修订版),商务印书馆2014年版,第29页。

心,即人之"四端"。所以,孟子对杨朱和墨子提出非常尖锐的批评,认为杨朱是"为我",是无君;墨子主张"兼爱",是无父;无君无父,则如同禽兽。荀子也认为:"水火有气而无生,草木有生而无知,禽兽有知而无义,人有气、有生、有知,亦且有义,故最为天下贵也。力不若牛,走不若马,而牛马为用,何也?曰:人能群,彼不能群也。人何以能群?曰:分。分何以能行?曰:义。"(《荀子·王制》)这就表明社会性是人的本性,离开了社会性的交往活动及分工合作("群"在这里不能简单地理解为"合群",在动物世界中,比如蚂蚁、蜜蜂的合群性水平甚至达到了令人惊叹的水平),人类就跟动物一样了,甚至还不如动物。但是人要保证社会性活动的正常进行,就必须按照一定的伦理道德秩序("义")来进行,人比动物高明的地方也就在于这个"义"。宋明理学在这个基础上走得更远,主张"存天理,灭人欲",认为人的欲望是罪恶和不道德行为的根源,受欲望支配的人跟动物没有什么区别,人的价值和尊严体现在人道天理、良知良能等道德行为品质之中。

与之相反,道家将人的自然属性看作是人之本性,在人与天地万物的同一性中来观照人的本质。如果说儒家强调的是人与动物生命的区别,那么道家就强调是人与天地万物的相同点、一致性。这实际上是事物一体之两面,反映了儒道两家看问题的视角和方式不一样,就如事物正反之两面。很明显,从区别性、差异性的角度来看,人与动物、植物确实有很大的区别,这是普通人、俗人都能够理解的,都能够看得见的。但是常人所看不见的是自然万物的同一性,要看到这一点需要很高的理论抽象能力和认知水平,需要很高的哲学修养。一般人很难做到像老庄那样从"道"的高度来"看"万物,老庄的"看"已经完全超越了普通意义上的"看"。普通人的"看"只是肉眼意义上的"见",根本达不到一种"道"的意义上的"观"。正如"以道观之,物无贵贱;以物观之,自贵而相贱;以俗观之,贵贱不在己"。一般人通常只能在物的层面、俗的层面来看问题,何暇能"以道观之"呢?所以,道家尤其是庄子从"天地与我并生,万物与我为一"的角度来审视人生,这是一种何等宏大的视野、何等豪迈的胸怀!

总之,在自然与人文的关系上,儒家和道家有着明显的区别。儒家的价值取向是人文,核心主题是社会伦理道德;道家的价值取向是自然,核心主题是个体生命。这并非是说儒家不重视自然,道家不重视人文,而是说它们各有侧重。儒家思考问题的出发点和落脚点都是作为人文的伦理,以至于纯自然的存在物都被人文化了;道家致思的方向和落脚点都是作为自然的生命，以至于社会人文之物都被自然化了。道家观照一切事物、评价一切事物、解决一切问题的唯一尺度就是"自然"，"自然"成为认知的参照系，任何事物都会被拉入到这个参照系统中进行处理。

例如，道家判断社会制度、准则、秩序的标准是是否合乎自然之道、"天之道"。道家认为，"天之道"是损余而补不足，所以人类社会也应该有这种平均性，而那种损不足以奉有余的做法完全违背了自然之道，是不合理的，这是道家式的公平正义观；"天之道"具有无私性，它长养万物而不据为己有，所以人类社会也应该秉承这种天下为公的基本理念，而那种剥削他人、占有他人成果的行为和社会制度违背了"天之道"，是不合理的。"天之道"是利而不害，"人之道"便是与之对应的"为而不争"；"天之道"是不自求长生，"人之道"便是与之对应的不人为益生。[①]

第二节　通达顺化的生死观

道家哲学天然就是生命哲学，故而如何看待生死问题就成为道家哲学的核心论题之一。现代生命伦理学基本上就是要去处理从生到死（生老病死）过程中所面临的一系列伦理难题。因而，先行地探讨道家的生死观，将为建构道家生命伦理的基本道德规范奠定基础。

一　老子生死自然观

生死观的重点实际上是死亡观。甚至西方有的哲学家就认为，哲学就是训练死亡，意思是学了哲学之后，要能够正确地看待生命死亡事件，不再为生死问题而困惑苦恼，方才达到了学习哲学的目的。我们已经知道，道生万物，生命也是道产生的，产生的基本法则是"自然"，故而人的本性也是自然的。在老子看来，"道生之，德畜之，物形之，势成之。是以万物莫不尊道而贵德"。那么，老子对于死亡究竟说了些什么？

第一，老子认为"道"是不死的，即"谷神不死"。道是万物存在的依据和总根源，它是"独立而不改，周行而不殆"的，是宇宙中永恒存在的神秘能量。

第二，宇宙万物包括人都有生死。"天地尚不能久，而况于人乎？"天和地都不能维持长久，更何况人呢？一切物质都应该按照道的规律来运

[①] 李霞：《生死智慧——道家生命观研究》，人民出版社2004年版，第42页。

行，否则就会走向衰败、灭亡。"物壮则老，是谓不道，不道早已。""不道"是指违背了道的本性和规律，这样就会过早地死亡，即"早已"。

第三，老子提出了柔弱与刚强的生死辩证法。即"柔弱者生之徒"，"坚强者死之徒"。表面看起来，这种观点有悖于常识，一般看来坚强者、强壮者是最有生命力的，生机勃勃的。那为什么反而是柔弱的东西生存得更久呢？这里面恰恰体现了老子非常高超的智慧眼光。老子实际上发现，人在活着的时候实际上身体是柔软的，死的时候身体是僵硬的，即"人之生也柔弱，其死也坚强"。草木在生长的时候是柔软脆弱的，死掉的时候就变得干硬枯槁了，即"草木之生也柔脆，其死也枯槁"。国家的兵力太过强大、过于逞强就会遭到灭亡，树木长得很茂盛强壮就会遭到砍伐摧折，即"兵强则灭，木强则折"。所以，老子得出的结论是：凡是强大的最终处于下位，凡是柔弱的最终反而处于上位，即"强大处下，柔弱处上"。

第四，老子区分了"死"和"亡"。认为"死"是身体活力和功能的丧失，即生命运动的停止，主要偏重于人的身体方面；"亡"是指不存在，归于无。但是，一个人身体的死去，并不意味着整个生命的完全消失，因为生命除了身体因素之外，还有精神性的存在。人生不过百年，但是精神却可以超越时空，万古长存，达到"死而不亡者寿"的境界。

第五，生死之间是相互转化的。人生处于生死之间，生死构成了人的生命的两极。但是，在人生的同时，也潜在地包含着死的因素。生命每成长一天，就意味着向死亡靠近了一天。人的每一天实际上都是海德格尔所说的"向死而生"。老子对生死矛盾关系也有深刻的把握："出生入死。生之徒，十有三；死之徒，十有三；人之生，动之于死地，亦十有三。夫何故？以其生之厚。"（第五十章）也就是说，人生在世，长寿的大约有十分之三，短命的大约有十分之三，这些都属于正常的自然的死亡。但是还有十分之三的人，本来可以活得更长一些，但是由于把生命看得太重，违背了生命自身发展的规律，最终伤害了身体，糟蹋了生命。只有那十分之一的人才真正懂得怎么样去保护自己的性命，爱惜自己的身体，少私寡欲，过着清静质朴、道法自然的生活。

第六，对于死亡的恐惧心理人们是可以超越的。一般来说，大多数人都是很害怕死亡的，对它有一种天生的恐惧感。但是，老子说："民不畏死，奈何以死惧之？若使民常畏死，而为奇者，吾得执而杀之，孰敢？"这就是说，刑罚对于那些畏惧死亡的人是管用的，对于那些不畏惧的人是没有什么威慑力的。但为什么会造成"民不畏死"的情况呢？这就是社会统治太过严酷，把老百姓逼向了死角，在走投无路的情况下，人们根本就不会惧怕死亡。这种观点实际上是对社会政治的严厉批评。

二 庄子生死物化观

庄子在老子的基础上提出了更加全面系统的生死观。庄子的生死观概括起来主要包括以下几个方面。

第一，生死物化观。在庄子看来，人的生死只不过是生命物质形态的变化而已，存在的样态发生了改变而已。"其生也天行，其死也物化。"（《天道》）这种物化其实就是前面所论述的生命气化论。气的聚集就是人的生命诞生，气的消散就是人的死亡。气化，其实也是道的运行，道一化而为人之生，再化而为人之死。"生也死之徒，死也生之始，孰知其纪！人之生，气之聚也。聚则为生，散则为死。若死生为徒，吾又何患！故万物一也。是其所美者为神奇，其所恶者为臭腐。臭腐复化为神奇，神奇复化为臭腐。故曰：'通天下一气耳。'"（《知北游》）生命活着的时候，死亡其实就已经开始了，人的生命其实就处在这种"方生方死，方死方生"（《齐物论》）的过程之中。人们一般习惯于赞美生命的神奇，厌恶死亡的腐朽，殊不知神奇可以化为腐朽，腐朽也可以化为神奇，这都是天地之间生命气化运行的结果。不仅如此，生命的过程还是非常短暂的，就像白驹过隙一样。"人生天地之间，若白驹之过隙，忽然而已。注然勃然，莫不出焉；油然寥然，莫不入焉。已化而生，又化而死。生物哀之，人类悲之。解其天弢，堕其天帙。纷乎宛乎，魂魄将往，乃身从之。乃大归乎！"（《知北游》）这就是说，在大千世界中，人的生命是很短暂的，物质忽然化为生命，生命又转瞬即逝，这对于人类的情感来说是莫大的悲哀。

第二，生死命定观。生死既然是一种物化的现象，那么它是一种客观存在的物质形态运行变化过程，这个过程是不以人的主观意志为转移的，有一种客观必然性在里面。"生之来不能却，其去不能止。"（《达生》）人什么时候出生在世上，这不是个人所能决定的；什么时候离开这个世界，也不是个人所能阻止的。"死生，命也；其有夜旦之常，天也。人之有所不得与，皆物之情也。"（《大宗师》）人的出生与死亡是一个再正常不过的自然事件了，人的出生就像是一天早晨的开始一样，死亡就像是夜晚的降临一样，生命就是处在这样的自然循环往复的变化之中，而这一切都是由天之"道"来决定的，是人不能参与决定的事情，世间万物都遵照这个规律来运行，是自然万物的常理常情而已。很显然，对庄子而言生死存亡是客观存在的必然规律，是人力不能改变的，属于"命"的范围。所以，庄子发出无可奈何的感叹："吾命其在外者也！"（《山木》）①

第三，生死一体观。如果生死只是气化、物化运行的一个客观过程，那么它实际上就是一体的。庄子在不同的篇章中论述了这种观点。如：

> 子祀、子舆、子犁、子来四人相与语曰："孰能以无为首，以生为脊，以死为尻；孰知死生存亡之一体者，吾与之友矣！"四人相视而笑，莫逆于心，遂相与为友。（《大宗师》）
>
> 古之人，其知有所至矣。恶乎至？有以为未始有物者，至矣，尽矣，弗可以加矣！其次以为有物矣，将以生为丧也，以死为反也，是以分已。其次曰始无有，既而有生，生俄而死。以无有为首，以生为体，以死为尻。孰知有无死生之一守者，吾与之为友。（《庚桑楚》）
>
> 胡不直使彼以死生为一条，以可不可为一贯者，解其桎梏，其可乎？（《德充符》）

"死生存亡之一体""死生之一守""死生为一条"，这三个表述其实都是一个意思，都强调生死一体，不可分割，有生必有死，有死必有生，生死相依，首尾相连，构成了一个完整的生命过程。只有深刻地认识领会到了这一点，并且将它贯彻到生命实践之中的人，才能够与他交朋友、成为莫逆之交。可见，庄子对于朋友的要求是非常之高的，只有那些能够看透生死的人才有资格与他交朋友。

第四，生死俱善观。庄子不仅看到了生的价值，更看到了死的价值。这是他超越于常人的地方，常人乐生恶死，往往沉浸在对死亡的悲伤和恐惧之中。而庄子一反常情，认为生和死没有什么区别，生死都是好的，甚至认为生为负累、死为安乐。《大宗师》篇说，"夫大块载我以形，劳我以生，佚我以老，息我以死。故善生者，乃所以善死也"。这就是说，人生天地之间，活着的时候是要不断地操劳的，死的时候是上天让我休息安息，我们既要把活着当作快乐的事，也要把死亡看作是快乐的事。这实际

---

① 在此，庄子实际上区分了人事与命运，社会性的穷达、贫富、贤与不肖、毁誉等都属于事之变，而死生、存亡、寒暑，则是命之行。无论是人事还是命运，庄子认为都是生命之外在的东西，都应该被超越，都属于物的范畴，人应该"物物而不物于物"。参见《德充符》"死生、存亡、穷达、贫富、贤与不肖、毁誉、饥渴、寒暑，是事之变、命之行也。日夜相代乎前，而知不能规乎其始者也"。

上是从生存论的角度来审视人生，认为人的一生就是劳累、操心、烦，死亡恰恰是对种种人生负累、束缚和压力的解脱，从而获得一种安息的快乐——安乐。庄子在《至乐》篇中讲了一个关于骷髅的故事，充分说明了这一点。庄子去楚国的路上看见一具骷髅，问他为何而死。晚上庄子做梦梦见骷髅，骷髅对他讲述死的快乐："死，无君于上，无臣于下，亦无四时之事，纵然以天地为春秋，虽南面王乐，不能过也。"庄子不相信，便对骷髅说："吾使司命复生子形，为子骨肉肌肤，反子父母、妻子、闾里、知识，子欲之乎？"骷髅顿时愁眉苦脸地说："吾安能弃南面王乐而复为人间之劳乎？"也就是说，死亡是一种彻底的解脱，不用考虑人间世事（君臣、父母、妻子、闾里、知识等），不用管什么春夏秋冬（四时），这种解脱的快乐远远超过了君王统治一个国家所带来的快乐。庄子在此实际上是从生命本体论、生存论的视域来肯定死亡的价值，通过死亡人生抵达的是一种优游的状态，超越了人世间所有的苦乐哀愁。既如此，对于死还有什么惧怕和悲伤的呢？

第五，生死顺化观。如果说生死物化是一种认识论意义上的对于生死过程的描述，那么生死顺化则是一种价值论意义上的对于生死之态度。二者之间有着密切的关系，既然生死只不过是一种物质（气）形式的转化而已，且这种转化不以人的主观意志为转移，那么人能够做的就是顺应之、而非强求之，当死亡大限到来之时，安心地去接受它，而无须害怕和恐惧。在《养生主》篇中，庄子讲了秦失吊唁老聃的故事，老聃死了，秦失进去哭了三声就出来了，弟子就问他为什么这么薄情？秦失回答说："是遁天倍情，忘其所受，古者谓之遁天之刑。适来，夫子时也；适去，夫子顺也。安时而处顺，哀乐不能入也，古者谓是帝之县解。"也就是说，过度地哭丧违背了自然的实情，是上天对人违背自然规律的一种惩罚。对于生死这件事情，我们只能安心地顺应时间的变化，不要有什么哀伤、快乐的情绪来影响自己，只有这样才能解除倒悬着的状态。

第六，生死通达观。如果说顺化还只是一种消极的顺应自然生死之变化，那么通达就是一种对于生死的彻底领悟与洞察。《庄子》中专门有《达生》篇论述这个观点。所谓"达生"即"达生之情者，不务生之所无以为"，意思是不要违背生命的本性，强迫它做其不能为的事情。如此理解"达生"实际上是指一种通达的人生观，包含了对于生死的通达，以一种超然的态度来对待生死。这种态度要求人"外死生"（《庄子·天下》）、"生而不悦，死而不祸"（《庄子·秋水》）、"不暇悦生以恶死"（《庄子·人间世》），真正能做到这一点的就是神人、至人。"至人神矣！……死生无变于己，而况利害之端乎！"（《庄子·齐物论》）但常人很难做到这一点，它是一种极高的人生境界，超越了个体生命的局限性，完全进入到宇宙大化流行之高度来观照生死。庄子妻死，他却鼓盆而歌，就是这种通达生死观之表现。他不仅能超然地看待家人之生死，而且对于自己之生死也是如此。《列御寇》记载："庄子将死，弟子欲厚葬之。庄子曰：'吾以天地为棺椁，以日月为连璧，星辰为珠玑，万物为赍送。吾葬具岂不备邪？何以加此！'弟子曰：'吾恐乌鸢之食夫子也。'庄子曰：'在上为乌鸢食，在下为蝼蚁食，夺彼与此，何其偏也。'"庄子死后什么葬具都不要，却自以天地为棺材，以日月为连璧，以星辰为珠玑，以万物为自己的陪葬品，有什么葬礼比这更好的呢？除非是对生死有大彻大悟者，方可有此等之胸怀！可见，庄子是何等之洒脱豪迈！

三　黄老道家的生死观

1.《吕氏春秋》

《吕氏春秋》将宇宙看成是一个大生命体，提出了一种宇宙大生命过程观。它论述了宇宙生命的产生、成长、衰亡的全过程，并将这个过程看作是具有周期性的规律。一年就是一个周期，一个周期又分为春夏秋冬四季，每一个季节又分为孟、仲、季三纪（三个阶段），这样一年就是十二纪，对应十二个月。每一季又有不同的阶段性特征，如春为生，夏为长，秋为收，冬为藏。春夏秋冬首尾相连，构成了宇宙生命的存在之链。

以春季为例，它包含了孟春、仲春、季春三个月，生命在这每个月中的表现又是不一样的。孟春是春天/一年的第一个月，万物开始萌生，农业生产和其他社会性活动也要开始着手准备；仲春是春天的第二个月，春雷初动，万物苏醒，植物萌芽，动物走出洞穴，农民开始田间作业生产；季春是春天的第三个月，万物的生养之气正盛，树木开花，雨水充沛，农民开始采摘桑叶养蚕。由于春天的特点是"生"，故而在春天就做有利于"生"的事情，不能做违背它的事情。也就是说，在春天不能做夏天的事情，更不能做秋天和冬天的事情，否则就会带来灾难性的后果："孟春行夏令，则风雨不时，草木早槁，国乃有恐；行秋令，则民大疫，疾风暴雨数至，藜莠蓬蒿并兴；行冬令，则水潦为败，霜雪大挚，首种不入。"（《孟春纪》）以此类推，仲春应该行仲春之令，季春应该行季春之令，否则就会遭到自然的惩罚。

《吕氏春秋》体现了农耕社会思想的鲜明特点，将生命运动的全过程与春夏秋冬四季、阴阳五行、天文历法、农业生产、社会活动、人事安排等紧密联系在一起,①并进行一一对应,将道家和儒家的思想进行了有机融合,体现了非常高超的哲学智慧。

2.《淮南子》

《淮南子》是黄老道家的集大成之作,对老子、庄子和《吕氏春秋》的思想都进行了吸收和继承,表现出综合性特征。

首先,它吸收了《吕氏春秋》的生命过程观,论述了万物生命随四时而变化的观点。《原道训》说:"是故春风至则甘雨降,生育万物,羽者妪伏,毛者孕育,草木荣华,鸟兽卵胎;莫见其为者,而功既成矣。秋风下霜,倒生挫伤,鹰雕搏鸷,昆虫蛰藏,草木注根,鱼鳖凑渊;莫见其为者,灭而无形。"这里论述了春生、秋收的思想,实际上也暗含了夏长、冬藏的生命过程观。

其次,《淮南子》继承了老子柔弱者生之徒、刚强者死之徒的思想。《原道训》说:"是故欲刚者,必以柔守之;欲强者,必以弱保之。积于柔则刚,积于弱则强;观其所积,以知祸福之乡。强胜不若己者,至于若己者而同;柔胜出于己者,其力不可量。故兵强则灭,木强则折,革固则裂,齿坚于舌而先之弊。是故柔弱者,生之干也;而坚强者,死之徒也;先唱者,穷之路也;后动者,达之原也。"

最后,《淮南子》全面吸收了庄子的生死观,甚至有不少原话是直接来自于《庄子》而略加修改的。例如,在《俶真训》篇中就引用了庄子关于生死皆善的观点,"夫大块载我以形,劳我以生,逸我以老,休我以死。善我生者,乃所以善我死也……譬若梦为鸟而飞于天,梦为鱼而没于渊。方其梦也,不知其梦也;觉而后知其梦也。今将有大觉,然后知今此之为大梦也。始吾未生之时,焉知生之乐也?今吾未死,又焉知死之不乐也"。可以看出,《淮南子》继承吸收了庄子生死顺化、齐生死、不必悦生恶死等观点,教导我们要以一种超然的态度来直面生死。

---

① 实际上,《吕氏春秋》将十二月纪(四季)与五行、天干、五帝、五神、五祀、五虫、五音、五味、五臭、五脏、五色、五谷、五畜、五方等都进行了一一对应,形成了一个相当完备的匹配表,对日常生活的方方面面都做了详细的规定,以至于超乎我们今人的想象。参见《吕氏春秋》,陆玖译注,中华书局2011年版,第9页附表。

第三节 形神兼养的养生观

道家哲学天然就是生命哲学,故而特别注重个体生命的修养[①],认为只有个体生命的存在才是最真实切己的,才是个体可以"追求"和"把握"的,一切外在于个体生命的东西都是个体所无法控制的,甚至是根本违反个体生命价值的东西,因而应该予以放弃或抛弃之。如果只有生命才是世界上最真实的东西,那么怎么样去保护生命、爱惜生命呢?对此,道家有一套系统的养生哲学理论,提出了一些非常重要的观念和基本原则,这些被庄子称之为"卫生之经"[②]。

一 养气

在生命气化论的基础上,道家哲学家们提出了系统的养气思想。老子最早提出了"抟气致柔"的养生观念:"抟气致柔,能如婴儿乎?"(《道德经》第十章)主张聚集体内先天之和气,使得它变得很柔顺,整个身体就像婴儿一样。只有保守这种精气,才能使得生命力强盛。第五十五章说:"含德之厚,比于赤子。毒虫不螫,猛兽不据,攫鸟不搏。骨弱筋柔而握固。未知牝牡之合而朘作,精之至也。终日号而不嗄,和之至也。知和曰常,知常曰明。益生曰祥。心使气曰强。物壮则老,谓之不道,不道早已。"这就是说,善于含德养生的人就像婴儿一样拥有顽强的生命力,什么毒虫猛兽都伤害不了他,他的筋骨虽然很柔弱,但是拳头却握得很紧,虽然还不知道男女之事,但是由于精气充足、生殖器却勃起。整天哭号而喉咙不沙哑,也是由于精气淳和的缘故。老子反对两种不当的养生做法:"益生"和"心使气"。"益生"是指纵欲贪生和过度养生,这种方法只能过犹不及,最终带来的是灾殃("祥"是指妖祥)。而"心使气"则

---

① 严格意义来讲,道家讲究的是"养"而不是"修",儒家注重的才是"修"。因此,我认为,儒家追求的是个人道德境界的"修身",而道家则追求的是个人生命的"养生"。
② 我们今天所使用的"卫生"概念大概最早就来自于《庄子·庚桑楚》,其本意是"保护生命"。但是我们已经是在完全不同的意义上使用这个概念。今天所使用的"卫生",已经变成了保护生命的措施与手段,包括预防疾病,改善和创造合乎生理和心理需求的医疗条件、生产环境和生活条件,或者用来指示某种干净、清洁的状态,抑或用来指称一种社会性的活动,如爱国卫生运动。总之,其含义变得复杂而多变,与现代社会的政治、经济、社会、文化等密切相关,已经演变成一个非常"现代性"的概念了,不再是庄子式的前现代概念。

是过度逞强，心气很高，破坏了心中的和气。这两种方法都显得过分，最终的结局是物极必反、生命趋于衰老，因为它违背了"道"的规律。

庄子和老子一样反对用"心使气"，主张不求之于心，而"听之以气"。在《人间世》中说："若一志，无听之以耳而听之以心；无听之以心而听之以气。耳止于听，心止于符。气也者，虚而待物者也。唯道集虚。虚者，心斋也。"在这里，庄子实际阐释了三种修道的方式：耳听、心听、气听，用心听比耳朵听要高明，最高明的是"听气"。"听气"是一种合于天道的自然做法，任凭气在体内自然而不受任何干扰的顺畅流行，达到虚灵明觉的精神境界；而"听心"则是一种人为的做法，它不符合自然之道的要求；而"听之以耳"则是普通人的做法，根本入不了庄子的法眼。庄子非常清醒地意识到"气"与人的身心健康的关系。《大宗师》记载："子舆有病，子祀往问之。曰：'伟哉，夫造物者将以予为此拘拘也。'曲偻发背，上有五管，颐隐于齐，肩高于顶，句赘指天，阴阳之气有沴，其心闲而无事。"子舆生病的原因在于体内阴阳不调，二气相伤，所以才使身体长得非常畸形。

二　养神

1. 老子

道家认为精神与形体处于和谐统一的状态，才能合于"道"，才具有长久的生命力。老子提出了养神的基本原则：啬。《道德经》第五十九章说："治人事天，莫若啬。夫为啬，是谓早服；早服谓之重积德；重积德则无不克；无不克则莫知其极。莫知其极，可以有国；有国之母，可以长久；是谓深根固柢，长生久视之道。"老子的"啬"观念，不是指物质上的吝啬，而是专指精神上的积蓄能量，厚藏根基，充实个体生命力，只有爱惜精力，才能胜任治理国家的重任。简单地说，身体才是革命的本钱，而要想身体好就需要养精蓄锐。韩非子对老子的"啬"做出了非常独到的解释："苟极尽，则费神多；费神多，则盲聋悖狂之祸至，是以啬之。啬之者，爱其精神，啬其智识也。故曰：治人事天莫如啬。众人之用神也躁，躁则多费，多费之谓侈。圣人之用神也静，静则少费，少费之谓啬。啬之谓术也，生于道理。夫能啬也，是从于道而服于理者也。"这就是说，要做到"啬"就需要珍爱精力，少费精神，勿要过多思虑和躁动，保持精神上的清净状态。总之，"啬"是老子的一种修养方法，其主旨是爱惜精神，避免劳精费神，需要及早准备之，不断地积蓄生命力量，以达到深根固柢、长生久视的目的。

2. 庄子

庄子提出了"形全精复"的主张，但是重在养神。认为要做到形全精复就需要"弃世""弃事""遗生"，不为形体和世俗事务所纠缠、所累，保持心灵的平静祥和。"夫欲免为形者，莫如弃世。弃世则无累，无累则正平，正平则与彼更生，更生则几矣！事奚足遗弃而生奚足遗？弃事则形不劳，遗生则精不亏。夫形全精复，与天为一。天地者，万物之父母也。合则成体，散则成始。形精不亏，是谓能移。精而又精，反以相天。"（《庄子·达生》）这就是说，要免除形体的劳累就要舍弃俗世的各种事务之拖累，不仅要抛弃它，而且要忘记它，保持形体的健全和精神的充足，随顺自然之变化，达到与自然之天混而为一的境界。这种境界就是庄子说的"至道"：

> 至道之精，窈窈冥冥；至道之极，昏昏默默。无视无听，抱神以静，形将自正。必静必清，无劳汝形，无摇汝精，乃可以长生。目无所见，耳无所闻，心无所知，汝神将守形，形乃长生。慎汝内，闭汝外，多知为败。我为汝遂于大明之上矣，至彼至阳之原也；为汝入于窈冥之门矣，至彼至阴之原也。天地有官，阴阳有藏。慎守汝身，物将自壮。我守其一以处其和。故我修身千二百岁矣，吾形未常衰。（《在宥》）

至道是一种非常深远玄妙、极致静默的境界，它要求人守住自己的各种感觉器官，眼睛不能多看，耳朵不能乱听，心里也不能多想，最好关闭同外界的感觉、知觉的接触（闭汝外），不要有任何的私心杂念和主体性认知，使内心保持绝对虚无清净的状态（慎汝内），只有这样才能达到"守一处和"的"至道"境界。

在同一篇《在宥》中，庄子借鸿蒙之口讲述了"养心"的道理："意！心养！汝徒处无为，而物自化。堕尔形体，黜尔聪明，伦与物忘；大同乎涬溟，解心释神，莫然无魂。万物云云，各复其根，各复其根而不知；浑浑沌沌，终身不离；若彼知之，乃是离之。无问其名，无窥其情，物固自生。"养心实际上就是养神，关键是要忘掉自己的形体、抛弃人的聪明机巧，释放心神的力量，返回到万物的自然根本之道中。

在《庚桑楚》中，庄子借庚桑楚、南荣趎、老子三人之间的故事，讲述了"卫生之经"。南荣趎向庚桑楚请教如何达到至道的境界，庚桑楚说："全汝形，抱汝生，无使汝思虑营营。若此三年，则可以及此言矣！"也就是说，要保全好自己的身体，不要有任何的思虑焦虑，将这种状态坚持三年就可以达到一定的养生境界了。南荣趎又向老子请教治疗身体疾病的"卫生之经"，老子说：

> 卫生之经，能抱一乎？能勿失乎？能无卜筮而知吉凶乎？能止乎？能已乎？能舍诸人而求诸己乎？能翛然乎？能侗然乎？能儿子乎？儿子终日嗥而嗌不嗄，和之至也；终日握而手不掜，共其德也；终日视而目不瞬，偏不在外也。行不知所之，居不知所为，与物委蛇而同其波。是卫生之经已。

在此，庄子实际上是借老子之口阐述了护养生命的道理，这就是要坚守本性，反求诸己，不要驰心向外，保持内心无挂无碍，顺物自然，与物同波共流，只有达到了这样一种婴儿般的状态，才能保持生命力的长久旺盛。

3. 《淮南子》

《淮南子》主张形神气兼养，认为形、神、气是生命的三种构成要素，缺一不可，所以应该谨慎保护之、兼而养之。"夫形者，生之所也；气者，生之元也；神者，生之制也。一失位，则三者伤矣。是故圣人使人各处其位，守其职，而不得相干也。故夫形者，非其所安也而处之则废，气不当其所充而用之，则泄；神非其所宜而行之，则昧。此三者，不可不慎守也。"这就是说，形神气三者都非常重要，不可偏废，都要加以保养。形神气三者是相互影响的，一方不顺畅、错位就会影响另外两个方面。"夫精神气志者，静而日充者以壮，躁而日耗者以老。是故圣人将养其神，和弱其气，平夷其形，而与道沉浮俯仰。"所以，要达到形体、精神、元气、意念的和谐平衡，须保养精神，柔和气志，与自然之道相沉浮。

虽然形神气三者都需要养，但是与养形相比，还是重在养神。《泰族训》说："治身，太上养神，其次养形；治国，太上养化，其次正法。神清志平，百节皆宁，养性之本也；肥肌肤，充肠腹，供嗜欲，养生之末也。"也就是说，养神才是养生的根本，食物的充裕满足的只是身体的欲望，这是养生之末流，不能本末倒置。那么如何养神呢？首先要控制情感，不能大喜大悲、心怀憎恨，也不能纵欲过度，这样最容易伤害身体。"夫喜怒者，道之邪也；忧悲者，德之失也；好憎者，心之过也；嗜欲者，性之累也。人大怒破阴，大喜坠阳，薄气发喑，惊怖为狂。忧悲多恚，病乃成积；好憎繁多，祸乃相随。"其次，要恬淡无为，无思无虑，"精神何能久驰骋而不既乎？"。过度思虑、过度使用精神，最终都会衰竭。最后，要回归生命的本然状态，将精神融入到大宇宙之中。

《原道训》指出，养神有五重境界，即德之至、静之至、虚之至、平之至、粹之至。"故心不忧乐，德之至也；通而不变，静之至也；嗜欲不载，虚之至也；无所好憎，平之至也；不与物散，粹之至也。能此五者，则通于神明；通于神明者，得其内者也。"

三 虚静

1. 老子

虚实、动静是中国哲学中非常重要的两对哲学概念。如何在虚实之间、动静之间选择，构成了不同哲学之间的根本特点。对道家而言，其主张是虚和静；对儒家而言，其主张是实和动；前者反映的是自然无为的人生价值观，后者反映的是刚健进取、自强不息的人生观。这两派的观点构成了中国哲学的鲜明特色。

老子最先提倡"静"的思想，认为"静为躁君"，虚静、清净是躁动的主宰。老子之所以这么认为，是因为他观察到自然界的一些基本现象，比如，风箱，它里面虽然是空的，但是你越转动它的风就越多、越大，且层出不穷，自然界就基本上遵守这种规律，"天地之间，其犹橐籥乎？虚而不屈，动而愈出。多言数穷，不如守中"（《道德经》第五章）。所以，在最基本的意义上，老子甚至得出结论认为，自然界的万物，其根本之道就是"静"，只有静才能维持生命的长久："致虚极，守静笃。万物并作，吾以观复。夫物芸芸，各复归其根。归根曰静，静曰覆命。"（《道德经》第十六章）不仅对于个人生命是这样，对于国家的统治而言也是这样，一定要坚守自然无为的治国方略，因为政令繁多会加速败亡，统治者如果做到清净无为，老百姓自然就会变得淳朴、正直，根本就不需要君王去操心如何管理国家事务了。

那么，如何保持"虚静"呢？老子提出了一个非常好的办法，就是"涤除玄鉴"，消除外界对心灵和精神的各种不当干扰，就像擦镜子一样，要每天擦拭自己的心灵和灵魂，而不是仅仅清洗身体就算完事。要完全做到这一点，当然对普通人而言是非常难的一件事，所以老子主张杜绝人跟外界的各种感官接触，做到"不出户""不窥牖""塞其兑，闭其门"，因为这些外界的事物都会妨碍内心的清净安宁。这还不够，老子甚至主张消除人的各种理性认知活动，因为知识越多，头脑越复杂，心机越重，不利于修道。"为学日益，为道日损"，追求知识是做加法，但是修道却是要做减法，遵循完全相反的路径，最终达到无私欲之染、无先入之见、无逐求之驰、无情念之动的"绝圣弃智"状态。

2. 庄子

庄子在老子的基础上发展了虚静的思想，提出"虚静恬淡寂漠无为"的生命修养之道。在《天道》篇篇首就系统地论述了这个观点："夫虚静恬淡寂漠无为者，天地之本，而道德之至，故帝王圣人休焉。休则虚，虚则实，实则备矣。虚则静，静则动，动则得矣。静则无为，无为也则任事者责矣。无为则俞俞，俞俞者忧患不能处，年寿长矣。夫虚静恬淡寂漠无为者，万物之本也。"

这就是说，"虚静恬淡寂漠无为"乃天地万物之本。它将自然之道（天道）、生命之道和社会管理乃至国家治理之道（圣王之道）都统一起来，认为其根本的法则是一致的，那就是坚持虚静。对自然界而言，我们观察到水静止则平稳清澈，能够照见万物，连人世间最聪明的匠人都要以"水平"为平准之法则；对个体生命而言，一个人清净无为，不为世事所烦忧，淡然以自处，身体自然就长寿；对社会和国家而言，统治者遵循无为之道，自然就会成圣成王，自然就会尊贵。所以，无论是退是进，都要遵循"虚静恬淡寂漠无为"之道。

庄子还提出了一种非常独特的虚静之道——"坐忘"。那么什么是坐忘呢？"堕肢体，黜聪明，离形去知，同于大通，此谓坐忘。"（《庄子·大宗师》）这就是说：要忘记自己的形体，抛弃聪明机巧，摆脱形体和知识的双重束缚，达到与自然之道融合为一的境界，这就是坐忘。

忘，是一种人生境界。作为一种修养方法，关键就在一个忘字。坐忘是一个由外至内的逐渐递进升华的过程。首先是忘物，"不以物挫志"（《天地》），"不以物害己"（《秋水》），不要为外物所伤、所累、所控制，要能"物物而不物于物"（《山木》）。其次，是忘己。忘掉外物就已经很难了，要忘掉自己更难。为什么要忘掉自己呢？因为所谓的"自己""自我"都是与个人一己之私利相关的，如果对个人始终念念不忘，那么很难摆脱掉外物的束缚，始终要受外界各种功名利禄的约束，而无法达到"逍遥游"的自由状态。最后，是物我两忘。能够做到这一点就更难了。"养志者忘形，养形者忘利，致道者忘心矣。"（《让王》）如果能忘掉自己的身体，则是在修养志气；如果忘记了外在的各种利益，则是在修养身体；如果连自己的心都忘了，以至于忘无所忘，那么就是在修道了。在这里，庄子实际上要求人摆脱掉一种虚假的主体性自我意识——"小我"，进入到一种真正的"大我"境界——与天地为一。

郭象对庄子的"坐忘"说进行了自己的独到阐释，提出了"忘年忘义""忘己忘迹"的思想，主张忘记生命长短、是非之别、人我差异、主客界限等人世间之各种差别。他在注解《庄子》时，说：

"夫忘年，故玄同死生；忘义，故弥贯是非。是非死生荡而为一，斯至理也。"忘记了年岁的差别，就淡化了生死的界限；忘记了是非的分别，就能泯灭人间的纷争。

"人之所不能忘者，己也。己犹忘之，又奚识哉！斯乃不识不知而冥于自然。"人最难以忘记的还是自己，人的个体私利之心太重，只有将个体之我消融于自然之中，与自然为一体，才算是真正的忘我境界。

"夫坐忘者，奚所不忘哉？即忘其迹，又忘其所以迹者，内不觉其一身，外不识有天地，然后旷然与变化为体而无不通也。"怎么样忘记自我呢？不仅要忘记自己的存在和人生经历，忘掉主体自身，也要忘掉主体存在的各种外在环境和内在条件，如此双忘的结果是"内不觉其一身""外不识有天地"，与自然同体，与天地合一。

3. 《淮南子》

《淮南子》继承了老庄的养生思想，认为人的本性是虚静，虚静是道之至、德之至。对生命修养而言，应该清心寡欲、虚静恬淡、精神内守。《淮南子》中有大量的关于虚静思想的论述，主要集中在《原道训》和《精神训》两篇之中。试举几例：

（1）《精神训》："天静以清，地定以宁，万物失之者死，法之者生。夫静漠者，神明之宅也；虚无者，道之所居也。是故或求之于外者，失于内；有守之于内者，失之于外。譬犹本与末也，从本引之，千枝万叶，莫不随也。"这就是说道存在于虚无的地方，神明存在于静漠的地方，虚静是万物存在之本，生命修养应该求之于本，而不要求之于末；要求之于内，而不要求之于外。否则就是本末倒置，内外不分。

（2）《精神训》："静则与阴俱闭，动则与阳俱开。精神澹然无极，不与物散，而天下自服。"虚静是主要对精神而言的，它不是身体的绝对静止，虚静属于阴性的，而动作属于阳性的，但是运动容易消散精力，虚静才能内守、集聚能量。

（3）《精神训》："是故圣人以无应有，必究其理；以虚受实，必穷其节；恬愉虚静，以终其命。"圣人之道是以无为对有为，以虚对实，以静制动，以恬淡愉悦的心情享受天命之年。

（4）《精神训》："抱其太清之本，而无所容与，而物无能营。廓惝而虚，清靖而无思虑。"要坚守自然的规律，不能让外界惑乱人的本心，保持内心的空虚与广阔，清净安定而无思虑。

（5）《原道训》："是故大丈夫恬然无思，澹然无虑，以天为盖，以地为舆。"

（6）《原道训》："人生而静，天之性也；感而后动，性之害也；物至而神应，知之动也；知与物接，而好憎生焉。"虚静是人的本性。

（7）《原道训》："是故达于道者，反于清静；究于物者，终于无为。以恬养性，以漠处神，则入于天门。所谓天者，纯粹朴素，质直皓白，未始有与杂糅者也。"

（8）《原道训》："是故贵虚者，以毫末为宅也。"

（9）《原道训》："是故清静者，德之至也；而柔弱者，道之要也；虚无恬愉者，万物之用也。"这句话非常全面地总结了《淮南子》的生命修养观：清净是道德的最高状态，柔弱是道的要害所在，虚无恬淡是万物存在的方式。

四 寡欲

1. 老子

老子最先提出了少私寡欲的思想。如何看待人的欲望，一直是儒释道三家哲学所要探讨的基本内容。对常人而言，以追求欲望的满足为快乐，欲望得不到满足就会很痛苦，欲望满足之后就会很无聊或是空虚。老子反常人之情，认为带来的根本不是快乐，而是伤害，尤其是对人的本性、本心的伤害。"五色令人目盲；五音令人耳聋；五味令人口爽；驰骋畋猎，令人心发狂；难得之货，令人行妨。"（《道德经》第十二章）对常人而言，所追求的无非是感官上的享乐，但老子认为，人们所趋之若鹜的声色犬马、口腹之欲、纵情狩猎、珍稀物品，这些都会令人丧心病狂，玩物丧志。

如果追求欲望带来的是伤害而不是快乐，那么正确的养生办法就是"见素抱朴，少私寡欲"，只有遵循了这两条基本的原则，才能无欲无求，才能算是有道的修为了。所以，老子对修道之人（圣人）提出了寡欲的要求："是以圣人欲不欲，不贵难得之货"（《道德经》第六十四章），"不贵难得之货，使民不为盗；不见可欲，使民心不乱。是以圣人之治，虚其心，实其腹，弱其志，强其骨。常使民无知无欲"（《道德经》第三章）。

2. 庄子

庄子继承了老子的思想，认为人不仅应该寡欲，根本之道应该是无欲。"其嗜欲深者，其天机浅"（《庄子·大宗师》），那些欲望深重的人，往往没有天机，离道的修为和境界就很远了，"不可与之言道也"。庄子和老子一样都认为欲望会给人性带来无尽的伤害：

（1）《则阳》："将盈嗜欲，长好恶，则性命之情病矣。"纵情于欲望的满足追逐之中，会伤害人的性命。

（2）《庚桑楚》："彻志之勃，解心之谬，去德之累，达道之塞。贵富显严名利六者，勃志也；容动色理气意六者，谬心也；恶欲喜怒哀乐六者，累德也；去就取与知能六者，塞道也。此四六者不荡胸中则正，正则静，静则明，明则虚，虚则无为而无不为也。"

这段话非常集中地阐述了庄子的养生思想。庄子一共列举了 24 种会伤害性命、扰乱人心的各种欲望，一共分为 4 组：荣贵、富有、高显、威势、声名、利禄这 6 项会错乱人的意志；姿容、举动、颜色、辞理、气息、情意这 6 项会束缚人的心灵；憎恶、爱欲、欢喜、愤怒、悲哀、快乐这 6 种情感会伤害人的德性；去舍、从就、贪取、付出、知虑、技能这 6 项阻碍人的修道。只有从人世间的这 24 种欲望中解脱出来，才能达到内心的安静清明，虚无恬淡。

3. 《淮南子》

《淮南子》全面继承了老庄的养生思想，也充分认识到寡欲的重要性。例如，在《精神训》中就主张精神内守，欲望过多会导致人的身体和精神力量的分散，从而伤害生命。"夫孔窍者，精神之户牖也，而气志者，五藏之使候也。耳目淫于声色之乐，则五藏摇动而不定矣；五藏摇动而不定，则血气滔荡而不休矣；血气滔荡而不休，则精神驰骋于外而不守矣；精神驰骋于外而不守，则祸福之至，虽如丘山，无由识之矣。使耳目精明玄达而无诱慕，气志虚静恬愉而省嗜欲，五藏定宁充盈而不泄，精神内守形骸而不外越，则望于往世之前，而视于来事之后，犹未足为也，岂直祸福之间哉？"这就是说，人的各种感觉器官是精神与外界打交道的门户，但是如果眼耳鼻舌口身意等感觉与知觉器官过度沉溺于外界的事物之中，就会消耗掉人的血气、精力、精气，使得人的精神不能内守，处于竞驰于外、远离于道的状态，久而久之就会伤害身体，消耗志气，使形体衰亡。

第四节　以道驭术的技术观

道家虽然是前现代的哲学思想，道家哲学家也生活在前现代的技术并不发达的时代。但是其思想的敏锐性已经完全超越了其生存的时代，这特别地反映在道家尤其是庄子对技术的反思与批判中。在本节中，笔者将以庄子的技术观为中心展开论证。

一 技道分离

虽然老庄所处的时代并非是一个像现在这样科学技术高度发达的时代，但是他们都非常敏锐地意识到了知识和技术可能会存在的弊端。老子认为，民间的利器越多，国家就会越混乱；民众的技巧越多，邪恶的事情就会不断地发生（"民多利器，国家滋昏；人多伎巧，奇物滋起"）。庄子也说过，只有抛弃知识和技巧，才能真正地禁止住盗贼（"绝圣弃智，大盗乃止"）。虽然这种观点有点过于极端，但不可否认的是，知识和技能的提升对于一个强盗或邪恶之人而言是干坏事的有利条件，邪恶之人能力越强，破坏性就越大，他带来的往往是无穷的灾难。如果人的德性品行不可控制把握，那么唯一能够控制的就是消除他作恶可能的条件。消除了那些容易滋生腐败堕落淫邪的条件，社会自然就会变得民风淳朴，人民安居乐业。

技术的弊端不仅仅体现在道德上可能存在的风险，更深层次的问题是"道""技"的分离。技术体现在多方面，对于知识分子或学者而言，就是他们所研究的学问。在《天下》篇中庄子对"道""技"的现象做了非常深刻的批判，他认为百家争鸣的局面表面上繁荣，实则是各有所长，各有所用，就像人的眼睛鼻子嘴巴一样都是人身不可少的器官，彼此的功能不能相互替代，所以不能用眼睛来反对鼻子，用鼻子来反对嘴巴（"譬如耳目鼻口，皆有所明，不能相通。犹百家众技也，皆有所长，时有所用"）。但事实上，各个学派之间争得不可开交，斗得没完没了，谁也不能说服谁，都陷入了自己的一孔之见，成为"一曲之士"，从而不能窥见全貌，不能"判天地之美，析万物之理，察古人之全"，只懂得某一领域的技术而不懂得真正的大道。所以，这种表面上的学术繁荣景象实则是真正学术之悲哀、之衰亡，因为后来的学者不能够"见天地之纯，古人之大体"，这种"道术将为天下裂"的状况是多么不幸的事件啊！

"道""技"分离主要体现在技术对人性、对心灵的影响上。《庄子·天地》篇"丈人圃畦"的故事非常深刻地阐述了人在技术中本性的沦丧、心灵的扭曲。一个老者宁愿使用非常费力的人力办法来灌溉田地，而不愿意使用人造的"先进"工具，这一行为举动在我们今人看来似乎有些迂腐，因为它"用力甚多而见功寡"，但在老者看来，却有着更为深刻的用意，因为他认为那些使用机械机器来省力省时的行为貌似很聪明，但实际其心灵在不知不觉地受到机械的影响，久而久之就会形成"机心"，一旦人有了这种"机心"，心灵就不纯粹了，精神就不安定了，真正的大道就远去了。老者并非是不知道使用机械作业的好处，只是"羞而不为也"。

这则寓言故事实际上反映了庄子对技术异化的忧患意识，它不仅会造成人的心灵的机械化、冷漠化、投机取巧化，而且会造成人与自然物的对立。技术作为人造物一旦投入使用就会不受人的控制，从而演变成主宰人类生命、支配人类生命的工具。过度依赖人造物，迷失于技术的丛林之中，很容易丧失个体的独立性和自由。"技""道"分离的后果是"心为物役"，人被技术牢牢地掌控而无法获得真正的自由。技术本应是处于工具性地位，而现在却取代了人一跃成为了主体；相反，本应是居于主体地位的人则一落千丈了，不得不成为任由技术宰割的客体，成为一条被技术无情支配的可怜虫！

二 以道驭技

要解决"技""道"分离的问题，就必须实现"以道驭技""道技合一"。也就是说，纯粹的技术是客观的，它既可以为人类带来社会福祉，也可能会带来灾难。很多高新技术都存在着这种两面性的风险，当核电站为我们发电带来光明的时候，它也可能会在某些不确定的时候发生核泄漏的危险，而一旦泄漏就会对生命造成不可挽回的巨大灾难。虽然技术本身是客观中立的，但是如何使用却是带有很强的价值倾向性和偏好的。以道驭技就是要站在道的高度来使用技术，驾驭技术，让它符合人类的利益，为人类造福，而不是带来危险和伤害。一旦从道的高度来进行技术研究活动，推广技术应用，就能够渐渐使"道技合一""技不离道"，使道技得以完美结合。在道家看来，对技术的最终评价标准不是客观的技术要素，而是带有高尚精神追求的"道"。

庄子《养生主》篇中讲了一个"庖丁解牛"的寓言故事，非常深刻地阐释了"以道驭技"的行动境界。庖丁之所以能够有如此高超的解牛技术，就在于它不是刻意地去追求什么杀牛宰牛的技术，而是追求一种解牛之道（"所好者道也"）。当一个人完全沉浸在技术世界之中，完全忘记了自己的技术本身之时，他大概就能进入到一种游刃有余的技术境界，就能逐渐体悟宇宙自然之道。一个人越是在意什么，就越会被这个在意的客体对象所束缚，从而无法实现心灵之自由；往往那些本着自然的态度，不刻意地追求的人，才能够非常娴熟地提高技术（"进乎道"）。

值得注意的是，道家所理解的道不是儒家意义上的伦理道德，"以道驭技"也不单纯指技术活动要受到伦理道德的约束,而是说技术活动、使用技术的人应该有一种"道"的体悟、感受和境界。如果只是在世俗的意义上使用技术,那么它就会沦为一个单纯的工具手段,仅此而已。然而,在"道"的层面上,要求我们超越这种世俗的局限性和束缚,真正地从经济价值、使用价值中超脱出来,进入一种完美的康庄"大道"。在这个意义上,"道"是一种合乎万事万物自然本性的东西,用它来解决技术问题就会形成较为合理的、优化的解决途径和方法。①专就技术而言,"道"表现为一系列的技术指标,这些指标规定了技术的使用方法和途径,形成了具体的操作指南,其目的无非是要实现优质、高效、省力的目标。然而,这种理解方式还只能算是"小道",而非真正的"大道"。连儒家都认为,君子是不屑于去从事"小道"的("虽小道,必有可观焉,至远恐泥,是以君子不为"《论语·子张》)。真正踏上"大道"的人必定是像庖丁一样完全进入了一种艺术家的境界,完全沉浸在自己构造的作品之中,全然忘记了外在的世界,达到真正"天人合一"的境界。

三 道法自然

以道驭技就是要以道来驾驭自然界和万事万物,用道家的话来说就是道法自然。自然,在道家看来不仅仅是一种自然的本性状态,更是一种价值观的传递和实现过程。在技术活动上,道体现为自然的要素,与"人造物""人工活动""人为"相对立,强调的是一切事物自然而然的本来状态,不要用人为的状态去改变。这种要求一方面是一种事实性的描述,承认事物有其天然之貌;另一方面是一种价值观的表达,承诺事物应该按照其本来之面目来呈现于世。道法自然,意味着自然之道存在于自然世界之中,也意味着道无所不在,普遍存在于世界之中,用海德格尔的话说就是"在世界之中"。

在道与技的关系方面,道不仅存在于技术之中,②而且对技术有一种统领性作用。对技术的熟练掌握,把握技术本身之规律,这是道的要求。但是道更加玄妙的地方在于它的艺术性体现方式,即通常所说的"传道授

---

① 王前:《"道""技"之间——中国文化背景的技术哲学》,人民出版社 2009 年版,第 12 页。
② 老子和庄子一样持有这种观点,他以橐籥(风箱)、车毂、陶器、居室等为例,阐明道与器、有与无的关系。他说"天地之间,其犹橐籥乎?虚而不屈,动而愈出"(《老子》第五章)。"三十辐共一毂,当其无,有车之用。埏埴以为器,当其无,有器之用。凿户牖以为室,当其无,有室之用。故有之以为利,无之以为用。"(《老子》第十一章)

业解惑"中的"传道"究竟该如何传的问题。这种传道，更多的是一种实践智慧，而不是书本知识，真正的道是无法通过阅读书本、吸收单纯的知识来获取的，只能在实践中不断摸索、悟道，由技悟道。《庄子·天道》篇中讲了一个"轮扁斫轮"的故事，极其形象地说明了在技术中悟道的经验性、体验性。只有经过长时间的经验积累和体悟才能够达到"不徐不疾，得之于手而应于心"的境地，而一旦达到了这种境界便是不可言传的东西（"口不能言"），这种不可言传的奥妙已经体现在熟练的技术活动之中了，它只能通过亲身实践、个体生命的直觉意会和体验才能抵达。[1]

道法自然更多地强调的是主体实践者的悟道修养，在悟道修道的过程中要抛弃一切世俗的私心杂念，尤其是不能急功近利、心浮气躁、自以为是。只有通过心静专一的修炼，才能达到与自然为一体的境界。《庄子·达生》篇讲述了"梓庆削鐻"的故事，梓庆之所以能够制造鬼斧神工的木鐻，就在于他完全是一种忘我的工作状态，抛弃了一切"非誉巧拙""庆赏爵禄"的名利之心和私心杂念，排除了一切外界的干扰，完全忘记了自己的四肢形体，进入到内心的平静、修道的境界之中。只有这样，他才能全神贯注地观察木料的天然材质和自然纹理，依据木料的自然属性想象鐻的结构与形状，进而按照其自然属性来加工，制作令人惊异的器物。这种技术活动实际上是一种艺术创作，创造的过程实际上就是修道的过程。当一个人完全是处在忘我的境地中，其技术的最高完美境界就会自然显现，从而达到与天地万物合二为一的状态。"故通于天地者，德也；行于万物者，道也；上治人者，事也；能有所艺者，技也。技兼于事，事兼于义，义兼于德，德兼于道，道兼于天。"（《庄子·天地》）

第五节 逍遥自由的生命境界观

道家哲学的一个显著特点就是追求逍遥自由的生命境界。这是主体摆

---

[1] 悟道乃是一种直觉体验方式，它是不经过逻辑思维过程而直接洞察事物本质的精神活动。这种活动只能意会、体验、体悟，而不可言传，即通常所言"只可意会不可言传"。体悟的目的是会意，对道的体悟过程实际上就是一个心领神会的过程。不过为了会意、得意，可以感知具体的"象"：天象、气象、景象、脉象、卦象等。通过这种取象比类的方式，使人们从身边比较熟悉的"象"过渡到比较抽象的"意"，即"得意忘象"。《易传》说："书不尽言，言不尽意，圣人立象以尽意。"参见周振甫译注《周易译注》，中华书局2008年版，第249页。

脱了任何束缚和限制的超越境界。老庄哲学追求的是身心的超越，力求摆脱一切现实的束缚，实现绝对无待的自由和人性的自然复归；黄老道家赋予身心超越以社会性的价值，将个体价值和社会价值、个体修养与政治实践统一起来，以达到身国同治；而玄学新道家则融合了儒家的思想，主张将外在的束缚化为内心的自觉，以实现内圣外王。由于庄子对超越性的生命境界论述最为充分、最有特色，故以他的思想为重点来展开论证。

一　无待与自由

庄子哲学的宗旨是要实现人生的逍遥，也就是要实现人的终极自由。终极自由在庄子那里是通过人的心灵自由达到的。这种自由不是西方自由主义者所认同的外在自由，而是一种内在的、绝对的无条件的自由。

庄子是通过"无待"来实现人的逍遥自由的。庄子的"无待"，是指对一切金钱、物质、社会地位乃至生死等外在条件的无所依赖、无所依附的超越性的自由状态。"无待"是相对"有待"而言的，"有待"即有条件、有所对待、有所依附、有所依赖；"无待"即是无条件、无所对待、无所依附、无所依赖。

"无待"的逍遥自由就是要破除"有待"、超越"有待"。"有待"在现实世界中有多种表现形式。庄子举例说明了各种"有待"：鲲鹏高飞九霄，至于南冥，是乘着六月的劲风（"去以六月息者也"），所谓"风之积也不厚，则其负大翼也无力"；舟行江河，有待于水之厚积，所谓"且夫水之积也不厚，则其负大舟也无力"；至于人，则有待于人的德行、才智，像宋荣子这样的贤人也"犹未树也"，而列子虽"御风而行"，"犹有所待也"。那么，究竟何谓"无待"？庄子的回答是："若夫乘天地之正，而御六气之辩，以游无穷者，彼且恶乎待哉！故曰：至人无己，神人无功，圣人无名。"（《庄子·逍遥游》，以下所引皆只注篇名）

"无待"就是无己、无功、无名。说到这里，原来庄子心仪的自由就是无我、无私、无名利。按照庄子的理论，当生活在尘世间的人一旦摆脱了名利和身心的困扰，挣脱了世俗的束缚时，我们的心灵就会像蝴蝶般遨游自如，我们就能找到失去的精神家园。

"无己"是从个人的角度来讲的，它是指没有偏执的我见，即去除自我中心，亦即扬弃为偏见、独断或狭隘的自我观念所束缚的小我，而臻于独与天地精神相往来的大我境界。无己即是下文讲的"吾丧我"。

"无功"和"无名"是从社会的角度来讲的，它要求人应该抛弃对世俗的功名和仁义道德的追求，"名，公器也，不可多取。仁义，先王之蘧庐也，止可以一宿而不可久处，觏而多责"（《天运》）。在"无功""无名"之外，"无待"实际上还包括了"无利"。"以富为是者，不能让禄；以显为是者，不能让名。亲权者，不能与人柄，操之则栗，舍之则悲，而一无所鉴，以窥其所不休者，是天之戮民也。"（《天运》）汲汲于功名、利禄和权势会让人战栗悲伤，这样的生活简直就像是受刑罚一样，完全没有自由可言。

世俗的功名和仁义道德不仅会玷污人的本心，让人不能获得自由，而且会招致杀身之祸。"故尝试论之：自三代以下者，天下莫不以物易其性矣！小人则以身殉利；士则以身殉名；大夫则以身殉家；圣人则以身殉天下。故此数子者，事业不同，名声异号，其于伤性以身为殉，一也。"名和利不仅不会给人带来好处，反而致使伤性、殉身。庄子举例说，"伯夷死名于首阳之下，盗跖死利于东陵之上。二人者，所死不同，其于残生伤性均也。奚必伯夷之是而盗跖之非乎？"。所以庄子得出结论说，"天下尽殉也：彼其所殉仁义也，则俗谓之君子；其所殉货财也，则俗谓之小人。其殉一也，则有君子焉，有小人焉。若其残生损性，则盗跖亦伯夷已，又恶取君子小人于其间哉！"（《骈拇》）。

庄子以自己切身的人生实践表达了对"无待"的追求。他对世间的荣华富贵非常鄙视，认为这些都是妨碍自己达到精神自由的障碍。据《史记》记载，当时楚威王听说了庄子的大名，遂派人携重金去聘请他到楚国为相，却遭到了庄子的断然拒绝，并对使者说，"千金，重利；卿相，尊位也。子独不见郊祭之牺牛乎？养食之数岁，衣以文绣，以入大庙。当是之时，虽欲为孤豚，岂可得乎？子亟去，无污我。我宁游戏污渎之中自快，无为有国者所羁，终身不仕，以快吾志焉"（《史记·老子韩非列传》）。在庄子看来，追求生命的真实意义，保持个体人格的独立自由，这比在世间享受任何荣华富贵都更为重要。他绝不愿意妥协于现实的污秽，当理想的生活在现实中无法实现时，他宁愿选择高蹈退隐。[①]

总的来说，"无待"的主旨就是超越主观和客观的对立，超越有限的自我，达到无限的自我，从小我走向大我。庄子有很多关于大与小、是与非、生与死、有与无的讨论或争辩。这些争辩，最终要表达的主旨就是：世间万物都是相对的、有所对待、有所依赖的；这种相对与有待是自然世界、现象界和社会生活中的运行逻辑。处在"有待"的、有条件的自然环境或社会环境中，人只能实现有限度的自由，无法达到无限的、绝对的自

---

① 胡伟希：《中国哲学概论》，北京大学出版社2005年版，第109页。

由。只有在"无待"中，人才有真正的、绝对的、无条件的自由。

二 吾丧我与主客统一

《齐物论》开篇就假借颜成子游和南郭子綦的对话，来道出庄子"吾丧我"的思想。庄子认为，人生在世，一切是非争论都是由偏执的我见所产生的，"丧我"便是摒弃偏执的我、固执的我，抛弃一种狭隘的自我中心主义。这个偏执的"我"是封闭的我，是假我；丧失了"我"的"吾"才是开放的我，才是抛弃了偏执的本真之我。去除了偏见和独断之后的真我，把人从狭窄的局限性中提升出来，从大宇宙的规模上来把握人的存在，体悟人的自身处境，安排人类的活动，追求人类的自由。[1]

庄子生动地描绘了百家争鸣的场景，写尽了当时所有参与文化论战和知识表达活动的争辩盛况。"大知闲闲，小知间间。大言炎炎，小言詹詹。其寐也魂交，其觉也形开。与接为构，日以心斗。缦者、窖者、密者。小恐惴惴，大恐缦缦。其发若机栝，其司是非之谓也；其留如诅盟，其守胜之谓也；其杀如秋冬，以言其日消也；其溺之所为之，不可使复之也；其厌也如缄，以言其老洫也；近死之心，莫使复阳也。"（《齐物论》）参与论战的各色人等，或高谈阔论，旁征博引；或细水长流，言辩不休。今天写一文攻击对方，明天写一文辩护自己。整天攻心斗智，劳神焦虑。庄子认为这些论辩者都是囿于己见、执着自我，把自己封锁在自己制造的观念囚牢里，这都是没有"丧我"的"我执"表现。

不仅文化人在争辩时没有"丧我"，而且连普通人在日常生活中也很容易迷失真我。"一受其成形，不亡以待尽。与物相刃相靡，其行尽如驰而莫之能止，不亦悲乎！终身役役而不见其成功，苶然疲役而不知其所归，可不哀邪！人谓之不死，奚益！其形化，其心与之然，可不谓大哀乎？人之生也，固若是芒乎？其我独芒，而人亦有不芒者乎？"（《齐物论》）人生在世，一辈子忙忙碌碌，向外奔波，终身役役，为外物所束缚，这样的人生有何意义？庄子对世人迷失自我的处境，发出了自省的内在呼声。

为了达到"吾丧我"的境界，人必须有真切的修养功夫，庄子称之为"坐忘"，这是一种人格修养方式和精神境界的合二为一。庄子假托孔子和颜回的对话来阐述"坐忘"：第一，忘掉身外之物，儒家的仁义礼乐也属于身外之物的范畴；第二，忘掉自我，自我包括身体和精神两个方面，即

---

[1] 陈鼓应：《"齐物论"的理论结构之展开》，《江淮论坛》1985 年第 2 期。

"堕肢体，黜聪明"；第三是"离形去知，同于大通"，将个体完全融合在自然的大道之中，达到天人合一的最高境界。

我们很清楚地看到，庄子的"吾丧我"和"坐忘"乃是一种消解主客对立的方式，超越了西方主体哲学的主观和客观的二元对立模式，它排除了一切人为的东西，把人完全当作一个自然物来看待，要求人与自然的和谐统一。人的主体意识越强，意味着它与客体区分得越分明，就越是把自身与客体对立起来，从而很容易忽视掉彼此和谐统一的一面。普通人通常陷入对立思维之中，而没有看到统一性，执着于事物之间的差异性，而对共同性往往视而不见。庄子的思想，体现了一种前现代的思维特征，表现出与西方近现代主体哲学完全不同的思维模式。

庄周梦蝶的故事最充分地体现了庄子消解主客对立、主客二分的思想。他借助于诗意的想象，描绘了一幅栩栩如生的图景："昔者庄周梦为胡蝶，栩栩然胡蝶也。自喻适志与！不知周也。俄然觉，则蘧蘧然周也。不知周之梦为胡蝶与，胡蝶之梦为周与？周与胡蝶则必有分矣。此之谓物化。"（《齐物论》）这一图景超越了庄周和蝴蝶各自的独立立场，到底是庄周梦蝶呢，还是蝴蝶梦庄周呢？的确难以搞清楚。想要区分它们，就必须站在某个特定的主体立场和主体意识上，否则就难以区别。所谓"周与蝴蝶则必有分"，就是说周与蝴蝶作为两个独立的主体是有区别的；超越了这种区别就达到了"物化"的境界，达到这种境界就可以"适志"。

三 齐万物与同一性

庄周梦蝶的"物化"境界，其实就是"万物与我为一"的"齐万物"精神境界。庄子的"齐物论"并不要否认万物的事实性差别，而是要强调事物在存在论和价值论上的同一。事物的现实性差异是一种事实判断，庄子的"齐物论"则是一种价值判断。齐物不仅不是要消灭事物在现实上的差异，而是要以承认这种差异为前提，在此基础上达到万物的性、命的齐一，即"齐物"[①]。"齐物"的含义实际上就是"道通为一"。"故为是举莛与楹，厉与西施，恢诡谲怪，道通为一。其分也，成也；其成也，毁也。凡物无成与毁，复通为一。唯达者知通为一，为是不用而寓诸庸。庸也者，用也；用也者，通也；通也者，得也。"只有通达之士才能理解"道通为一"的道理，不固执于自己的成见，顺任自然之道而安人之性命。

庄子认为，万事万物，包括人在内，都有各自天然的性、命，万物的

---

① 李景林：《庄子"齐物"新解》，《孔子研究》1991年第3期。

性、命各不相同，但都来自天然。这样性与命就是事物存在与生存的差别和界限，万物和人都只能按照自己本然的性命来求得生存。万物的"性命之情"正是"人之有所不得与"（《大宗师》）的事情，只能"知其不可奈何而安之若命"（《人间世》），任万物自取、自己、自化。因此，凡是适合自己本性的生活，都是自然的生活，其价值就是"齐一"的，就没有高低贵贱之分。同时"齐一"的自然本性生活就是符合"道"的生活。在性命之道的意义上，人与万物是齐一的，具有同一性，在价值上就是平等的。庄子用充满睿智的语言论证道：

> 以道观之，物无贵贱；以物观之，自贵而相贱；以俗观之，贵贱不在己。以差观之，因其所大而大之，则万物莫不大；因其所小而小之，则万物莫不小。知地之为稊米也，知毫末之为丘山也，则差数睹矣。以功观之，因其所有而有之，则万物莫不有；因其所无而无之，则万物莫不无。知东西之相反而不可以相无，则功分定矣。以趣观之，因其所然而然之，则万物莫不然；因其所非而非之，则万物莫不非。（《秋水》）
>
> 夫天下莫大于秋毫之末，而太山为小；莫寿乎殇子，而彭祖为夭。天地与我并生，而万物与我为一。既已为一矣，且得有言乎？既已谓之一矣，且得无言乎？一言为二，二与一为三。自此以往，巧历不能得，而况其凡乎！故自无适有，以至于三，而况自有适有乎！无适焉，因是已！（《齐物论》）

这两段话深刻地阐述了庄子"齐物论"的思想。万物虽然在事实上是有差异的，但却又是"齐一"的。那么如何才能达到这种"齐一性""同一性"呢？庄子说，人需要以"道"来破除万物的贵贱高低之别，从而达到"万物与我为一"，才能达到适性逍遥。贵与贱即是一种价值的尺度，是一种价值判断，而不是事实判断。从道的观点来看，万事万物都无所谓贵贱的区分；从万物本身的观点来看，万物自以为贵而相互贱视；从流俗的观点看，贵贱都是外来的而不在自己。人或者自贵而相贱，贵己轻彼；或者贱己而慕彼，驰骛于外，莫知返回心灵之自然。这种虚妄的态度，是一种无形的枷锁，使人无法实现自然本性的自由生活。由此来看，庄子的"齐物论"所追求的"同一性"不是知识论上的事实判断，而是价值论上的价值判断，体现的是一种"观看"事物的"视域"或"视角"，正是这种"视域"才敞开了认识自然之道的"光亮"。

庄子深刻地指出，人之所以不自由，还表现在人时时刻刻都想在自我意识中表达一种不自然的、人为的东西，总想在事物之间划分是非、大小、高低、贵贱等差别。生命之道就在是非的争论中被遮蔽了，"道恶乎隐而有真伪？言恶乎隐而有是非？道恶乎往而不存？言恶乎存而不可？道隐于小成，言隐于荣华。故有儒墨之是非，以是其所非而非其所是。欲是其所非而非其所是，则莫若以明"（《齐物论》）。每一理论都是有限的知识，每一理论都有其局限性。儒家和墨家的理论都是有限的，因而都是"小成"，但道却被儒墨的"小成"所遮蔽了，因此要泯灭儒墨的是非争论达到"大成"，从而"齐万物"。[①]

"齐物论"从根本上说，是要打破在物物、人物和人我之间强做的人为的价值上的区分，因为这乃是一种虚妄的价值态度。打破这种虚妄的态度需要自万物之同来审视万物，"自其异者视之，肝胆楚越也；自其同者视之，万物皆一也。夫若然者，且不知耳目之所宜，而游心乎德之和。物视其所一而不见其所丧，视丧其足犹遗土也"（《德充符》）。只有从万物之同来看待万物，才能超越现实性的差别和限制，才能"游心乎德之合"，达到"天人合一"的心灵自由境界。

---

① 劳思光：《新编中国哲学史》（第一卷），广西师范大学出版社2005年版，第198页。

第五章 道家生命伦理的现代转型

道家生命伦理的核心价值,是道家区别于其他哲学流派的基本内核和标志性特征。这些核心价值必须经过现代转型,才能真正适用于今天的人类社会生活。道家生命伦理的现代转型需要从西方生物医学伦理学的狭隘思维和模式中解放出来,真正地建构起一种具有深厚道家传统文化根基的"大生命伦理学",这就要求我们站在生命哲学的高度来审视研究生命伦理问题,厚植其哲学根基;不断拓展生命伦理学的研究视野,从道家生命哲学、中医哲学、生态伦理中获取有益的思想资源。

第一节 传统道德观及其超越

虽然我们已经从认识论、方法论的角度探讨了道德相对主义问题,但是对于道德本身,道家究竟持有何种基本观点,仍然未曾深入地触及。熟知道家的人都知道,老庄的道德观念在本质上与儒家有所不同,不仅如此,还对儒家的仁义礼进行过深刻的批判。从根本上来说,道家的道德观与我们今天所理解的作为社会行为规范的伦理有着本质的区别,我们今天所理解的伦理意义上的道德已经远远不及老庄的道德层次,甚至可以说是对老庄道德的背离,是他们所极力反对的较为肤浅的层次。正是在这个意义上,建构道家生命伦理需要首先对老庄的道德概念进行认真的梳理,对道家的道德观/伦理观进行重新解读和定位。

一 老子论道与德

道家究竟是在什么意义上讨论伦理道德问题的呢?按照前面的论述,似乎道家的关注点不在我们今天所理解的道德问题(moral issue),而是最根本意义上的生命哲学(philosophy of life)问题,或者说是一般意义上的人生哲学问题。既然如此,我们研究道家生命伦理、重构道家生命伦理的当代范式究竟有何生命理论依据？这就要求我们认真仔细地研究道家对于道德的基本观点与核心内容。

首先必须明确一点，道家所理解的"道—德"概念与我们今天所理解的道德（Morality）概念是完全不一样的，道家的道德不是在现代伦理学意义上使用的，它并不是表达人们生活中的伦理规范，而是在一种更高的意义上阐述世界的本真之道。道家的"道德"概念笔者宁愿用"道—德"（在"道"与"德"之间加上一个短横线）来表述，这种表述来自于德国著名哲学家海德格尔的启发。哲学家喜欢用一些创造性的概念来表达比较艰深晦涩的思想，以区别于常人的思考和表达。

用"道—德"这种表达式，首先意味着它是两个概念的合成：道与德。在道家哲学中，道与德是两个相对独立的概念，虽然也有不少道德二字连用的情况。我们先来看它们分开来使用的情况。我们知道老子的《道德经》分为道经和德经两部分，即上篇和下篇。这就意味着在老子那里道与德是两个不同的东西。那么它们是什么呢？二者究竟有什么不同？在老子那里，道处在一个无可比拟的最高位置，而德、仁与义处于道的统属序列之下。这些可以从《道德经》的原文中找到相关的篇章段落。

> 大道废，有仁义；智慧出，有大伪；六亲不和，有孝慈；国家昏乱，有忠臣。（第十八章）
> 上德不德，是以有德；下德不失德，是以无德。上德无为而无以为；下德无为而有以为。上仁为之而无以为；上义为之而有以为。上礼为之而莫之应，则攘臂而扔之。故失道而后德，失德而后仁，失仁而后义，失义而后礼。夫礼者，忠信之薄，而乱之首。前识者，道之华，而愚之始。是以大丈夫处其厚，不居其薄；处其实，不居其华。故去彼取此。（第三十八章）

从老子第三十八章的原文中，我们可以解释出：道是普遍精神，是世界的本源和本质所在，而德和仁义礼只是道的具体落实而已。也就是说，道比德和仁义礼要高出一个等级或档次。从道到德，进而到仁、义和礼的过程却是道的一个普遍衰落的过程，它是以丧失道的普遍性为代价的，即"失道而后德，失德而后仁，失仁而后义，失义而后礼"。从周全性、普遍性来说，道是最高的，其次是德、仁、义、礼，而最末等的便是儒家（以荀子为代表）极力倡导的礼了。所以老子毫不客气地批评说，求之于礼来治理社会，是失去了忠诚和信任的表现，只有当人们处在一种普遍的相互不忠诚、不信任的状态之中，才会想到用礼法来约束人们的社会行为；而一旦用这种外在的礼法来约束人们的道德行为，便会制造更多的社会祸乱，故而"夫礼者，忠信之薄，而乱之首"。

如果说道是最高的普遍精神，那么德就是实现这种普遍精神的现实过程。从认识论上来说，道是不可认知的，只有通过德来体现在万物之中。所以，德虽然比道要低一个等级序列，但仍然可以视为在道的意义上讨论问题。道的作用是生成万物（道生之），德的作用是蓄养万物（德蓄之），有了道和德的生、蓄之后，经过"长""育""成""熟""养""覆"等过程，自然万物就这样生生不息。道和德的作用和功能虽然有差别，但都是万物生长必不可少的，是万物之中最为尊贵的东西，故"万物莫不尊道而贵德"。

老子将德分为上德和下德两个等级，上德是"无为而无以为"的，没有表现出常人所理解的德性（不德），做到了绝对的无为，所以才是真正的"有德"；而下德"无为而有以为"，表现出了自己的德性（不失德），在"无为"的过程中体现了"有为"的痕迹，所以不算是真正的有德，在老子看来恰恰是"无德"。任何有为的行为必定是有限的、有自己的行动范围内的，在其范围之内可以说是有德，超过了这个范围它就是无德。

在上德和下德之外，老子认为"道"的"德"是"玄德"。"生而不有，为而不恃，长而不宰。是谓玄德。"也就是说，道生长万物却不去占有它，抚育万物而不自恃有功，导引万物而不主宰它，完全表现出"无为而无不为"的特征，这就是奥妙玄远的德。从老子对道的描述中可以看出来，他不是在认识论的意义上来论述的，而是以一种否定性的方式来谈论道之"无为"。我们还可以看出，老子的"德"是指自然万物的本然属性，姑且称之为"德性"，但这种德性已经不是我们今天所理解的作为人的道德品质的德性概念。

老子将人类社会分为"天下有道"和"天下无道"两种。在有道的社会中，根本不需要什么德啊、仁义礼智信啊这些东西，因为它们根本派不上用场，万事万物都按照其本来的自然面貌来运行，无须人类主观愿望及行动存在之必要。及至无道的社会中，才需要德性与仁义。为什么会是这样呢？因为，在无道的社会中，道被抛弃了、隐而不现了，天下社会出现了各种各样的问题，有问题就需要解决啊。老子的总结是"大道废，有仁义"，这里的大道其实包含了道和德，这两种至高的东西都被废除了，因此才需要仁义来治理社会。于是乎，人们的聪明才智越多，作为其反面的欺诈伪造就越多；父母兄弟亲戚朋友等各种社会人际关系不和睦了，才需要孝道、仁慈的伦理了；君主把国家管得乱七八糟、祸乱不堪、动荡不安之时，才会有忠诚的臣子出来辅佐君王治理国家。

由此可见，老子完全是在一种比儒家更高的层次上来谈论仁义礼智的道德（Morality）问题。对于儒家来说，仁义是最核心的顶级概念，是其倡导的理想社会所应具有的道德行为规范。但是对于老子来说，它却是"无道"社会中一个无可奈何的次级救治方案，而不是最佳方案。老子治理社会的最佳方案乃是回归于道的淳朴，即自然无为。任何有为的东西都是不完备、不周全、有瑕疵的，因而总是次一等的，只有无为之道才是最完备、最周全、无瑕疵的。

二 庄子论道与德

庄子继承了老子关于道和德的思想。在内篇中，道和德是作为两个概念在使用，而在外杂篇中则是作为连词在使用。当它们连用时，表明两个概念之间存在一种特殊的关联，实际上这种关联在老子那里已经显现出来了。连用时，"道德"就是复合词了，它的意思大多时候就是指"德"了。庄子关于道与德有非常丰富的内容和思想。

第一，庄子和老子一样，是按照道、德、仁、义、礼的顺序来论证的，认为它们是一个不断坠落、下衰的过程。如《知北游》所说："道不可致，德不可至。仁可为也，义可亏也，礼相伪也。故曰：'失道而后德，失德而后仁，失仁而后义，失义而后礼。'礼者，道之华而乱之首也。故曰：'为道者日损，损之又损，以至于无为。无为而无不为也。'"

这段话实际上可以看作是对老子原文的一个解释。道是玄妙幽远的，是不可知的，超越了人的理性范畴，故而不可至；德来自于道，体现了道的品质，"上德无为而无以为"，故而也是有所不至的。仁能够暂时填补失道失德所留下的空间，故而是可为的；等到失去了仁之后，就需要义来填补了，这时候道与德的亏损就很多了；及至礼出场、派上用场的时候，社会上的各种伪造、虚伪、虚假之物就更多了。庄子对礼仪提出了激烈的批评，认为它显得花里胡哨，是对道和德的背叛，是扰乱心灵秩序的罪魁祸首。要想学道，就必须抛弃这些花里胡哨的仁义礼智信，打掉虚华的礼仪，打掉假仁假义，打掉装模作样的仁，回归到无为之道，不去制造任何社会问题，天下就自然太平了。当今社会失道已久，道已经衰落了，不断地被化为意识形态的礼仪、义方、仁政，这些东西虽然看得见、讲得清、摸得着，但是离道已经很遥远了。只有回归正道，才能扭转社会颓败的趋势。

第二，与老子一样，庄子也认为德不同于道，但是分享了道的属性，是从道那里秉受了事物的自然本性。"故德总乎道之所一，而言休乎知之所不知，至矣。道之所一者，德不能同也。"（《徐无鬼》）道是普遍的、一贯的，是宇宙之全体，是世界整体本身，这一点是德无可比拟的。德虽然分享了道的部分属性，但毕竟不是道，不能等同于普遍性的道。在道转换为德的时候，毕竟会丢失某些东西，丧失了道的某些规定性、普遍性。所以，执道者可以德全，德全者可以形全，形全者可以神全，但反过顺序来说就不对了。

第三，人道来自天道，统治者要按照天道自然无为的方式来管理社会、治理国家，如此才具备了"天德"。《天地》篇说："天地虽大，其化均也；万物虽多，其治一也；人卒虽众，其主君也。君原于德而成于天。故曰：玄古之君天下，无为也，天德而已矣。以道观言而天下之君正；以道观分而君臣之义明；以道观能而天下之官治；以道泛观而万物之应备。"

道家论道和德都是从天、从自然界开始，论述的逻辑顺序是从天道到人道。天地辽阔，其周而复始的变化却是一致的；自然界的万物虽然繁杂多样，但是其中的道理却是一致的；人类社会的民众很多，却都是处于君王的统治之下的。那么君王靠什么来统治国家、治理社会呢？庄子的回答是"原于德而成于天"，也就是说统治者要具备人德，方可在位；要顺从天道，方能成功。而天道是无为的，实行了这种无为而治、顺应天道的君王就有了"天德"。社会的舆论、君臣的关系、政府的运行等人类社会的各个方面都要按照道的方式来管理，否则的话，就会出现功能性紊乱、结构性失调。

第四，庄子在道与德之外，还论述了技与事的层面。道和德处在最高的终极层面，而技与事则是处在日常生活中最低的现象层面。它们是如何发生关联的？庄子用了一个"义"的概念将它们贯通起来。《天地》篇说："故通于天地者，德也；行于万物者，道也；上治人者，事也；能有所艺者，技也。技兼于事，事兼于义，义兼于德，德兼于道，道兼于天。故曰：古之畜天下者，无欲而天下足，无为而万物化，渊静而百姓定。《记》曰：通于一而万事毕，无心得而鬼神服。"

这就是说，运行于宇宙万物的是道，在天地万物中通行的是德。国家自上而下的管理工作就是事，个人能力有所专长就是技。很显然，个人的技能只有在做事的过程中才能得到发挥，社会治理的事务性工作必须要兼顾其合理性，而这种合理性是受到德的管辖，没有德的人不可能管理好社会事务。最终，德是要符合道的规律，而道则符合天的规律。这里的

"兼"字是包含、具有之义,"天"包含了"道","道"包含了"德","德"包含了"义","义"包含了"事","事"包含了"技"。可以说,这里的"义"不是儒家的伦理之"义",而是一种非伦理化的客观之"义":每一事物或事务都有其存在的合理性与本然价值,并且都是归属于自然之"德"的。

第五,德的内涵是与物相和、与物相顺的修养。在《缮性》篇中说,"夫德,和也",明确地指出德就是一种和睦、和谐的品性。"夫若然者,且不知耳目之所宜,而游心乎德之和。"处于德之和的境界中,会超越耳目感官的个体经验。这种和的状态就像平静之水一样,可以映照万物,而成为外物的公平法则,正如人的内心处于安宁和谐的状态,而不驰骋于外、漂浮游荡于外。"平者,水停之盛也。其可以为法也,内保之而外不荡也。德者,成和之修也。德不形者,物不能离也。"(《德充符》)

所以,有德之人都是一些境界很高的人,他们超越了是非、名利,忘记了利害关系、生死关系,对生死、存亡、穷达、富贵、毁誉等都平静如故,甚至超越了身体的病痛与残疾,不受外在事物的干扰,始终保持内心和心性的和顺("不足以滑和,不可入于灵府")。庄子描述了很多身体虽然残缺不全,然而精神健全、德性和谐的高人。例如,被刖掉脚的王骀、申徒嘉、叔山无趾,丑陋的哀骀它等人,他们要么是"视丧其足犹遗土也",觉得失去了脚没有什么大不了的,就像丢失了一块土一样平常,完全忘记了自己是一个被砍掉脚的人;要么视名誉为桎梏,"以死生为一条",完全将生死置之度外。这些人德行高尚,与他们交友,可以称之为"德友"。

第六,庄子描述了德之种相:至德、全德、玄德和天德。老子有上德和下德之说法,庄子只在《盗跖》篇中提到上、中、下三德,他谈论的比较多的是至德、全德、玄德和天德。首先来看至德。"至德之世,不尚贤,不使能,上如标枝,民如野鹿。端正而不知以为义,相爱而不知以为仁,实而不知以为忠,当而不知以为信,蠢动而相使不以为赐。是故行而无迹,事而无传。"(《天地》)这就是说,生活在至德社会中的人们率真自然,无欲无求,生活简朴而不失秩序,与天地万物都能和睦相处,人们彼此之间没有什么社会等级之分,不崇尚贤达之人,也不使用精巧的技术,始终保持着无知、素朴的德性,如同老子所描述的小国寡民般的自然状态。

我们再来看全德,全德之人是指道德完备之人,自我修养完整,自性俱足。这种人只关心内在的修养,不关注外在的事情,不在乎别人怎么看，超越了世俗的赞誉和诽毁，"举世而誉之而不加劝，举世而毁之而不加沮"，达到了心地明净与纯素的境界，无为而返璞归真，体知本性而抱养真神，比圣人之言、仁义之行都要高远很多。在《盗跖》篇中甚至认为，连历史上的圣贤黄帝、尧、舜、禹、汤、文王、武王都不能算是全德之人，他们都免不了发动战争，都有道德上的瑕疵。

在《天地》篇中，庄子还提出了"玄德"的概念："同乃虚，虚乃大。合喙鸣。喙鸣合，与天地为合。其合缗缗，若愚若昏，是谓玄德，同乎大顺。"天地合德就是玄德，老子说的玄德是指道的品性，庄子说的玄德是指人的深厚修养与境界。庄子书中还提到了"天德"的概念。天德的意思是像天一样的德性，天的德性是自然无为，所以人的德性如果表现出自然无为的品性，那就是"天德"。"其寝不梦，其觉无忧。其神纯粹，其魂不罢。虚无恬淡，乃合天德……水之性，不杂则清，莫动则平；郁闭而不流，亦不能清；天德之象也。"（《刻意》）达到天德的人过着虚无恬淡、上善若水的生活。

三 对仁义礼的批判

儒道之争主要集中在对仁义礼等社会伦理的观点和态度上，道家特别是庄子对仁义礼提出了非常尖锐的批评。第一，在老庄看来，仁义不是道与德。道与德完全超越了仁义礼的范畴和层次，是不可同日而语的两种至上精神理念。仁义礼属于我们今天所理解的道德（morality），属于伦理性（ethical）的内容，其规范的是人们在日常社会生活中的行为。儒家所关注的核心内容正是道家所批评的仁义礼，在他们看来，仁义礼只是构成了人的表面行为，不能成为真正的德性。在社会生活中，人们所汲汲追求的各种道德行为包括仁义礼，都是一种规范性的道德修养，一旦它们以这样或那样的方式来约束人的行为时，就是不周全、有亏有伪的东西了，这就是为什么经常会出现伪善的现象了。庄子甚至认为仁义是一种"侈于性"的东西，属于"非道德之正"。

第二，仁义作为一种社会性的行为规范，是约束人的规矩、方圆、绳索，一旦需要使用上仁义的时候，就脱离了事物的本性，离真正的道德德性非常遥远了。在《骈拇》篇中描述了野鸭、野鹤的自然性命，野鸭的腿虽然很短，但是接上一段就造成了痛苦；野鹤的腿虽然很长，但切断一节就会造成悲哀。每件事物都有其性命之情，都有其适合自身本性的长短，没有必要为此而忧虑。人的本性也是一样，如果回归于自然无为、无忧无虑的生活，哪里还用得着什么仁义来规范人们的行为呢？所以，庄子认为仁人的忧虑太多了，用仁义来约束人的行为违背了人的自然性情。

> 且夫待钩绳规矩而正者，是削其性者也；待绳约胶漆而固者，是侵其德者也；屈折礼乐，呴俞仁义，以慰天下之心者，此失其常然也。天下有常然。常然者，曲者不以钩，直者不以绳，圆者不以规，方者不以矩，附离不以胶漆，约束不以纆索。故天下诱然皆生而不知其所以生，同焉皆得而不知其所以得。故古今不二，不可亏也。则仁义又奚连连如胶漆纆索而游乎道德之间为哉，使天下惑也！

并生的足趾、歧生的手指，这按照医学的观点，都属于身体的畸形。为了矫正畸形，就要切开并生的足趾，割掉多余的手指，这必然会造成身体的创伤和痛苦。庄子说，普天之下的仁人志士为世间的祸患而忧虑奔走，那些不仁不义的人贪图荣华富贵，弄得天下喧嚣不止，难道不正是因为仁义不合于人的自然性情吗？用仁义来约束人的行为，就像用钩绳规矩来修正、削损人的本性一样，等到用绳索胶漆来固着人的性情时，就已经侵蚀了人的本性了。仁义礼乐虽可劝慰人心，但已然违背了人的本性。如果能够回归到自然无为、虚静恬淡的人性，又哪里用得着绳索胶漆呢？号召仁义，为仁义而奔走，这反而会使得天下人更加迷惑，茫然不知所措。

根本来说，仁义是走错了方向，通过它不可能达到真正的道与德。一则仁义现身之时，便是真正的道德隐去之日；二则为仁义而竞逐之世俗君子，最终必然会因仁义而残生损性，不仅违背了人的本性，而且伤害了自己的身体。这一点自虞舜标榜仁义以来就越发甚嚣尘上，"自虞氏招仁义以挠天下也，天下莫不奔命于仁义。是非以仁义易其性与？……伯夷死名于首阳之下，盗跖死利于东陵之上。二人者，所死不同，其于残生伤性均也。奚必伯夷之是而盗跖之非乎？天下尽殉也：彼其所殉仁义也，则俗谓之君子；其所殉货财也，则俗谓之小人。其殉一也，则有君子焉，有小人焉。若其残生损性，则盗跖亦伯夷已，又恶取君子小人于其间哉！"（《骈拇》）

第三，对于儒家而言爱亲就是仁，对庄子而言"至仁无亲"。庄子讨论仁义问题是在与儒家仁义观相对照的前提下来探讨的，并且对儒家的仁义观提出了自己的批评。孔子和孟子的核心道德观念就是"仁"：仁的本质是爱人，爱人包括了爱自己的亲人与泛爱，爱自己的亲人属于儒家的"孝悌"，爱家人之外的陌生人属于泛爱；在爱亲与泛爱之间，首先要爱亲、孝悌（包括事亲、从兄），这是根本，而泛爱是次一等的，或者说是末梢；在仁义礼智信中，仁是最基本的，没有了仁，其他的道德都是无所适从的。

在《天运》篇中，庄子与商大宰就仁展开了深入的讨论，针对孔孟的观点提出了自己的批评。在庄子看来，如果父子相亲相爱就是仁，那么虎狼等动物之间也存在这种自然的感情关系，它们之间难道不也存在仁爱吗？虎狼之相亲与儒家的爱亲并无二致。所以，庄子提出了"至仁"的概念，它超越了儒家的爱亲和孝悌观念，"至仁无亲"，"至仁不孝"，"有亲，非仁也"（《大宗师》）。"至仁"是一种极高的境界，是不可以用孝悌仁义、忠信贞廉来加以说明的，在某种意义上它与爱亲和孝是无涉的。这个意义上的"至仁"就是"大仁"，《齐物论》中说"大仁不仁"，真正的大仁表现得好像不仁不义一样，体现了老子的"正言若反"的辩证法。

表面看来，庄子的观点似乎与儒家的观点形成了尖锐的对峙。从儒家的立场来看，如果一个人连自己的父母、子女、身边的朋友都不爱，那么怎么谈得上对其他人的爱呢？父母与子女之间的爱是一种自然的相亲性，孔孟的仁义观正是以这种亲情的情感为基础的，并将这种情感上升为理性的自觉，扩充为人类社会生活的秩序性、规范性的道德要求。很显然，这种道德要求有着它非常坚实牢固的实践基础，由此而形成了一套独特的人伦秩序观。然而，庄子和道家是要否认这种天然的亲情关系和情感的自然性吗？答案是否定的，庄子不但没有否认自然亲情关系，甚至将它看作是一种"命"："子之爱亲，命也，不可解于心。"（《人间世》）

在此，庄子借孔子的口吻阐述了自己的观点，爱亲是不可解于心的命，忠诚是无所逃脱于天地之间的义，这是人世间两个足以为戒的大法。子女奉养父母，无论在什么环境下都能让父母过得很安适，这是行孝的极点。臣子侍奉君主，无论什么事情都能安然地处理得很好，这当然是尽忠的极点。但是做到这两点还不够，还不足以达到德性的极点，真正的德性强调的是内心修养，不受到任何外在事物和喜怒哀乐情绪的影响，知道事情的无可奈何却依然能够非常安心，就像把它当作命来接受一样，"知其不可奈何而安之若命"才是庄子所谓的"德之至"。

在某种意义上说，庄子其实不是反对仁义，而是说光有仁义还不够，单纯的仁义很容易陷入狭隘视野中，不可能达到庄子"德之至"的高度。以爱亲为基础的仁义是非常狭隘与偏私的，有了亲就有了疏，有了对父母特殊的关爱就会排斥对其他人的同等之爱。"至仁无亲"就是要超越偏狭的爱亲，从而进入到更加普遍化的他人之爱。"大仁不仁"就是要超越偏狭的爱亲之仁、孝悌之仁，从而扩展到"泽及万物"的天下普遍之仁。正所谓，"亲而不可不广者，仁也"（《在宥》）。

第四，庄子承认爱亲的自然性，并将它看作是命和义，但不同意儒家关于仁爱的由近及远的推己及人法。儒家的这种推理法受到两种明显的局限：首先是难逃偏私之嫌，每个人都不可避免地先照顾家人及亲属的利益，然后才考虑他人或陌生人的利益，这种爱之差等反映的是人的情感的自然流露，是人的亲情的自然表现，但正是这种自然亲情会导致普遍的社会正义存在很大的阻挠和困难。其次，如何才能从爱亲、孝亲推广到天下之仁？这种推广在理论上似乎是可能的，但在现实情况中往往是背道而驰的。这种推广说起来容易，但实行起来很难。亲情之爱作为一种自然情感的表达，是很合理的；但又如何将它推及无亲情之陌生人的广泛范围中呢？亲情具有很强的个体体验性和生存境遇性，一旦延伸至社会公共领域它就不再适用了，其影响力就降低了。

第五，庄子虽然不否认仁义的价值，但认为应该超越仁义的局限性。在《天运》篇中其形象地将名比喻为公器，把仁义比喻为旅舍，显然旅舍的特征是可以居住，但不能长久地居住；名器为天下人所共有，不可能让一人独享。换句话说，仁义只是一个方便之门，人们通过它来假道、托宿，借以实现更高的人生目的：逍遥游。"名，公器也，不可多取。仁义，先王之蘧庐也，止可以一宿而不可久处。覯而多责。古之至人，假道于仁，托宿于义，以游逍遥之虚，食于苟简之田，立于不贷之圃。"

要超越仁义的局限性，就需要"忘"。不断地超越自己所做的仁爱之事，忘却亲疏、内外、名分的差别，忘记自己的存在，任何事情都不留下任何痕迹，最终达到"兼忘天下""使天下忘我"。在庄子所生存的那个时代，充满了刑戮、死亡，整个社会处于无道的状态，如果像儒家那样汲汲奔命于仁义，试图补救道德堕落的社会积弊，那肯定是软弱无力的。世界根本不是儒墨两家奔走呼号所能拯救得了的。根本的解决之道是抛弃仁义之途，回归于道与德的本真之路。

第六，庄子认为推行仁义是圣人的罪过〔"毁道德以为仁义，圣人之过也"（《庄子·马蹄》）〕，他们用仁义是非来改变了人的纯真本性。这些圣人就是儒家们所歌颂的黄帝、尧、舜、禹、汤等古代的道德理想人物。《庄子》一书中对他们的"愧而不知耻"的恶劣行径进行了无情的揭露："自虞氏招仁义以挠天下也，天下莫不奔命于仁义。是非以仁义易其性与？故尝试论之：自三代以下者，天下莫不以物易其性矣！小人则以身殉利；士则以身殉名；大夫则以身殉家；圣人则以身殉天下。故此数子者，事业不同，名声异号，其于伤性以身为殉，一也。"（《庄子·骈拇》）

这就是说，仁义在尧舜这些人的行为活动中只不过是一个招揽天下的幌子而已，正是这个虚假的幌子欺骗了很多无知的百姓。百姓跟随着尧舜就改变了自己的本然之性，因为他们开始追求的是外在的"物"，而不是内在的本性。小人追逐的是金钱利益，读书人追逐的是功名，大夫追逐的是家族的利益，圣人则追逐的是所谓天下人的利益，不管这些人追求的对象是什么，它们都无一例外地残害了身体、戕害了本性。更彻底地说，实行仁义就像是割掉人的鼻子、在脸上刺墨一样残忍，圣人的仁义是非是强加在人们身上的异己之物（"夫尧既已黥汝以仁义，而劓汝以是非矣"《庄子·大宗师》）。

《庄子·在宥》篇也对尧舜等圣人创制仁义来扰乱天下、扰乱人心的行径进行了深刻的反省和批判。自黄帝开始用仁义来扰乱人心，继而是尧舜殚精竭虑地想尽办法来推行仁义，费尽心血来制定各种法律制度，即便如此天下还是没有治理好。到了三代帝王，天下就已经大乱了，于是就有了夏桀、盗跖之流，曾参、史鱼酋之辈，儒家墨家也开始出现了。人们开始相互猜疑、欺骗、谩骂、批评、嘲笑，人的本性堕落了，风气败坏了，到处都是身首异处的尸体、戴着手铐脚镣的犯人、受刑受罚的罪人。这种种的罪过都是由于圣人扰乱人心的结果。在这种世风日下的环境下，儒家、墨家才想到要在种种的枷锁之间奋斗、奔走呼号，实在是于事无补、愧不知耻的行径。在现实情况中，历史上很多人都是假借仁义之名而行反仁义之实，仁义成了不少欺世盗名、伪善者招摇过市的幌子，成为他们的一个工具和筹码。隐藏在仁义背后的是常人所看不见的权力运作、权力斗争，仁义往往成为他们为自身夺取权力和政权的一个辩护武器而已，正所谓"窃钩者诛，窃国者为诸侯"，现实的逻辑是残酷的，仁义道德的逻辑往往是虚伪的、欺骗的！

第七，在老庄看来，从道—德—仁—义—礼的脉络发展中可以看出它是一个不断外在化、物质化的下降、衰落、沦落的过程，也是人性不断异化、人心不断被遮蔽扰乱的过程。从燧人氏到伏羲式、神农、黄帝、尧舜等，其间社会的"德"是一个不断下衰的过程（"逮德下衰，及燧人、伏羲始为天下，是故顺而不一。德又下衰，及神农、黄帝始为天下，是故安而不顺。德又下衰，及唐、虞始为天下，兴治化之流，浇淳散朴，离道以善，险德以行，然后去性而从于心"《庄子·缮性》），下衰的最终结局是民心大乱（"文灭质，博溺心，然后民始惑乱，无以反其性情而复其初"），庄子将之称为"德隐"。老庄之所以得出这个多少有点悲观的结论，是因为它们看到了现实社会生活、政治生活的残酷性和悲剧性，对于这种悲剧性的情景，庄子毫不掩饰内心的激愤之情，将其称为"倒悬之民"。为了人民不被"倒悬",将人民正确地"树立"起来,庄子给出的解决方案是根本性的,也是彻底性的,即"反其性情而复其初",按照每一个人的本性来生活、管理社会、治理国家,而不是按照外在于人的伦理道德准则来生活!如果说老子的"小国寡民"是一种想象的乌托邦,那么庄子的"反其性情"则是要回归人们心灵的故乡!

四　一种超越性的道德理论

从上文的论述中可以看出,老庄对于伦理道德基本上持有一种超越性的态度,我们称之为超道德论或超伦理论(beyond morality and ethics),这一点可以类比于尼采的超越善恶(beyond good and evil)。[①] 在庄子的思想世界中,他一方面通过对儒家的仁义礼进行批判来说明道与德的超越性维度,另一方面通过阐述"玄德""天德"来说明道与德的深层意蕴。这正好是一正一反、一破一立。

"玄德"的"玄"本义是深黑色,象征的是看不见的、深远奥妙的事物,它实际上所要表达的是"德"的深刻性、深邃性、不可捉摸性。从认识论、知识论的角度来看,人的理性是依靠概念、推理、判断来认识对象的,而道与德则超越了这种认识论的范畴,它不能依靠我们常人的理性与逻辑,不能诉诸常识与经验,如果一定要有所诉诸,那应该是智慧或洞见,表达的是一种异乎寻常、不拘于俗的深刻见解。老庄的"德"也不能完全理解为今天所理解的 virtue,后者更多地被翻译为美德、德性的意思,老庄的"德"虽然不排除这些内容,但更多的是对它的一种超越,也就是说不在一个层次上的东西。

"玄德"的核心思想是无为。在老庄的思想中,有"至德""建德""上德""大德"等不同的概念,这些都可以看作是玄德的具体呈现、别种表述。老子认为玄德是"生而不有,为而不恃,长而不宰"的,这实际上就是要求无为,最终达到无为而无不为。无为不等于自然,和自然不完全一样,它比自然的概念更加复杂、更加深入。[②]

庄子主张超越仁义礼等社会性的伦理和法律规范。这是基于他对现实社会政治生活和历史的深刻洞察。为什么我们通常所理解的仁义道德要被超越?为什么它不能作为治理社会和国家的基本道德规范呢?如果我们赞成或秉持一种儒家式的道德观,那么仁义道德不正是我们社会应该大力提

[①] 郑开:《庄子哲学讲记》,广西人民出版社2016年版,第158页。
[②] 同上书,第171页。

倡的吗？如果抛弃了仁义道德，社会究竟该怎么治理？国家究竟该怎么治理？在老庄的哲学思想中，究竟能否给我们以深刻的洞见。在上文中我们已经详细地阐述了庄子对于仁义的批评性意见，其中最核心的一点就是仁义违背了人的本性，就像并生的足趾、歧生的手指、牛马头上的笼头、鼻子上的绳子一样是毫无用处的，它们就像枷锁一样扭曲了人的自然本性；是马就应该让它肆意地纵横驰骋，是牛就应该让它悠闲地吃草喝水，一切事物都要任其性命之情。

> 且夫属其性乎仁义者，虽通如曾、史，非吾所谓臧也；属其性于五味，虽通如俞儿，非吾所谓臧也；属其性乎五声，虽通如师旷，非吾所谓聪也；属其性乎五色，虽通如离朱，非吾所谓明也。吾所谓臧者，非所谓仁义之谓也，臧于其德而已矣；吾所谓臧者，非所谓仁义之谓也，任其性命之情而已矣；吾所谓聪者，非谓其闻彼也，自闻而已矣；吾所谓明者，非谓其见彼也，自见而已矣。夫不自见而见彼，不自得而得彼者，是得人之得而不自得其得者也，适人之适而不自适其适者也。夫适人之适而不自适其适，虽盗跖与伯夷，是同为淫僻也。余愧乎道德，是以上不敢为仁义之操，而下不敢为淫僻之行也。（《庄子·骈拇》）

仁义究竟是不是人的本性，对这个问题的回答构成了儒道两家的基本分野。"且夫属其性乎仁义者"是这段话的关键。对于孔孟而言，仁义就是人的本性，特别是孟子继承发扬了孔子的仁义学说，把仁义当作是人的本性之内的东西，并且不遗余力地论证仁义不是外在的（"非由外铄"），而是内在于每个人的本性之中的，这就是孟子的"四端说"。而庄子显然是与孟子截然相反的，拒绝承认仁义是内在于人性之中的，不仅如此，而且认为它是束缚人性的枷锁，没有必要的多余之物。在此，庄子用了一个词"臧"，就是内禀、内蕴的意思。那么人性中的内禀究竟是什么呢？在庄子看来，师旷之聪、离朱之明、仁义之谓都不是人的本性之"德"、本性之善。真正的人性，应该是随顺性命的真实而已，不是去寻求外在的约束人性的仁义框框，而是要返回人的内心真实自我；不是要去听别人所说的，而是要听自己内心所说的；不是要看见别人和外在的事物，而是要看清楚内在真实的自我。看见别人而看不见自己，听见别人而听不见自己，得到别人的肯定而得不到自己的肯定，这些都是让别人有所得而不能让自己有所得，让别人安适而不能让自己安适。① 这些都是追逐外物的表现，要想守住人的本性，必须反观人的内心，用孟子的话说就是"反求诸己"，只是他所理解的"己"与庄子是不一样的。

　　仁义不仅不是人的内在本性，而且是"削其性""淫其性"。"削其性"是减损、压抑、泯灭人的本来性命之情，就像一些理学家所认为的那样要存天理、灭人欲，认为人的欲望是不符合伦理道德规范的东西，应该予以彻底地消除，这显然是对于人性的一种背离。"淫其性"就是在人性之上增加一些额外的东西，让人变成一个道德人、社会人，这就像在马的头上装一个笼头，在牛的鼻子上加根绳子，束缚和限制了牛马的自然性命之情，扭曲了牛马的本性，破坏了它的纯粹自然性质。人身上的枷锁和绳子正如牛马一样多，其中伦理道德就是这种残生损性的枷锁。如果联系到欧洲的文艺复兴和启蒙运动，可以看到庄子的哲学思想、人性论思想实际上具有非常重要的人性解放价值意义。早在两千多年前，我们的伟大哲学家庄子就发出了人性解放的呼声，这不能不说是哲学史上的一大创造。

　　超道德论意味着要超越伦理规范的局限性、约束性、束缚性、异化性，从人性的高度来治疗心灵、拯救社会，从而成为一种广义的、深刻的伦理学。既然老庄批判仁义等社会伦理，那么其哲学思想体系中究竟包含不包含伦理学的内容？用我们今天的伦理学话语体系来说，它能否开发出适合社会治理的救治方案？能否为人们的心灵拯救和行为规范提供有效的价值指南？实际上，那种认为道家思想中不包括伦理学的看法是肤浅的，在某种意义上老庄的超道德伦理恰恰是一种广义的伦理学、一种最深刻的伦理学。② 主张以某种特定的伦理范式来框定道家的思想，显然是非常不恰当的。老庄的思想显示了其独特的魅力和思想特质，是一种前现代的哲学思想体系，不能用我们今天的元伦理学、规范伦理学、美德伦理学等研究范式来框定、解构。毋宁是，我们应该用它的独特性、异质性来为今天的伦理学提供有意义的启发。如果我们不承认这一点，那么道家生命伦理的建构就没有任何基础和根据了。我们应该有充足的自信，能够从道家的思想体系中开发出非常独具中国特色的生命伦理学，以此来区别于全球化时代的欧美范式。这是文化的自信，也是文化的觉醒。

　　由此来看，庄子的超道德论企图超越一切世俗意义上的道德判断标准，包括儒家所宣扬的仁义礼。在庄子的思想世界中，根本不承认世俗所

---

① 《傅佩荣译解庄子》，东方出版社2012年版，第112页。
② 郑开：《庄子哲学讲记》，广西人民出版社2016年版，第169页。

谓判别是非对错的尺度与标准，不接受世俗人所认可的善恶美丑价值，把俗人所认可的功名利禄当作破鞋一样扔掉，不能不说是价值的重估和颠覆！这种高度的自觉意识，反思和批判一切伦理道德规范，揭示它们的局限性、条件性、虚伪性，即便是在今天也仍然具有振聋发聩的作用。这一思想与现代伟大的西方哲学家尼采的思想不谋而合，他提出要重估一切价值，对以基督教为代表的道德观进行彻底的反思和批判，重建道德体系和道德的谱系，认为基督教所宣扬的爱人的背后其实是怨恨。

五　人性论与心性论

老庄之所以对儒家的仁义礼等社会伦理和社会制度进行了激烈的批评，是因为这些都违背了人的本性。在儒家看来，道家犯下了"非毁仁义，绝灭礼学"的罪名。道家所要彻底清算的正是这些社会性、制度性的幻象、假象，正如佛教所言"扫相以显实相之无相"。对儒家来说，道家哲学具有很强的批判性、破坏性，但是它并非一味地去破坏，在破坏之外它还具有建设性的一面。纯粹的破坏捣蛋，可能会导致虚无主义，但是老庄的哲学思想并没有虚无主义的意味，无论是历史虚无主义还是价值虚无主义。客观地来看，道家不能为历史上曾经出现过的虚无主义负责。[①] 那么，道家在批评了仁义伦理道德之后，究竟建构了什么呢？它能否在此之外重建新的价值，提供新的精神皈依呢？

道家主张要超越儒家式的伦理道德观，这种超越不是从现实性上来超越和把握，而是返本归心、正本清源，从人的内心、本性出发来超越和把握。我们知道在一切社会的现实生存语境中，儒家的仁义道德是建立在古代宗法社会结构的基础之上的，它所契合的是两千多年的封建社会结构。就社会结构而言，按照马克思的社会存在决定社会意识的理论而言，道家想要挣脱儒家式的伦理道德观是不现实的，也是不可能的。然而，精神的力量却可以超越现实社会关系的法网，它不是被动地对现实社会关系的简单单纯反映，而是要从现实的社会关系、伦理道德和政治之网中超脱出来，构成主体性的价值追求与心灵存在。这种主体性的哲学就是对人性和人心的反思与开掘，就是指向人的本真存在，属于人性论和心性论的范畴。

儒家对人心论有着非常丰富的思想。在先秦哲学中，人性论被思想家们普遍讨论。因为从根本上来说，无论是讲伦理学还是政治学，都是要基

---

① 郑开：《庄子哲学讲记》，广西人民出版社2016年版，第175页。

于现实的人性,都离不开对人的本质属性进行最基本的探讨和研究。在儒家的内部而言,存在着人性本善和人性本恶的争论,正是这种争论将人性论思想引向深入。孟子在告子的"生之谓性"的基础上发展了性善论的思想,为性善论给出了充足的论证("四端说"),他的论证思路实际上是一种"即心言性",从而将人性论扩展深化为心性论,将社会性的伦理道德规范诉诸人的恻隐之心、良知良能,就是所谓的"反求诸己"。这个"己"实际上就是人的本然心性,就是人的内在善良品质,就是人的内在道德良知。可以看到,孟子的人性论思想是一种从外在走向内在、从社会伦理规范走向人的内在良心的这样一种致思的理路。如果说孔子的仁义礼智信、忠恕之道等伦理规范还停留在外在的社会规范和个体行动层面,那么孟子则在他的基础上往前迈了很大一步。虽然我们不排除在《论语》中,孔子也偶尔显现出对于性命论和人的内在道德品质的思考,但是清楚明白地阐释伦理道德与人的心性之间的关系,则是由孟子来开掘的。

从人性论而言,庄子的人性论展现出与孟子非常相似的逻辑理路。尽管庄子站在批判儒家仁义道德的前提基础之上,但是处于相同时代的两个伟大思想家都不约而同地将根本问题转向了人的内心。这种全面"向内转"的思想形成了中国哲学的独特精神。庄子创造性地提出了"真性""真知""真人"等概念,意味着在我们的社会中存在了太多的"假性""假知""假人"。"真"在庄子的思想中是一种非常独特的人性概念,它的主要基本含义是纯粹,指向的是纯粹的内在精神状态。[①] 或许我们可以这样来理解,孟子是将儒家的外在仁义道德内化为人的良知良能,认为二者的关系是同一的,外在的伦理是以内在的道德良心为基础的;而庄子则是彻底地抛弃了仁义道德的外衣,直接诉诸人的心灵,单刀直入地切入人的心性层面,认为这层虚假的外衣对人的本性与心灵是一种扰乱和扭曲,丝毫无益于人的生命健康和心灵自由。庄子的观点是明确的,必须抛弃外在的虚假性、欺骗性的约束与束缚,回归到内心真正的本真存在,才是人性的最大解放和自由。正是在这种心性论的基础上,庄子构建了自己极具魅力的精神哲学或境界哲学。

庄子的人性论思想至少有三个重要的层面:自然人性论、无为心性论和纯粹真性论。[②] 我们首先来看自然人性论,在前文中将它称之为人性自然观,属于自然主义的价值观的组成部分。自然人性论,意味着人性的本

[①] 郑开:《庄子哲学讲记》,广西人民出版社 2016 年版,第 179 页。
[②] 同上书,第 180—197 页。

质是自然的，也意味着自然的东西、与生俱来的东西是有价值的，这种价值不能被后天的社会性价值和政治制度所扭曲、所压抑。如果一个人的"天真"本性受到了压抑，那么这个社会就是不好的，应该受到批判的。如此来看，与生俱来的东西是不包括伦理道德的，不包括儒家的仁义礼智信、忠恕之道，这一点跟前面所讨论的超道德论的思想是完全契合的。然而，它与孟子的思想却是相互对立的。孟子认为人的良知、善良、恻隐之心是与生俱来的，每个人的本性中都包含了善的种子，基于此人的本性是善良的。这一差异构成了儒道的基本分野。

　　自然人性论既然超越了伦理道德，那就超越了社会性的是非善恶判断标准，进而走向了一种"自然"的价值判断标准。然而，什么是自然的、什么是不自然的？为什么自然的东西是有价值的？自然的东西难道都是好的吗？都是不需要改变的吗？如果一切都沿着自然的状态走下去，人类社会将处于一种什么样的状态？这些问题对于道家的自然主义价值观而言构成了根本性的诘难，要重建道家的生命伦理原则必须对这些问题予以回应。

　　一般认为，道家的自然概念是指自然而然、自己如此（course by itself）、自己本来的样子。对人而言，它意味着一种自如的自在状态，用老子的话说就是"朴"（"朴散则为器"，朴破坏了就成为人工制造的器物），用庄子的话说就是"任其性命之情"，用佛教的话说就是"如性"，用郭象的话说就是各适其性、各尽其性、自足其性。自然如此的样子、本来的样子，意味着事物按照其本来的面貌自然地发展下去，意味着没有任何外力的干涉。牛儿在那里自在地吃草，你不要去打扰它、给它加个绳索；马儿在那里自在地纵横驰骋，你不要去阻扰它、给它加个笼头；小孩子在那里自由地玩耍嬉戏，你不要去阻止他、给他指派什么课外作业。大自然中的一切事物都应该让它自由地生长，不应该有任何主观的干预、人为的干涉。在人为的干涉中，最引人注目的就是所谓的伦理规范、法律约束，它用人为创设的仁义礼智信来束缚人的自由本性，这是最为道家所反对之物。

　　如果将自然定义为自然而然的本来样子，这似乎是同义反复，并没有给出究竟什么是自然的。所以自然人性论必须有进一步的说明和解释。在老子看来，人的自然本性应该像婴儿一样淳朴，像赤子一样纯真，这种素朴的品性才是人的自然本性。人生活在社会中，应该活得像婴儿一样淳朴简单，这样才算是回归了人的本性。一切社会性的功名利禄的争夺，都是违背人的本性的表现。庄子也认为素朴才是人性的正常状态，"素朴而民性得矣"(《庄子·马蹄》)。但庄子在老子思想的基础上进一步描述了人的本性状态，或者说是理想人格："真人""至人""神人""圣人"。庄子所精心描写的理想人物形象既不是"君子"，也不是"小人"，而是从根本上超越了伦理道德，真正做到了"为善无近名，为恶无近刑"，"处于材与不材之间"，达到了"至人无己，神人无功，圣人无名"的超越境界。

然而，自然人性论中有一个矛盾无法解决。既然与生俱来的东西都是好的，那么那些好吃懒做的人也应该放任自流吗？像桀纣一样的暴君昏君，他们的自然本性似乎就是以残害别人为乐趣，难道我们也应该满足他们、实现他们的本性愿望吗？很显然，对于这些有恶劣行径的人如果不加以限制，社会就很容易陷入困境。把道家的自然原则推向极端就会导致这个问题。这使得我们不得不去思考：自然的东西难道都是好的吗？难道都是应该不加以任何约束的吗？很显然答案是否定的。在此，问题的关键就在于我们如何理解庄子的"自然""逍遥"概念。支盾指出，像桀纣这样以杀人为乐的人，如果满足了他们与生俱来的欲望，并以此为自然的德性，那么庄子的逍遥游就很显然失去了价值和意义。郭象将庄子的"逍遥"理解为各适其性、各尽其性、自足其性，不管是大鹏还是小鸟只要做到了性情自足就能够进入到逍遥的境界，这意味着无论是尧舜还是桀纣只要能尽性就能逍遥。这种观点显然偏离了庄子的本意，所以有人嘲笑不是郭象注《庄子》，而是庄子注郭象。支盾看到了郭象解释存在的问题，将"逍遥"解释为"明至人之心"，真正的"逍遥"应该是"至人乘天正而高兴，游无穷于放浪，物物而不物于物，则遥言不我得；玄感不为，不疾而速，则道然靡不适，此所以为逍遥也"。这种解释就弥补了自然人性论的缺失和不足，从而开拓了阐释庄子哲学的新维度，这种新的维度恰恰指向的就是"无为"。①

庄子的人性论没有止步于单向度的自然人性论，而是将其进一步扩展为无为心性论，这就为道家的心性哲学奠定了很好的基础。无为，在老子那里还只是一个做减法的概念，也就是要将身心之上的各种束缚完全放弃掉，来以此彻底地大清扫，"损之又损以至于无为"。庄子继续发展了老子的无为概念，并且更进一步地指向了心的向度、精神的向度，他用了一个非常独特的概念"无心"，也就是说不仅要扫除各种身心的障碍，而且要做到"无心"以至于"心斋"，不要有任何的"心"之活动。逍遥游也正是要在这个"无心"的意义上来理解才有意义，否则所谓的逍遥不就沦落

---

① 郑开：《庄子哲学讲记》，广西人民出版社2016年版，第186—187页。

为世俗人所理解的逍遥快活、一种纯粹的感官体验和享受了吗？庄子所力图要克服的就是这种感官的、物质性的、欲望性的享乐主义，享乐主义在本质上是不自由的，因为它让人"物于物"，受到了物欲的控制而不得自由，真正的自由应该是"物物"，驾驭控制物欲，做物的主人而不是奴隶。庄子和孟子一样将人性论扩展为心性论，无疑开创了先秦中国思想史的一个哲学突破。因为孤立地探讨"性"是很难深入的，"论性而不论心则不备"，陷入性善论、性恶论之争而无法自拔。"性"和"心"只有结合起来才能将问题推向深入。孟子一方面讲性善，一方面讲本心、良知，这就将两者很好地结合起来了。庄子也一样，不单纯地讲自然之性，而是要进入到"心"的层面来理解人性。

与无为心性论相关的是无心、无情、无乐的问题。在《德充符》篇中，惠子与庄子有一段争论对话，惠子问庄子人是不是习惯于无情呢？庄子回答说是。惠子与常人一样发出疑问，人如果无情，岂不是与木石差不多吗？那还是人吗？庄子的回答很巧妙："道与之貌，天与之形，恶得不谓之人？"也就是说，人的本源是道，与情或不情没有关系。庄子所理解的"无情"与我们常人所理解的不一样，"所谓无情者，言人不以好恶内伤其身，常因自然不益生也"。无情的人生是指按照自然之道来生活，不因为个人的偏好、喜好、厌恶、憎恨等情感伤害了自己的身体，能够从是与非、哀与乐的纠葛中解放出来，所谓"哀乐不能入也"。这种表面上看起来的无情恰恰是一种最大的有情。芸芸众生常常陷入俗人所理解的情感纠葛之中而无法自拔，最终不仅伤害了自己，而且伤害了他人，你说这是有情还是无情呢？道似无情却有情，这才是人生的觉悟境界啊！如此来看，庄子用无情概念表达的是一种理想人格和理想的精神境界，它其实并不是要否认我们先天就存在的七情六欲，而是说不要被这些情感所束缚、所控制。只有超脱出来，不受情感的困扰，才能达到逍遥自由的人生境界。在这个意义上，"无情"是对"无为"原则的扩展和延伸。

庄子不仅讲"至人无情"，还讲"至人无乐""至乐无乐"。这意味着最高的快乐与世俗常人所理解的快乐是相反的。常人的快乐很大部分是基于感官的享乐，它是要依靠很多的条件的。环境变了，条件变了，你就很可能不高兴、不快乐了，所以人的快乐是需要很多的外在条件的，犹如潮汐，瞬息万变，具有极度的不可靠性、不稳定性，用庄子的话说就是"有待"，即人在有条件的情况下才会变得快乐，一旦失去了这种条件就会变得很不快乐。这就是我们常说的"乐极生悲""喜极而泣"。如何去克服这种情感快乐的不稳定性、外在条件依赖性，克服感觉主义的弊端就成为哲学家所要考虑的一个重要问题。庄子正是看到了这一点，所以提出了"至乐无乐"的观点，要求人们从世俗的快乐享受中解放出来，超脱出来，真正走向一种心灵的快乐，精神的快乐，"无待"的快乐，不依赖于任何外在条件的真正心灵之乐。这是庄子给我们现代人的最大启示所在。

在自然人性论和无为心性论之外，庄子还发挥了纯粹真性论的思想。它是前两者的一个综合。《庄子》有两篇文献中都谈到了"真性"，《马蹄》篇说："马，蹄可以践霜雪，毛可以御风寒。龁草饮水，翘足而陆，此马之真性也。"马能跑、能吃、能在泥里打滚，这是马的真性。《秋水》篇从"牛马四足"的自然属性来讲述了马的真性，认为"落马首，穿牛鼻"破坏了马的本来样态。牛马四足是天生的，"落马首，穿牛鼻"是人的主观作为，违背了牛马的自然本性，庄子称之为"反其真"，违背了牛马的真性情。庄子进而主张"无以人灭天，无以故灭命"，这就是要把人的因素去掉，完全听从天命，按照天道自然的真性情来生活。这里所谓的"真性"是指纯粹的性，老子使用了"素""朴"等概念，庄子则加上了"纯"，变为"纯素""纯朴"。庄子的"真性"不完全是自然的意思，在此基础上还有更深的含义。

> 故曰：纯粹而不杂，静一而不变，淡而无为，动而以天行，此养神之道也。……纯素之道，唯神是守。守而勿失，与神为一。一之精通，合于天伦。野语有之曰："众人重利，廉士重名，贤士尚志，圣人贵精。"故素也者，谓其无所与杂也；纯也者，谓其不亏其神也。能体纯素，谓之真人。（《庄子·刻意》）

这里有两个提法，养神之道和纯素之道。所谓的"素"就是纯而无杂、不包含任何杂质、纯粹的意思。能够真正洞见、觉悟纯粹之道的人就是真人，其中最重要的是守神、贵精，合于天道（"天伦"），这些在行为上的要求是"虚静""淡泊"，抛弃"众人重利，廉士重名，贤士尚志"等有损精和神的行为。

真性还要求无心，这和无为心性论的要求是一样的。《庄子·天地》篇中讲述了一个很有名的农夫打水浇菜园子的故事，涉及机械与机心的问题。农夫之所以坚持不用水车、车辘轳等器具，其理由是："有机械者必有机事，有机事者必有机心。机心存于胸中，则纯白不备；纯白不备，则神生不定；神生不定者，道之所不载也。"这里的"机心"就是我们通常所说的聪明机灵、头脑灵活，对常人而言这似乎是个优点，但在庄子看来却是不好的。因为一旦"机心"占据了头脑，则会陷入聪明机巧的怪圈之中而无法自拔，到头来也可能是聪明反被聪明误，更重要的是聪明机巧的人失去了"无心""常心"。人的心本来是白的、纯的、素的，"机心"的活动会使得原本纯白的心受到严重的污染，就会陷入各种思虑、计谋、推理、判断之中，就变得不纯粹了，人的精神也就不安定了，就离道很远了。纯白的心是可以悟道、载道的，而杂染的"机心"是无法载道的。对人而言，最重要的是"法天贵真，不拘于俗"，崇尚自由纯真的真性情，不为世俗的各种羁绊牵连所束缚，这才是庄子逍遥游、人性论、心性论的精髓所在。

总之，庄子从自然到无为，从"性"到"心"，建立起了一套比较完整系统的心性论学说，不仅丰富了固有的自然人性论，而且形成了足以与儒家孟子相抗衡的心性论。孟子的性善论是把仁义当作人心内部而非外部的东西，庄子则反其道而行之。即便如此，他们致思的路径是相同的，围绕的形态最终都是心性论。有了这一完整的心性论学说，我们建构道家生命伦理的基本原则才有了可靠的基础与依据。

第二节 现代转型之基本目标与视域

道家生命伦理的当代建构，其主要目标是要建构一种具有深厚道家传统文化根基的"大生命伦理学"，走出当代西方生物医学伦理学的狭隘思维和模式，真正确立起具有中国文化特色的当代生命伦理学。要想成功地完成这个任务，必须站在生命哲学的高度来审视研究生命伦理问题，厚植其哲学根基；必须不断突破拓展生命伦理学的视野，将道家生命哲学、中医哲学、生态伦理的有益思想养分纳入其中。

一 生命哲学之存在论高度

问题化、无根化，这是当代生命伦理学研究普遍存在的问题和困境。生命伦理学确实是围绕具体现实问题而展开的，这些伦理问题并非在传统社会中完全没有，而是它们并未以一种极其令人瞩目的方式凸显于我们的日常生活之中。安乐死、堕胎、人工授精、代孕母亲、器官移植、干细胞研究、克隆人、基因编辑等，这些是随着现代生物医学技术所带来的。尽管如此，作为伦理问题，它们所纠结的却是传统哲学和道德理论所一直在争论的问题，只不过是老问题以新的不同形式表现出来而已。如果我们纠结于问题的表象而不放，不去思索问题形式下面的伦理实质，那么该问题将不会得到有效的解决。以至于我们经常会遇到这样的情况，老问题没有解决，而新问题层出不穷。将生命伦理问题化，将眼光盯在问题之表象，而无任何实质之考察研究，这种研究思路会导致无根化，即失去了对生命伦理问题的道德本质研究，失去了其背后的生命哲学问题。这不能不说是我们这个时代生命伦理学研究所存在的普遍性问题，它虽因学界的浮躁、肤浅而起，却是以研究视野的狭隘、无见识而终。

伦理道德，在我们这个时代已经被狭隘地理解为社会生活中的行为规范，判断行为是非对错之标准。所以，我们于今有了伦理规范、伦理指南、道德规约，甚至于有了伦理法典，而由伦理法典不断演变成法律性文件。而政府、管理者、生物医学研究人员、医生、社会大众，他们没有太多的时间来思考伦理问题，他们只是希望得到一种类似于法律文件的规范文本、操作指南，以供实践之用。这是生命伦理学的法律化、工具化，也是这门学科走向实践性、应用性的主要路径。伦理道德规范，作为社会的软性约束力，与具有强制力的法律虽然效力不同，但一经专家学者、社会大众、媒体的呼吁，其基本的理念和价值精神就会被写进法律之中，从而获得其间接或直接的影响力。伦理问题之争论、伦理规范之制定，一直是且应该是走在法律起草制定之前面，以为法律条文之制定奠定了坚实的道德基础。法律作为社会规范，必以道德为基础，其具体条文之辩护、修改也应以道德为基础。失去了伦理道德基础的法律，不是真正的法律，真正的法律必定是与人们心中的道德感、正义感相吻合的，体现的是人们最基本的道德价值判断。

要想真正地、彻底地解决生命伦理问题，必须从生命的价值和意义的角度来思考伦理问题，从生命哲学的高度来致思伦理问题，走向哲学的生命伦理学，而不是相反。第一，我们要扭转纠结于问题之表象的研究思路。从问题出发，寻求解决问题的答案和思路，这一直是科学研究的基本套路。然而，伦理学研究如果仅仅盯着现实生活中的案例之表象、问题之表层，而无法进入到问题背后之实质，那么它终将是肤浅的，没有任何力量的。案例多种多样，问题层出不穷，难道我们要盯着这些案例一个个地去分析吗？难道我们要陷入问题之表现形式而不能有所深入吗？伦理学研究，终究应该是一种哲学研究，而非某种问题的技术性研究；伦理学的价值判断，终究是要关涉到生命的价值和意义问题；伦理道德之规范，终究是要涉及人之为人的本质；伦理道德规范之践履，终究是要涉及人的内在良心、心中的道德律。如此种种，都要求我们将伦理学推进到有高度、有品质的哲学层次，而不是单纯地黏着于各种表象层次。

  第二，我们要为伦理规范、法律文本提供更加深入系统的哲学思考。生命伦理学家如果只是满足于起草几个单纯的伦理法典、政策指南、法律法规、制度性文件，那么他们与法律专家究竟有何区别呢？同样是在生命伦理所研究的对象领域中，已经产生了生命法学的新兴分支学科。如果生命伦理学家和生命法学家们去竞争，那么谁制定出来的法律文本更胜一筹呢？在法律制度和政策框架范围之中，法律专家似乎更为专业一些，他们所使用的法律概念术语或许更规范一些，制定出来的文本与现行法律制度的衔接和吻合度似乎更好一些。如此一来，生命伦理学家区别于生命法学家的独立地位体现在何处呢？很显然，我们不能和他们在法律法规之制定上竞争，而是要开辟出另外一条新的路径。笔者以为，这条新的路径就是要走向生命哲学，从哲学的这座高山上来审视、来俯瞰伦理问题，将生命伦理问题收归为山脚之下那块被征服的领地，那将是另外一幅多么美妙的图景啊！生命伦理学家应该有这样的视野，应该树立起这样的信心和雄心！

  第三，道家生命伦理的重构为我们示范了一种从生命哲学来致思生命伦理问题的经典思路。当今之时代，乃是一个价值多元化的时代，各种社会思潮、价值观念、宗教信仰纷纭而起，世界范围之内，确实尚无一个标准的生命伦理学之样本。及至美国生命伦理学家比彻姆、邱卓思提出生命伦理学之"四原则"之后，不仅仅是在西方学界对它的适用性、可行性、价值基础等提出较为深刻的反省，而且在东方国家的学术界也产生了很大的质疑之声。究其根本原因，在于这四个所谓的基本原则乃是与西方社会的政治、宗教和文化传统密切相关的，它深深地打上了西方自由主义、个人主义的烙印，其所标榜的公平正义观也是西方自由民主政治框架下的正义观。在中国，我们能否认同这四个基本原则，能否毫无差别地实行之、践行之，存在着很大的争论。这种争论主要是来自于中国特殊的哲学思想文化传统、社会结构和现实国情。近年来，港台学者多从儒家文化的角度对生命伦理学之四原则提出了反思和质疑，乃至于提出要重构"中国生命伦理学"，用传统的儒家、道家、佛教等思想来研究和阐释生命伦理学。在这些学者之中，创建"儒家生命伦理学"的学者大有人在（以李瑞全、范瑞平为代表），且呼声很大，在国际生命伦理学界产生了较大的影响力。然而，道家和佛教的声音相对比较微弱，且至今尚无人从道家哲学的高度来系统性地阐释生命伦理学问题，这不能不说是我们学术界的一大遗憾。笔者写作这本书的一个主要目的，就在于凭借个人有限的学识去弥补这一遗憾之事，为创建"道家生命伦理"而尽一份绵薄之力。

二 生命伦理之超越性视野

如果从生命哲学的高度来理解生命伦理学，那么就必须扩展现有生命伦理学的主流研究范围和视野。研究视野受限，拘泥于当代西方生命伦理学的基本范式，一直是当今生命伦理学研究难以取得重大突破的原因。这其中固然有伦理道德本质上争论的原因，但我认为其中最缺乏的是对生命哲学的思考，即从哲学的宽广视野中来获得真正的生命伦理之省思。

首先，生命伦理学的视野，必须从现有的生物医学伦理研究范式中走出来，真正地走向一种哲学式的"生命伦理"，而不是"生物伦理"或"生物医学伦理"。将"生命伦理"理解为"生物伦理"或"生物医学伦理"，这虽然是符合这门学科创始之初的本义，然而并不符合在汉语学界中人们对于生命的普遍直觉理解。生命，尤其是人的生命，如果我们单纯地将它作为一种生物性的存在，仅仅是从生物医学的模式来解释人的身体，那么毫无疑问它并没有切中生命之本质。生物性的存在，固然是人的身体性存在的物质基础，但它并非是独立于人的经济、社会、政治、心灵、灵魂等其他重要维度的。人作为身、心、灵的合一，是一个不可割裂的整体，当医学致力于解决身体的痛苦时，唯有哲学能解决我们灵魂的烦恼。我们对于身体健康的理解，也不断经历了很多种不同模式的思考。我们的健康观念是在疾病的观念、医学模式的观念中建立起来的，疾病谱的改变在不断地改变着我们的健康观念，医学模式的转变也在不断促使我们反思健康的本质和真实含义。于今，我们已经建立了所谓的"生物—心理—社会"医学模式，不再只是单纯地强调人的生物性个体，而是要更多地关注从心理和社会的层面来解决疾病与健康问题。只是，我认为这种模式虽然已经进步很大了，但它还不是最完善的模式，因为它还是忽略了人的灵魂层面的东西。灵魂性的东西，既不是医学研究的范围，也不是心理学、社会学的研究范围，却是哲学研究的范畴。因此，我认为最完善的模式应该是"生物—心理—社会—灵魂"这样一个"四位一体"的模式，才真正符合我们对于生命健康观念的理解。

其次，生命伦理虽然以伦理问题为己任，但是伦理问题之解决往往不在伦理范围之内，必须以一种超越性的视野来求得伦理问题之解决。我们已经看到，伦理问题往往纠结于具体的道德两难案例之中，纠结于究竟该如何选择、抉择与行动的困境之中。我们姑且不谈在一个价值多元化的时代，道德两难案例中人们根本无法达成根本性的一致意见，所谓的伦理指南也只是基于某种文化语境做出的权宜方案,而并非为有争议的人们所认可。生命伦理学家们所致力于要提供的伦理指南,都属于外在性的行为规范,属于"我应该做什么"的问题,根本没有涉及"我应该成为一个什么样的人"这个更为深层次的问题。一个人应该成为什么样的人,关乎他的道德美德、道德品质,更关乎他的内心世界、精神世界。就内心世界而言,一个人最本真的渴望和需求乃是人性自由、心灵的宁静与和谐,这些与那种作为行为规范的伦理虽然不无关系,但它却已然超越而进入了更高的精神层次,不再是在常人所谓的伦理道德规范层次探讨问题。如果以境界而论,我们可以借用冯友兰的方法,将伦理层次的问题研究称之为"道德境界",而将心灵精神层次的问题研究称之为"天地境界",而后者是超越于前者的,属于超道德境界。① 老庄之所以批评仁义礼、主张超越善恶是非,就是因为这个原因。

最后,生命伦理学之超越性视野,不唯道家这一条路径。儒家、佛教等世界上任何一种宗教或整全价值观都能够获得这种视野。在中国,儒家生命伦理学已经被学者较为充分地讨论了,而道家、佛教则未曾充分地利用开发。道家是中国哲学思想体系中非常重要的组成部分,道教作为本土诞生的土生土长的宗教信仰体系,无疑能够为生命伦理提供一种独特的视野。坚持道家的核心价值,并非是要与儒家、佛教的价值观对立起来。儒释道三家作为中国文化的三支主脉,其间融会贯通的地方甚多,完全可以形成一个求同存异而又彼此独立的思想体系。故此,视域的融合乃是最终达成真理之大道。

三 重建一种"大生命伦理学"

今日之生命伦理学需要完成一场哲学高度的转换、研究视野的变更,需要从一种琐碎的问题式研究的"小生命伦理学"上升至一种系统性的"大生命伦理学",如此方能整合生命伦理学的各方研究领域和阵地,描绘一副结构完整的生命伦理学地图。"大生命伦理学"必须在现有的基础之上,向纵深与横扩两个方面全面推进,才能实现其理想之目标。在纵深向度,其根本要义在于加深研究的理论层次和水平,勿仅附着于问题之表面,仅做一表层肤浅之研究;在横扩向度,其根本要义在于扩展研究的视

---

① 冯友兰把人的境界分为四种:自然境界、功利境界、道德境界和天地境界,认为自然境界和功利境界是现在人所处的低级境界,而道德境界和天地境界才是人应该成为的境界。在我看来,冯友兰的自然境界是指人的一种生物性存在、动物性存在的状态,不是老庄道家所说的"自然无为",老庄的境界应该属于冯友兰所说的天地境界。

野与范围，将与其相关的重要论题皆纳入进来，共同应对与解决生命伦理之难题。纵向深度体现的是一个学者的理论水平之高低，横向范围体现的是一个学者的研究视野之宽窄，两者合而言之则体现了一个学者的综合素质与能力水平。关于纵深向度，我已从生命哲学的本体论高度、生命伦理之超越性视野两个方面展开了充分的论述。在此，笔者仅从横扩向度补充几点说明。

首先，将生态伦理纳入到"大生命伦理学"视野之中，这不仅符合西方生命伦理学创始人的基本设想，而且也符合生命伦理之根本宗旨。生命伦理学之要义，重在推进生命健康之利益，维护人的生命价值与尊严，实现生命的自由与超越。生命伦理与生态伦理，本应是内在密切相关的研究对象，在当今之学术界却变成了两个相互独立的学科领域，不仅研究人员非是同一批人，[①] 两拨人之间没有什么沟通交流，相互在做着各自认为是不同的东西；而且彼此之间的研究思路、研究范式、研究导向也有较大的不同。在中国，"生态文明"的概念列为"五位一体"的中国特色社会主义总体布局之中，要求把生态文明建设摆在突出的位置，从国家战略、治国理政的高度来界定了生态文明建设的重要性；因而，生态伦理的问题已经远远超越了它本身的范围，上升到一个国家的政治高度，成为一种独特的国家治理新思路。生态伦理的研究，无疑将会以生态文明建设为最终之目的。这一研究导向与生命伦理显然有着很大的区别，生命伦理在中国不可能上升到国家战略的高度。

然而，笔者所理解的生态伦理，其根本宗旨与生命伦理是息息相通的。作为一种纯粹的伦理学研究，生态伦理涉及的是人与自然的关系问题，人的自然属性问题，人应该如何对待自然界的问题，人的生活方式是否应该按照自然之道来遵循的问题。如此来理解，生态伦理和生命伦理之间的差别与鸿沟就不再那么大了，而是走向了同一。生态伦理的政治话语，我们暂且将其搁置，任何一种执政理念，只要是在面临生态危机时，都会面临着相同的问题。当今这个时代，我们已经深深地为环境危机所逼迫，环境恶化、环境污染、环境破坏越来越严重。人作为宇宙之中的一个渺小的生物性个体，生存环境竟然如此之恶劣，不得不令人忧思。这一切都是拜人类自己的"肮脏之手""肮脏之心"所赐，如果人类的野心还这

[①] 生命伦理学的研究者大部分都是医学伦理学的研究者，主要在医学院校和部分高校的哲学系；生态伦理的研究者基本上都是从事生态文明、环境伦理、环境哲学的学者，他们大部分集中在高校的哲学系、马克思主义学院，特别是一些理工科高校、林业类高校。

样肆意地膨胀下去，如果人类的双手还这样继续地掠夺下去，那么人类的灾难就会不远矣！故而，当下最为紧迫之任务，一是收心，收起贪婪之心、自私自利之心；一是收手，收起任意索取、肆意砍伐之手。

其次，将中医哲学和中医伦理和价值观纳入"大生命伦理"的视野之中，这是中国传统文化中最为独特的部分。习近平同志指出，中医药学凝聚着深邃的哲学智慧和中华民族几千年的健康养生理念及其实践经验，是中国古代科学的瑰宝，也是打开中华文明宝库的钥匙。中医蕴含着非常深厚的哲学思想、文化知识与经济社会资源，凝聚着深厚的中华优秀文化，是中华民族的血脉和灵魂。打开中医这座宝库必须坚持文化自觉与自信，将中医的核心理念与价值观融入到生命伦理学的构建之中。

中医药的独特贡献与价值主要体现在以下五个方面。一是中医药是中华优秀文化的宝贵资源。中医理论在几千年的历史发展过程中，与疾病防治规律相结合，形成了人文与生命科学相融的系统整体的医学知识体系，形成了鲜明的中医药文化特色。二是中医药是中华优秀文化的重要载体。如"仁者寿"的道德健康理念、"医者仁术"的医德观、"大医精诚"的职业追求、动态平衡的健康维护、"治未病"的早期干预理念与扶正祛邪治疗法则等，得到有效的弘扬与传播，产生了深远的影响。三是中医药是中西文明对话的窗口。在西学东渐的冲击下，中医不但没有被西医淹没，反而是以包容的胸怀，通过中西汇通、中西医结合吸取西医学的科学理念，在理论与实践上不断丰富发展，并自觉走向世界，服务人类健康。四是中医药是传统知识创新的优势领域。中医对人体生命现象系统有着独特的观察与临床经验总结，对人的生命、健康与疾病的认知理论独树一帜，有效地指导着人们养生保健、防病治病，如青蒿素治疗疟疾对人类的贡献、三氧化二砷治疗白血病的突破均源于中医药，中医药治疗慢性病、病毒性疾病、代谢性疾病等，都彰显了创新的优势。五是中医药是维护民众健康的不竭动力。中医学的动态生命观、养生理论与实践、"治未病"的早期干预思想、以人为本的个体化诊疗模式、整体调节的综合治疗观念、丰富多彩的诊疗方法等在防病治病中效果确切，具有不可替代的作用。

总之，重建一种"大生命伦理学"，树立一种真正的"大伦理观"，才是生命伦理学这门新兴交叉学科的永恒魅力之所在。真正的生命伦理肯定不是书斋中的伦理学理论研究，肯定不是单纯的道德价值观的研究，也不只是某家某派的生命伦理学研究。真正的生命伦理学，应该是提倡敬畏生命、呵护生命、爱护生命、珍惜生命的学问，应该是追问生命的价值与意义的学问，应该是对生命的本质做深刻理解与回答的学问，应该是对我们当下的疾病观、健康观提出救偏补弊之作用的学问。以生命为中心，以人为本，在生命伦理学的研究中，不应该是一句空话，而是应该落实到具体的行动和政策实践之中。

第六章 当代生命伦理主要问题的道家批判

随着现代生物科学技术的发展，当代生命伦理学有很多问题需要解决。这些问题一方面是由前沿生物医学科技带来的问题，另一方面是生命伦理学自身的理论问题。作为一门新兴的前沿交叉学科，生命伦理学需要不断地扩展自己的研究视野，这就要求我们在研究的思路和视野上有新的突破，如此才能有效地面对与解决。道家能否有效地应对生命伦理学的一些重要核心问题，将成为它能否成功转型的关键所在。

第一节 现代生物医学技术的批判

生命伦理学的诞生与发展与现代生物医学技术的高速发展息息相关。对生物医学领域出现的高新技术进行伦理反思，已经成为生命伦理学中最引人注目的核心内容之一。进入到 21 世纪，现代医疗技术以前所未有的方式凸显出日益尖锐的生命伦理难题。人类对医疗技术的依赖性越来越强，医学技术的某些"神话""传奇"在不断地刷新着生命科学的新理论、新高度，也逐渐刺激着人们敏感的神经。以基因工程为代表的生命科学仿佛无所不能，不断地向世人显示它上帝般神通广大的魔力。当大多数人以一种技术乐观主义的态度在拥抱生物医学美好的明天之时，哲学家和生命伦理学家却始终保持着敬畏、忐忑乃至忧心忡忡的心理来反思医学技术的昨天、今天与明天！

一 科学之链：生物医学技术的基本逻辑

现代医学是在生物技术的基础上发展起来的，其最显著的特征是利用生物科学技术对自然生命进行改造，其改造的对象包括动物、植物和人类生命。当前，生物技术的应用范围十分广泛，从农业到工业，从第一产业到第三产业，都有生物技术应用的场景。生物技术对人类生命的改变或改造主要是用于医学,从生物制药到疾病的预防和诊断,从人的出生到衰老、死亡,人类生命的每一个活动阶段都少不了生物科技的参与。基因诊断和治疗、基因编辑、克隆人、干细胞研究、辅助生殖技术、转基因食品等,这些生物医学前沿技术无一不在改变或即将改变人类的生活或生命。现代生物医学技术的快速发展是建立在其基本的科学逻辑基础之上的。这种内在的科学逻辑就是它的奥秘所在。我们可以从以下几个方面来展开哲学的分析。

首先,在思维模式上,现代生物医学技术延续了西方近现代哲学中的还原论方法。还原论认为,世界必定是由某些基本的物质单元所构成,一些大的宏观物体可以逐步分析还原为较为微观的物质单元,直至人类的认识到它的不可再还原为上。古希腊时期的元素论、原子论都是这种还原论的最初模型。将还原论推向极致的就是现代生物科学,它将一切生物的生命现象不断还原为细胞、分子、原子、原子核、基因等,它总是将高一级的物质现象不断还原为较低一级的组分,并在这种不断还原分析的科学逻辑中来解释宇宙中的各种生命现象。可以说,现代自然科学的发展无一不是受到这种还原论思维的影响。我们曾经用机械的物理作用来解释复杂的化学现象,用化学作用解释生命现象,用生物作用解释心理现象,用心理作用解释社会现象,以此来构造一个在科学上似乎完美无瑕的逻辑链条,试图将一切都还原为物理作用或化学作用。西方哲学和科学史上曾经出现过的机械论、物理主义、化学主义和还原论,它们的内在逻辑都是一致的,可以看作是同一个哲学思想阵营。① 现代生物医学技术的还原论思维无处不在,其影响和流弊更深。今天几乎所有的生物医学专家都或多或少地表现为一个还原主义者,因为他们相信,一切人类的生命都可以还原为基因和DNA,进而在非常微观的世界中来操作、控制人的生命,试图在基因的层面来修复、编辑或改写人类的生物特征。基于这样一种理念,他们认为在DNA层面是可以解决人类一切的生、老、病、死问题:人的生育可能不再依靠女人的子宫,而在实验室中制造出来;人类的衰老可以通过基因的改良而被延缓,以实现青春永驻的梦想;人类的疾病可以在更为深层次、更为微观的层面得到治疗,而不再是消极地等待着疾病的来临;人类的死亡不再是一件可怕的事件,人们在垂暮之年因救治无望可以选择更科学的手段安详而平静地离开这个世界。如此一来,我们似乎看到一幅可

---

① 方舟子:《寻找生命的逻辑——生物学观念的发展》(第二版),上海交通大学出版社2007年版,第188页。

怕的图景，还原论者无非是想证明，人的生命不过是一架可以用科学技术手段来操控的机械装置而已。①

其次，在目的上，现代生物医学技术以改善生命为最初出发点和归宿。人类一直为自然生命的缺陷而困扰，不断地寻求解决生老病死的更科学的办法。为此，全世界许多国家都相继制订了雄心勃勃的研究计划，投入了大量的研发经费，招募了大批的科学家来从事研究工作，其目的无非是想攻克人类还没有突破性解决办法的疾病，延缓人类衰老死亡的进程，为人类的健康福祉寻求科学之道。

最后，在价值导向上，现代生物医学技术坚持一种技术乐观主义的态度。科学技术极大地改变了人类的生产生活方式，塑造了一个全然不同于传统社会的现代世界，在人们的脑海中植入了一种崭新的价值观。科学技术是第一生产力，这可能是技术乐观主义最为闪亮的语言表达，它体现的是一种高扬的科学主义和技术主义思维，它将对科学与技术的崇拜演绎到无以复加的程度，将科学技术视为推动社会进步与发展的决定因素或根本动力。②毫无疑问，科学主义和技术主义都是一种片面化的思维。技术乐观主义将科学技术理想化、绝对化、神圣化了，错误地以为它是社会发展的唯一决定性力量，不仅严重忽略了伦理价值和道德观念领域的深刻变革，而且将科学技术与社会发展之间的关系看得过于简单了。科技不是独立于社会而存在的抽象物，它的每一步前行都是各种社会力量推动的结果，单纯依靠科学的逻辑来发展，其后果可能违背人类的价值观或幸福福祉。这种盲目的技术乐观主义必须受到人类价值观的约束，否则就会颠倒人与技术之间的真正关系。"技术不是必然现象，因为它只是人造就的；技术取决于正确的知识。技术的缘由、目的不在于它自身，而在于人。人的目的决定着技术的形态与方式。"③一旦我们放弃了技术发展的根本目的，就会在技术的狂飙突进中迷失了方向，工具理性的过度膨胀无疑会导致价值理性的失落，而这正是现代人迷信技术的根本原因。

二　异化之途：生物医学技术的症候分析

1. 反自然性

按照道家自然主义的价值观，现代生物医学技术具有非常明显的反自

---

① 李建会：《生命科学哲学》，北京师范大学出版社2006年版，第86页。
② 徐奉臻：《梳理与反思：技术乐观主义思潮》，《学术交流》2000年第6期。
③ 〔德〕彼得·科斯洛夫斯基：《后现代文化：技术发展的社会文化后果》，中央编译出版社1999年版，第3—4页。

然性特征。这种特征首先体现在对于疾病的态度和观念上。在医学的概念框架中,任何疾病都是身体的某个器官部位的失常,即对于正常身体状态的偏离,这种偏离就是需要被矫正或修复的。生物医学技术就是采用一种现代科学技术的手段来对这种失去正常状态的身体进行检查、诊断、治疗、切割、修补、替换,以使身体达到完好状态。而人的身体之所以发生失常、变异,就在于有某种疾病的病原体侵入了人的身体,对正常的身体细胞进行了攻击;或者是人体内先天的某种基因发生了不可预知的突变,从而导致疾病的发生。所以,生物医学的首要任务就是找到病灶、病原体,然后再研制出一种能够杀死病原体的药物(如抗生素)或治疗的仪器设备(如利用化疗手段来杀死癌细胞)。有学者将这种模式比喻为一种"战争模式",在这种模式下,"敌人"就是那些要被消灭的细菌或病原体,"杀伤性武器"就是现代医学所采用的先进医疗设备或药物,而一旦由医生展开了治疗的过程,就形成了一场"战斗",构成了一个看不见硝烟的微观"战场",即要与疾病做顽强的斗争。① 不可否认,这种战争模式的治疗肯定是有效的,但它的问题在于有可能会伤及无辜,抗生素虽然能够杀死致病的感染细菌,但同样也会杀死正常的菌落或细胞。在现代生物医学模式中,病人不再是一个活生生的人,而是一个携带有致病基因的"敌人";生命不再是鲜活的个体,而是一具需要被治疗的冰冷"身体"。

现代生物医学技术的反自然性特征还体现在它对自然的挑战、强求甚至是"拷打"上。生物医学技术作为人类的创造发明,在原始的自然界中并不存在,只是被人类的聪明才智在实验室中发明出来。这种发明创造像"剥洋葱皮"一样,对人的生命一层一层地加以分析描述,试图揭示出生命世界的微观奥秘之所在。它甚至不再满足于对自然生命的外在检查、诊断、解剖、治疗或整形,而是要深入到生命机理的内核之中,对它的最微小单元进行编辑改写,对自然生命的内在秩序进行彻底的重构。它挑战着自然,是因为它干扰事物顺其自然的发展态势,阻止了事物按照自然的本性来展示其自身。它强求着自然,是因为它向自然提出了非常过分、几近严苛的要求,试图通过自然科学技术的强力意志来使自然屈服归顺,从自然事物的身上榨取出人类想要获取的事物或能量。② 它"拷打"着自然,是因为它在实验室中使用各种先进的仪器设备来强迫自然界显露出其真实的面目,将事物背后的知识、规律以人类想要知道的方式如此这般地显现

---

① 王一方:《医学人文十五讲》,北京大学出版社2006年版,第36页。
② 许良:《技术哲学》,复旦大学出版社2004年版,第64页。

出来，让沉默的自然开口说话，吐露秘密。不管是挑战、强求，还是"拷打"，它们都是人类主体意志力的充分体现，都是违背了自然事物的天性，都是强自然所难。

现代生物医学技术彻底地抛弃了生命本身的自然属性，将一切都交付给效率、有用性、有效性，并将其作为评价事物的唯一标准。这种方式使得事物从丰富性中剥离出来，被迫放弃它们本真的存在属性，变成单一的贫血的东西。空气被分离出氮，土地被开采出矿石，矿石被冶炼出铀，肥沃广袤的田野被城市工业无情地征用。① 为了获取更多的器官资源，满足人们的稀缺性需求，科学家在实验室中夜以继日地开展人造胚胎的研究和实验；为了追逐个人的自由和身体权，一些人任意地实施流产堕胎手术，罔顾生命价值的存在。②

2. 异化

现代生物医学技术异化的主要表现是市场化、消费化、物质化，以及人对于技术的高度依赖化。这是由现代社会的基本结构所决定的。生物技术本身是一门单纯的技术，但在市场经济条件下它的本质开始发生了改变。在纯粹的生存论语境中，人是很难脱离技术而生存的，技术可以说是人的一种存在方式，正是依靠技术人类才能克服自身的生物性弱点，克服自然界的某些不利环境（如地震、水灾、旱灾等）。但是，在现代社会中，科学技术的突飞猛进使得它逐渐主导了人类的整个社会生产生活，成了生活中的唯一支配者，科技已然成为主流的生活方式，试想想，现在人手一部智能手机是如何改变了人们的沟通交流方式的吧！在医学领域之中，生物技术已经成为主导者、支配者，不仅大量的科研经费投向了生物医学前沿领域，而且大量的科研人员也在乐此不疲地从事相关领域的开发研究，打着治疗疾病、造福人类福祉的旗帜，从事着解读生命密码的工作。生命在他们看来似乎不再是神圣的，而是可以被人类理性得以认知和征服的客观对象，曾经被宗教所笼罩的神秘面纱被基因解码工程无情地祛魅了，曾经被诗人们描述的无限生命遐想被生物医学技术证明为冰冷的现实。不知从何时起，人类变得如此地依赖于技术性的生存，变得如此地被外物所禁锢，沉迷于各种先进技术手段的研发应用之中，即庄子所说的"囿于物"["知士无思虑之变则不乐，辩士无谈说之序则不乐，察士无凌谇之事则不

---

① 〔德〕冈特·绍伊博尔德：《海德格尔分析新时代的技术》，宋祖良译，中国社会科学出版社1993年版，第58页。
② 李红文：《以道驭技：现代生物科技批判的庄子式进路》，《创新》2016年第3期。

乐，皆囿于物者也"（《庄子·徐无鬼》）]。

现代生物医学技术的异化会带来严重的后果。首先会导致人的本性的丧失。技术本是人生存的一种方式，现在却占据了人的生活，成为主导者和支配者，无疑会改变人最纯真的本性。庄子说过，使用技术是一种机械的思维方式，属于人的小聪明，说不上是大智慧，这种小聪明用过了头会导致人的心灵也发生改变，进而变得有"机心"了["有机械者必有机事，有机事者必有机心。机心存于胸中，则纯白不备；纯白不备，则神生不定；神生不定者，道之所不载也"（《庄子·天地》）]。有了"机心"，人的精神和灵魂就不得安定，心灵就变得不再纯洁空明，心神就会飘忽不定，就不能与真正的大道同在了。心灵的迷失，就无法承载本真之道，就无法返璞归真（"无以反其性情而复其初"《庄子·缮性》）。

异化的后果除了人性的丧失之外，还有道德的沦丧。今天这个时代，我们的道德危机似乎比以往任何时刻都要严重得多。很多人趋附于流俗而湮没了自己的本性，沉迷于外在的各种物欲而丧失了真正的自我，走上了迷途而不知道返回自己的内心，这实际上就是本末倒置["丧己于物，失性于俗者，谓之倒置于民"（《庄子·缮性》）]。人类的道德水平不会随着知识的增加而提高，也不会随着科学技术的进步而改善，相反，它不仅没有变得更加高尚美好，反而愈加虚伪卑劣，正如老子所说"智慧出，有大伪"。卢梭早就一针见血地指出，"我们的灵魂正是随着我们的科学和我们的艺术臻于完美而越发腐败的……随着科学与艺术的光芒在我们的地平线上升起，德行也就消逝了"[1]。

3. 生物资本主义

现代生物医学技术受到资本的侵袭和垄断，生物技术、生物制药、生物科技产品的研发与广泛应用，已经形成了一个庞大的产业链，已然成为国民经济中非常重要的组成部分。这是市场经济推动的结果，也是资本追逐利润的必然结果。由资本来控制和运行的现代生物科技，形成了一种新的资本主义高级发展形态，即生物资本主义。它是资本在生物科技领域中全面入侵的集中体现，因为资本的本性和目的就是增殖，就是不断地攻城略地，不断地抢占利益的地盘。生物资本主义就像一张无形之网，凭借着它所掌控的前沿生物技术和丰富的生物资源，通过市场化的资本运作，把生物资源商品化，把生物技术市场化，对人类的生命不断地进行所谓的提高、控制、操纵和再定义，为人类描画并允诺了一幅治疗疾病病痛、促进

---

[1] 〔法〕卢梭：《科学与艺术》，何兆武译，商务印书馆1997年版，第11页。

健康长寿、延缓生命衰老、保护美丽容颜、实现尊严死亡、优化生活方式的美好乌托邦前景。然而,其真实的目的却是谋取巨额的利润、实现资本的无限增殖,它向人们展示的往往是一副极度野蛮专制甚至是自我毁灭的可怕面孔。①

生物资本主义展现出对于生命的宰制性力量。它以对人类生命的改善为突破口,以利润的追逐为最终动机,将人类生命不断切割细分,进而将基因视为生命的基本密码,认为只要解决了基因的问题就可以解决人类的生老病死等一切问题,这种日趋同化的科技力量正在从根本上改变甚至颠覆了这个世界的基本图景,从而将我们所生活的整个世界笼罩在单一的话语体系和逻辑体系之中。这种话语的编织以一种非常"科学""理性"的方式来进行,在教育、文化、社会中广泛传播,日益形成一种全人类都无法抗拒的旋涡性、决定性力量,所有人都深陷其中无法自拔。科学技术才是我们这个时代无可撼动的最高话语霸权,它塑造了一个近乎完美无瑕的救世主形象,利用强大的教育手段、网络媒体力量获得了强大的合法性。在今天,谁要是胆敢质疑科技、反思科技、批判科技,就会立马遭到很多人的攻击或谩骂。这个时代已经被科技的力量牢牢地掌控,不容许有任何挑战者的面目出现。

现代生物医学技术的异化对人类的生活产生了广泛而深刻的影响。首先,它对传统的哲学观、价值观造成了巨大的冲击。技术以一种异他性的存在物改变了中国人传统的器物观、道器观,器物层面逐渐凸显并占据了生活的各个方面,而道的层面则逐渐退隐,从而造成一种道器分离的隔离感。其次,它对生活方式的改变也是全方位的。技术作为人的一种生存方式,它在原初意义上应该是与人和谐相处的。当现代医疗技术(如器官移植、辅助生殖、克隆人、基因编辑等)在基因的层面上改造乃至制造人的生命本身时,它们就已经不再是和谐相处的关系了,而演变成一种完全独立于生命的异它性存在。再次,它对人的思维方式也产生了深刻的影响。技术化的思维方式已经在我们的脑海中深深扎根,我们已然被现代生活中的各种技术(如教育技术、体育技术、交通技术、社会管理技术等)所包围而无法逃遁。每个人从出生到死亡,一切生老病死的生命过程都与医学技术发生着不可逆转的"亲近关系",我们被技术(辅助生殖技术)迎接到这个世界,又被技术(临终关怀)送离这个世界。最后,它不可避免地

---

① 刘经纬、于江霞:《生命政治视阈下的生物资本主义》,《自然辩证法研究》2009年第25卷第8期。

带来大量的社会、法律和伦理难题。从前已经不那么显然的道德难题，现在都被无情地、赤裸裸地展现在世人面前，我们能否接受他人捐献的精子、卵子来制造孩子？我们能否在实验室中复制一个自己的替代品？对风险不明的转基因食品我们能否允许它上市？虽然各国政府都相继出台了各种法律法规、伦理规范、管理办法、政策文件来指导生命伦理的实践，然而，立法、制定规章制度并非是解决现代医疗技术的灵丹妙药，新的问题总是层出不穷，棘手的伦理难题总是无法有效解决。

三 和谐之道：生物技术与人的本真关系

人作为技术化的存在物，人的生存实际上是被技术建构起来的。在市场经济时代，人的需要很多时候是被消费主义所激发、创造出来的。每个人都以为技术能够实现自身的目的，便放开手脚去自由地拥抱最新的前沿技术。技术所开发出来的不仅是所谓的客观化、量化的市场，更是人性中本已存在的贪婪和欲望。人的自由究竟是本真的、内在的、不受外在牵制的自由，还是非本真的、外在的、受到各种技术和资本约束的虚假自由，这是每一个现代人在强大的技术乐观主义面前都要深刻反思的地方。当技术完全嵌入进人的生活之中，人的生活就完全地被技术所占有和垄断，正如今天我们无时无刻不被互联网所占有，每个人都是网上的一个可有可无的节点，每个人对他人而言都显得无足轻重，但每个人都离不开这样一张无形之网。

技术的异化力量不仅体现在对人性自由的隐形约束上，更体现在对道德价值观的逼迫和改变中。作为一种中立化、客观化的存在物，技术跨越了国界，跨越了种族的界限，跨越了语言的障碍，真正成为全球化时代的通行者。技术的胜利，不仅是科学本身的骄傲，更是人类对于绝对自由和打破藩篱局限性的追求。当我们自以为在创造一种没有任何价值负载（value-free）的技术时，我们所坚持的是一种理性主义的逻辑思维。然而，技术本身并非是与价值无关的东西，它之生产、创造、发明、推广、宣传都离不开一种适合它生长的文化土壤和价值理念。当"科学技术是第一生产力"作为一种简约有力的口号在广泛宣传时，它就已经演变成我们这个时代最有影响力的意识形态。

现代生物医学技术的基本目的是有效地预测、诊断、治疗疾病，尽最大可能地改善人群的生活质量，延长人的健康寿命。但是世界上并没有长生不老之术，人的生命长度始终都是有限的。无论一个人做了什么事情去改善健康、延长寿命，都终究免不了一死。生命大限在前，究竟是培养人们对死亡的态度重要还是研究生命延长术更重要呢？哲人有言："重要的不是消除死亡，而是消除对死亡的恐惧。"①

第二节 当代医患关系的理性审视

医患关系既是传统医学伦理学关注的重点，也是当代生命伦理学的一个重要的热点议题。和谐医患关系，关系到每一个人的生命健康与利益。医学不是在真空中运行，它所针对的乃是人的身体。如果医学治疗的是身体的疾病，那么它就必须在与病人打交道的沟通过程中才得以实现。现代生物医学模式的最大悲哀恰恰在于，它看见的是"病"，而不是作为整体的"病人"，在疾病的叙事和治疗过程中，"人"往往是被"视而不见"的。因此，对现代医学和医患关系进行理性之审视是尤为必要的。

一 信任的坍塌与重建

当今中国的医患关系矛盾重重，医闹事件、暴力伤医事件近年来频繁发生，引起了全社会的广泛关注。据卫生部相关统计数据，目前全国每年发生的医疗纠纷逾百万起，平均每家医疗机构每年的医疗纠纷数量在40起左右，这其中只有30%的医疗纠纷得到了解决，其余的仍滞留在医院。②因此，当务之急是对医患关系进行理性的反思。为何在当今的中国现实语境中，医患信任如此之糟糕，这不得不令人深思。产生医患纠纷和矛盾的原因是多方面的，其中医患信任的坍塌与危机是导致矛盾纠纷的主要原因之一。现代医患关系的医患信任模式极其复杂，可以从多个维度来对其进行解读。这些涉及人际信任与制度信任的划分，信息不对称与博弈论、医疗卫生体制与改革等制度性问题。

人际信任与制度信任可能是考察医患信任的一种较为普遍的社会学思路。"人际信任"是信任的最初形式，在传统社会中社会分工不发达、人口流动不频繁、社会交往的范围与圈子相对固定狭窄，人与人之间形成了一种相对稳定的"熟人社会"，在这种社会中人们彼此之间相互了解、知根知底，在共同生活和劳动交往的过程中就产生了较为稳定的关系性信

---

① 〔古罗马〕奥勒留：《沉思录》，何怀宏译，中央编译出版社2008年版，第202页。
② 黄瑞宝、陈士福、马伟：《医患信任危机的成因及对策：基于博弈视角的分析》，《山东社会科学》2013年第2期。

任。随着资本主义的到来，社会分工的日益发达，人口流动的日益频繁，社会生产力从传统的农业转向现代工业和服务业，人们不再固守在农耕土地上，社会交往也不再限于村社邻里之间，社会交往的范围也越来越大。此时的信任不再仅仅是发生在"熟人社会"的人与人之间，而是更多地发生在"陌生人"之间。也就是说，从农村到城市，从农业到工业，人们之间的关系超越了一种具体的人与人之间的关系，上升为一种对抽象社会制度、社会系统的认知和信任，我们可以称之为"制度信任"。按照西方著名社会学家涂尔干和卢曼的说法，传统社会是一个相对封闭、同质性强的熟人社会，而现代社会则是开放的、异质性的陌生人社会，在这种社会转型的过程中，有机团结将代替机械团结，各种社会职业规范将取代共享的道德价值观，信任将从人际领域扩大到系统和制度层面。①

  中国的医患信任关系经历了从传统的人际信任到现代的制度信任模式的转型。医生们不再是行走江湖式的流动行医，而是坐在固定的医院场所中执医；从前的医生是直接进住到病人的家里看病，而现在则是坐在现代化的办公室里等候病人前来看病；医患之间的接触不再是具体的、温情脉脉的"望闻问切"，而是更多地被冰冷的医疗器械所阻隔；医患之间的交流不再是彼此之间的反复沟通甚至长时间的交往，而是短暂的两三分钟的病情问候之后就开出了检查方案、治疗方案或处方；医生不再是单独的个体户，而是夹杂在现代医疗的科层制、官僚制中求得一己之生存；医生所负担的使命不再是简单的治病救人、救死扶伤，而是承担了更多的经济效率指标、职称压力和社会期望。当患者来到医院就诊，他首先要面对的不仅仅是一个陌生人社会，而是一个庞大的、异己的组织系统，在这个系统中医学已经高度专业化、分科化了，疾病在此按照现代医学的逻辑已经分门别类了，对应于不同的临床科室。一个病人，想要准确地看病就必须具备基本的现代医学知识，否则就会在复杂的科室丛林中茫然不知所措：我应该找谁看病呢？他找不到自己应该求助的对象。在这样一个强大的、独立于自己的现代化组织系统面前，个人的力量是很微弱的，熟人社会的游戏规则在此显然失灵了，人们唯一能够求助的只有号称是科学的现代医学了，以及与此密切相关的"科学化"组织和管理系统。医生在患者的眼中不再是一个具体的"张三李四"，而是带有某种头衔的专家：院士、长江学者、名老专家、教授、主任、博士，等等。只有这些抽象符号所构成的

---

① 房莉杰、梁小云、金承刚：《乡村社会转型时期的医患信任：以我国中部地区两村为例》，《社会学研究》2013年第2期。

专家系统、知识系统才是人们可信赖的来源,换句话说,人们是基于专家的教育背景、科学知识、执业资历和社会评价来给予相应的信任的,至于人们通常所看重的医德水平则无从知晓而未做充分的考虑。医生们已经演变成抽象化的角色,患者对他们的信任并非对某个具体的个人,而是对这个专家系统的稳定预期,这也就是为什么人们更愿意到三甲医院看病而不愿意到基层医院看病的重要原因,因为人们对三甲医院的医生整体水平有很高的预期,他们宁愿相信这些医生能够治好自己的病。这种非人格化的、非人际性的制度化信任模式是"现代性"的一个重要特征,也是现代社会的基本要求。①

然而,中国的医患信任关系转型却是不彻底、不顺畅的,在制度信任模式主导之下,还夹杂着很多"关系信任"的成分,甚至大有取代前者之势。一个非常普遍的现象是患者就医时一般首选认识或熟悉的医生或医院,如果不熟悉,在就医之前就会通过关系来选择医生和医院,或者通过熟人、亲朋好友介绍医生或医院,如此方觉得可靠。这种方式,仍然延续的是传统的熟人社会的逻辑。病人就医为什么要找关系呢?这其中除了几千年以来延续下来的为人处世社会准则之外,还存在很多微观的具体的隐秘法则。

首先,关系信任不单单表现在医患关系之中,而是几乎体现在中国社会生活的各个方面,可以说是一个普遍存在的独特现象。"关系""公关"很重要,"关系学"几乎成了中国人混世、混社会的基本生存技能之一。一个人有无"本事",基本上看他会不会搞关系,是否能将中国式关系运用得炉火纯青。关系学、厚黑学的大行其道,说明了国家的法律制度、社会制度还很不完善、很不公正,在正常的制度范围之内人们找不到合理合法的生存发展之路,所以只能走偏门、走后门,请客送礼、拉关系、托人情。如此一来,制度的力量就削弱了,人们对制度的依赖和信任就微乎其微了。从根本上来说是制度本身的不被信任,才导致了人们对关系信任的追求。按照道家的观点来看,如果一切都"尊道而贵德",那么就不会有这么多的社会乱象,人们就会彼此相安无事、安居乐业!

当传统医患信任关系模式不复存在,而新的医患信任模式尚未健全之

---

① 当然,必须看到,中国农村的医患关系比城市的医患关系更加复杂,它兼具了传统性、现代性甚至后现代性的多重影响。农村村民对村医和乡镇医院医生的预期是复杂的,既有传统人际关系的逻辑,也有现代制度关系的逻辑。参见房莉杰、梁小云、金承刚《乡村社会转型时期的医患信任:以我国中部地区两村为例》,《社会学研究》2013年第2期。

时，关系信任就成为人们的一种理性选择。传统医患关系是固定空间中的"熟人"关系和拟亲情关系，医生被拟化为"父母"，拥有绝对的权威；而病人以子女般的态度相信并服从医生的权威，相信医乃仁术、医者仁心，正所谓"医者父母心"。这实际上是建立在对"家""家里人"不证自明的信任基础之上。然而，自改革开放以来，医患关系发生了巨大变化，医生和患者变成了流动空间中的"陌生人"。特别是随着医疗卫生体制改革，医院被推向市场，医疗机构高度组织化和制度化，不断动摇和瓦解了传统的医患信任基础。在庞大的医疗机构中，传统的信任模式逐渐失去效用，而新的制度信任模式尚未完全建立，医患信任的建构就只能借助于人群之间的各种社会关系纽带。如此来看，"关系信任"似乎是在当前医疗环境下的一种策略性选择。

其次，关系信任模式有着深厚的儒家文化根基，对此必须用道家文化来进行清理。中国社会的制度建构方式一直以来由儒家文化所主导，它以传统农业文明为经济基础，以家庭或家族为社会生活中心，以家国一体为政治模式，由此而建立了基于血缘关系的人情社会、熟人社会和亲戚朋友关系。而在儒家式人际关系模式下，最核心的是儒家的一整套伦理道德价值观，正是它们对人们行为取向和社会生活产生了非常深远的影响。即便是在现代社会中，人们依然难以脱离人情社会规则的控制和约束，依然难以摆脱各种各样的人际关系。在人们的求医之路上，人们总是自觉不自觉地想通过正常途径之外的私人关系获取自己想要的资源，"不管医院的专家系统设计得如何完备、专家简历介绍得如何详细，患者仍然希望通过关系找到好医生。即使在不得已情况下通过就医的正常路径——挂专家号来寻找医生，但在就医的过程中仍希望采用'送红包'的方式与医生建立一种特殊的关系，让医患角色关系罩上一层温情脉脉的情感外衣"[①]。

如果我们用道家冷峻的眼光、庖丁解牛式的刀来解剖这种温情脉脉的医患关系时，就会发现"关系"和"人情"背后赤裸裸的"利益交换"本质，用庄子的话讲就是"小人逐利""大夫逐名"，现实的医生则是追名逐利之徒。患者之所以愿意花钱来走关系，就是想找到好医生治好自己的病，试图将陌生的医患关系变成熟人关系，从而带来就医的便利、贴心的服务和情感上的抚慰；医生之所以会违背职业操守接受患者的贿赂也是利己之私心作怪，尤其是当医生的薪酬低于他的合理期望值时就更加使其明目张胆。优质医疗资源相对稀缺，不能满足广大患者的需求，医患之间

---

① 黄晓晔：《"关系信任"和医患信任关系的重建》，《中国医学伦理学》2013年第3期。

信息不对称，医疗体制的不完善，种种因素聚集在一起都会促使人们使用关系来获取医疗资源。这就是"关系"所具有的利益交换功能，它实际上是一种社会公共资源和公共利益的再分配手段，体现在医患关系中就是用值得信任的私人关系来获得优质的医疗服务。当"关系"模式主导医患关系时，正常的医疗渠道就会被堵塞，医疗资源分配的公平性就会荡然无存，就会加剧本来就存在的社会不公平。当"关系"和"人情"嵌入医患关系之中，医患关系的本来面目就会变得模糊不清，医生的职业角色、社会身份和地位就会发生改变，医生就会转化为熟人、朋友等，最终把医患关系转化为私人关系。在正常的医患关系和信任模式中，看病是患者的权利，治疗是医生的职责和义务；在不正常的关系信任模式和"人情"的掩盖下，医患双方很难对角色有清晰的认识和定位，不再是凭借双方对彼此权利与义务的把握，而是依赖"人情"的体验和确认。

最后，当前中国医患信任危机的表现是人际信任和制度信任的双重缺失，这种缺失的结果就是人们愿意从制度之外寻求"关系"的补救之道。严格说来，中国的医患关系模式既不是基于人格的人际信任，也不是基于社会组织的制度信任，而是一种极度功利主义做法的关系信任！从人际信任的角度而言，医患信任的重点是患者对医生医术水平的期望与依赖，对其医德的信赖和放心，这种信任一方面有对客观事实的确信，另一方面有对主观世界的寄托。然而，在医学不断科学化、理性化、市场化、效率化、组织化、官僚化的过程中，人际信任几乎没有任何存在的空间。每个病人就诊时与医生单独相处的时间不过两三分钟而已，在短时间之内医患之间不可能形成较为良好的人际信任关系，医生的职业高度组织化、专业化和分工化，限制和削弱了双方持续长时间的接触了解。在一个理性化的社会中，医生与病人之间的关系是疏离的，对很多病人而言，医院不过是一座能治病的庞大机器而已，医患之间的人文关怀日益淡薄。不仅如此，按照现代科学的理性要求，医生和医术被剥离，医生作为有人格的个体淹没在医疗机构的组织之中，医生的医术被各种医疗器械、诊疗仪器所限定和量化；病人与病痛被分离，病人不再是有人格的完整个体，而是被定义为某个身体部位需要治疗的生物学身体，疾病只不过是对正常生理功能的偏离。在医生的非人格化、医术的科学化之下，只会产生相对理性和冷漠的医患关系，不可能发生基于医生人格的人际信任。

从制度信任方面而言，制度既是医患信任的基础，又是医患信任的对象。良好的社会制度能够巩固人们彼此之间的信任感、信任度，从而大大减少社会的不确定性和风险，使人们形成稳定的预期。这种稳定的心理预期之所以能够达成，就是因为制度比较可靠，赏罚分明、公正、合理，且比较稳定，持续性比较强，制度和政策不会朝令夕改。制度信任是一个需要相对长期培养的过程，不可能在短时间之内就达到很高的水平。当前中国正处于现代化的快速转型期，社会制度尚不完善。"关系信任"实际上既是患者对部分医生医术水平、医德素养的预设性不信任，也是对现行医疗卫生制度缺乏信任的权宜性替代。①

总之，医患信任是患者对医生行为的一种主观预期、愿望和判断，这种行为的预期是一种可能但尚未发生的"未来事件"，因而包含了很大的不确定性和风险。② 在医患关系中，彼此的信息是不完全充分、对称的，彼此之间是一种陌生人之间的不对等和不可逆的交往，这就造成了医患信任极为脆弱和不稳定的局面。③ 要重建中国的医患信任，不是要去加强"关系信任"，而是要重建制度信任和人格信任，需要构建理性的社会心态、良好的舆论环境和健全的法制保障，更需要塑造有道德、有理想信念的医生，培养有责任感、正义感的公民。

二　资本的入侵与防御

当今的生命伦理学与传统的医学伦理学已经面临着截然不同的社会环境，这就是资本对医疗卫生保健在内的社会生活的全面入侵和垄断。医学伦理学诞生于传统社会中，它是以相对低下的社会生产力为基础，人与人的关系主要是血缘性和地缘性。而当今社会却是一个社会生产力高度发达，社会分工极其细化，人与人的关系不再过度依赖于血缘、地缘关系，而是将每个人变成原子式的公民个体，以此相对独立的身份来参与社会公共生活。这种巨大的社会变迁是随着资本主义社会的到来而产生的，而隐藏其中的最核心奥秘就是资本的主体化，即马克思所讲的"物化""商品化"，资本成为整个社会机器运转的核心。④

资本占据了社会生活的中心位置，对医学的全面入侵也莫不是如此。现代医学已经成为资本流动的前沿阵地，医学"尽管自称有拯救生灵的崇高目的，但医疗保健机制实际上是一种追求利润的商业活动"⑤。追逐利润

---

① 黄晓晔：《"关系信任"和医患信任关系的重建》，《中国医学伦理学》2013年第3期。
② 杨中芳、彭泗清：《中国人人际信任的概念化：一个人际关系的观点》，《社会学研究》1999年第2期。
③ 李伟民：《红包、信任与制度》，《中山大学学报》（社会科学版）2005年第45卷第5期。
④ 杜治政：《资本逻辑与生命伦理学》，《中国医学伦理学》2008年第1期。
⑤ 〔美〕文森特·帕里罗等：《当代社会问题》，华夏出版社2002年版，第395页。

是资本的本质所在，当它进入到医疗服务领域也概莫能外。于今，医疗卫生服务已经演变成一个庞大的医疗产业，在国民经济中占据着举足轻重的地位，在有些发达国家（如美国）GDP 中所占的比例甚至超过 15%，达到了几万亿美元的规模。曾经是以治疗病人为终极目标追求的医院已经开始演变成资本聚集的桥头堡，从一个行善组织彻底变为追求利润的组织。医院俨然变成了资本集团，甚或被资本集团控制，进而参与到资本的并购重组、商业投资活动之中。当医院演变成吸金的机器，那么在这台机器之下工作的医生也很难洁身自保，他们之中很多人已经成为医药开发商的推销员，医院、医生、医学协会与医药企业已经连接成为一条庞大的产业链，彼此之间因利益而分工合作，而他们共同宰割的对象则是病人和潜在的客户对象。医生不仅仅接受病人的红包，而且还大量地接受医药企业的商业贿赂，由此医生的独立客观判断就受到了影响，以药养医的现象就产生了，病人的负担就加重了，最终的结局就是常人所说的"看病贵"现象的出现。当医生变得利欲熏心的时候，医疗就变得极其可怕，病人在这个商业游戏中失去的恐怕不只是金钱，还有健康与生命。

资本入侵医学，进而主导了医疗卫生资源的分配进程，哪里有市场，哪里就有资本现身。医疗市场上提供何种项目和规模的服务是由市场决定的，医疗机构购买何种医疗器械、高新设备是由资本决定的，医学人才、医学科研人员的培训、流动也是由资本主导的，乡镇卫生院、县医院之所以难以吸引到好的医生也是缺乏雄厚资本的结果。这些客观上造成资本集中的地方也就是人才相对集中的地方，资本集中的地方也就是医疗服务质量较高的地方。在医学科研方面，制药企业更愿意选择一些投资回报大的项目（如器官移植、干细胞研究、辅助生殖技术、克隆技术、基因编辑等前沿医疗技术），而不愿意选择预防与公共卫生的项目。尤其是现在很多的大医院变成了资本集团，进行盲目的扩张，是一种组织的无意识，扰乱了医疗资源分配的合理秩序，削弱了基层医疗、社区医疗、预防和公共卫生，严重影响了医疗服务的公平性、公益性和可及性。从伦理学的角度看，这种资本追逐利益的过程是一种盲目的扩张，对社会而言是一种有组织的不负责任，正是它导致了医疗整体秩序的混乱，成为今天很多难以解决的医疗问题的根源之一。

当资本入侵医学，医学就已经开始了全面异化的进程。人们常说，现在的疾病谱已经发生了改变，人类今天的很多疾病是被人类自身制造出来的，是医疗产业肆无忌惮地"创造"出来的。当资本只是单纯地追逐利润，制药公司企业就不惜昧着良心地去制造疾病，将社会问题视为疾病，将可能危险视为现实危险，将偶然视为必然，将小病夸大为大病。① 医学和医学组织已经异化为资本追逐利润的最佳场所和前沿阵地，医学逐渐从治疗疾病走向制造疾病，从治疗异常体征走向治疗正常体征，从满足卫生保健需求到生活需求，从医疗服务走向非医疗服务。在此过程中，医生也不是无辜的个体，他们也已经被资本所绑架，他们不再是人们眼中以治病救人、救死扶伤为崇高职业的"白衣天使"，而似乎已经变成了联合资本来宰割病人的凶猛"白狼"。医生的职业形象一落千丈，他们的角色也发生了根本改变，药品推销员、医院经济指标的完成者，是他们最新的"头衔"。医患关系从此变得剑拔弩张，当病人承受着"看病难""看病贵"的巨大压力，频繁地遭遇医院乱收费、大检查、过度治疗时，他们长期积压的不满和愤怒情绪就会通过医闹事件、暴力伤医事件等非理性行为发泄出来，而最终的结局是医患信任的彻底破裂、医患矛盾的不断加剧和医患双方的两败俱伤，这种"双输"的局面是谁都不愿意看到的，谁也没有从中得到任何的好处。

面对汹涌猖獗的资本，哲学家和生命伦理学家有何良策以应对之、抵御之？道家作为一种前现代的哲学思想，当然不可能预见到资本社会的到来，无法对我们当今的社会有充分的思想储备。然而，这并不意味着道家就放任资本来统治整个社会，也不意味着道家对此没有基本的价值判断和立场。相反，资本所导致的各种"物化""异化"现象却是和道家思想的基本出发点相矛盾的。资本作为一种异化的他物却反而占据了社会生活的中心，占有资本的资本家都是一群追名逐利之徒，以资本的旗号来经营所谓的事业，在其背后隐藏的是赤裸裸的金钱利益，这无异于对人性的最大挑战和讽刺。本应以守护生命、爱惜生命、挽救生命为目的的现代医学最终却走向了自身的反面，在道家看来这些都是"残生损性"的行为，违背了"重身""贵生"的基本宗旨，与道家生命伦理思想也是背道而驰的。

在道家生命伦理思想的框架内，如何实现对资本逻辑的超越？资本的天然本性是增殖，不断地扩张自身。就资本本身而言，它似乎无关于伦理道德；然而，就使用资本、追逐资本的人类社会而言，却是关乎伦理道德的。对资本使用的伦理道德约束是非常重要的方面，要理性控制资本逻辑的作用范围，削弱其消极影响，引导医学朝着科学理性的方向发展。资本无道德、财富非伦理、为富而不仁，这些都是我们要极力反对的。道德沦丧之后，资本自然就猖獗，财富就会向少数人集中，富裕的人们就会做一

---

① 杜治政：《关注处于深刻变化的医学》，《博览群书》2005年第10期。

些伤天害理的事情。这些都是人们没有正确地看待资本财富、正确地使用资本财富的结果。人心糜烂了，世间就会纷纷扰扰、争斗不止。要想彻底解决这些问题，就需要从人心着手，从灵魂深处着手，以自然无为的超然态度来应对和抵御资本之入侵和腐蚀。

三 制度的藩篱与超越

制度是人类社会自身建构出来的行为规范与活动框架。人类社会的生存与发展基本上也是靠一系列的制度得以维持。人类社会的制度体现在社会生活的各个方面，有经济制度、政治制度、教育制度、法律制度、文化制度等，其中医疗卫生制度是非常重要的一环。卫生制度作为一项国家的基本制度，是随着现代国家的产生而产生的，在前现代的传统国家制度中，卫生还没有上升为国家政治权力统治臣民的一个重要工具，因为卫生健康基本上是一个个体性的事件，与国家治理还没有太多的关系。但是，在现代社会中，人的生老病死、国家的人口、患病率、死亡率、公共卫生等都被纳入到国家权力的管控之下，作为自然生命的人就不可避免地成为国家权力宰制和操控的对象。每个个体生命的生存，不再是单纯的生物学事实或事件，而是在社会活动中演变成一个社会事件乃至政治事件。如此一来，生命不再是单纯的生命，而是被现代社会的制度和权力所制约。

任何制度作为一种行动规范和框架都存在异化的可能。制度存在之目的，本是为了寻求社会之长治久安，保障每个公民的基本权利与义务，追求每个人的幸福生活与自由，实现个人的全面发展。这是任何一个现代民主国家都应该拥有的价值追求。然而，现实却往往事与愿违，本应该是保障人民权利的制度最终可能会演变成剥夺人们权利的东西，本应是确保个体自由的制度却成为了限制乃至剥夺公民自由的手段。这一现实，就是制度异化，它与人的本性相对立，成为束缚与奴役人的一种社会力量，成为一部分人为谋取自身利益而压迫、剥削与奴役另一部分人的强大手段。[①]

制度异化的产生有很多原因。第一，现行的社会制度基本上都是按照功利主义的价值观来设计和运转的。根据功利主义，社会要实现的是最大多数人的最大幸福，这往往成了制度辩护和统治者出台政策制度的伦理理由。在功利最大化的目标指引下，少数人或一部分的利益可能会受到损害，不仅是经济利益，而且是政治利益的损害。例如，在突发性的大规模公共卫生事件（如 SARS）中，为了保证大多数人的生命安全和健康利益，

---

① 刘月：《论制度异化——基于马克思的异化思想》，《齐鲁学刊》2014 年第 5 期。

就不得不对那些病毒感染者和疑似感染者进行隔离观察，即便是最终确认他们并非是病毒携带者，这样他们的人身自由就被限制和剥夺了。能够保障这个制度实施的，首先是人们的整体功利最大化的价值观，其次才是国家公共权力的强制力。第二，制度一旦形成并实施，人们的社会活动就会产生路径依赖。也就是说，人们只有在这个制度下有生存与发展的空间，在旧的制度没有消除、新的制度尚未探索出来并得以建立之前，人们不得不向制度低头屈服，哪怕是这种制度有其严重的不合理性。比如，中国长期依赖实行的计划生育政策，尽管很多人口学家、两会代表对此持有强烈的质疑，但在二胎政策全面放开之前，人们仍然只能生育一胎，否则就会遭到相应的惩罚。第三，任何制度不管顶层设计是多么的完美，在实践中都会存在各种各样的弊端，更何况很多政策设计本身都是存在问题的。科学设计是一回事，如何转化为有效的社会实践则是另外一回事。很多本来很好的制度和政策设计，往往由于找不到适宜有效的实践路径而偏离政策制定者的初衷甚至走向了它的反面。第四，制度异化的深刻根源恐怕还在于社会正义的缺乏、公民理性的不成熟方面。不受正义原则约束的社会制度是一个不值得拥有和向往的制度，人们在其中的生活将会失去基本的尊严，而公民理性的不成熟则会导致这种非正义走向更大的不正义，每个人都会成为一个自私自利的利己主义者，无人愿意为社会公共事业做出努力和牺牲，最终的结果是谁在这个制度下都得不到任何的好处。试想，如果没有任何人愿意来无偿地捐献血液、捐献器官，或者是为公共环境做出一点点微小的努力，那么我们的生命健康与生活环境将是多么的令人堪忧。如果每个人都只是想从公共福利中拿走一部分，而不愿意付出哪怕是一丁点的代价的话，那么公共福利将最终消失。第五，我们想说的是，即便我们想着去改变现存的不合理制度，依然面临着重重的阻力。制度在本质上是社会的游戏规则，那些规则的制定者多少都会是规则的受益者，在制度中处于优势地位，能够享受到制度所带来的各种好处。这些制度的受益者出于利己之动机肯定不愿意改革，不仅如此，他们还可能会联合起来一起消灭那些主张社会制度变革的异己力量。

卫生制度中存在很多常见的异化现象，人们对于中国医疗卫生状况的无可奈何之现实，充满很多的激愤之情。造成目前所谓"看病难""看病贵"以及大量医闹和医疗纠纷事件的根本病因究竟是什么，恐怕不是三言两语所能够道说明白的。医疗卫生的事情不单纯是其自身的事情，它夹杂了很多非医疗卫生的因素，使得它变得更加复杂、盘根错节，以至于成了一大"疑难杂症"。中国的医改经历了一轮又一轮，虽然取得的成绩也不少，但总觉得现在面临的困难重重，各种利益的纠葛又纷繁复杂。能否有一把"庖丁解牛"之刀来条分缕析地解开这错乱之局面，是中国卫生制度和政策需要正视的一大根本难题。中国的医改，长时期以来一直被推向市场，走向全面市场化之路，按照经济学家的设想，医疗卫生不过是国民经济的一个组成部门而已，因此就有了卫生经济学家所主导的医疗改革。然而，在市场化的高歌凯旋声中，人们看到了潜藏的隐忧，它所导致的现实似乎是与社会主义的国家性质相矛盾的。因此，又一轮政府权力所主导的以公益性为主要目的的公立医院改革又被推向前台。无论怎么改革，医疗的本质不应被改变，医生的职业道德不应被削弱，公民的健康权益不应被侵犯，病人的就医权利不应被剥夺，这些"应该"来自于伦理学的基本理论，更来于每个公民的朴素良心。在将医疗市场化、商品化、消费化之后，一切都似乎变味了，偏离了它原本的真实目的。在市场化中，医院变成医疗集团或资本集团，受到资本的广泛控制；在商品化中，医患关系不再是传统的信任托付关系，而变成了一种纯粹市场化的契约关系；在消费化中，医疗服务变成了可以买卖的商品，病人变成了医生的客户，医生则成了某种特定服务的供应商而已。多么冰冷而悲催的现实，然而在这张现实之网中我们又该当如何？

　　举一个例子来说，在各大医院长期盘踞的号贩子对中国医疗制度而言也是一个巨大的嘲讽。一个最为极端的案例发生在 2017 年 2 月 16 日，江苏省人民医院肝胆科孙倍成医生竟然被人连捅多刀，险些丧命，据说原因竟然是犯罪嫌疑人曾在医院代人挂号牟利，被该医生批评过，所以其怀恨在心、伺机报复。一个敢于和穷凶极恶的号贩子做斗争的著名医生就这样被无辜地伤害了。据说，现在盘踞在各大医院的号贩子，早已不是普通民众想象中的乌合之众，他们早已成为组织严密的黑社会集团。某大医院的号贩子集团，每天都有固定的时间在医院旁的饭店进行工作总结。[①] 如此现象，简直让人悲从中来。在优质医疗资源相对稀缺，而医生的挂号费用相对低廉便宜的情况下，号贩子的生存空间就很大了。号贩子之所以能够通过倒卖名医的号子牟取利润，就是因为在市场上有人愿意花更大的价钱来购买这些优质的医疗服务。如果纯粹按照市场经济的定价，名医生的挂号费用很显然是便宜的。然而，即便如此，我们就应该提高医生的挂号费用或者纯粹按照市场经济的模式（比如以拍卖的方式，出价高者得）来定价吗？纯粹市场的模式，就会让目前现有的优质医疗资源完全倒向有钱有

---

① 参见 2017 年 2 月 18 日，http://www.mulacn.com/News/14308074.html。

权有势的人，而穷人则永远享受不了优质的医疗服务。这种模式很显然违背了医疗卫生服务的公益性本质。医疗服务的定价不是一个简单的市场经济核算问题，到目前为止，世界上几乎没有一个国家靠完全的市场经济办法能很好地解决医疗卫生问题。

从根本上而言，人性的堕落、心灵的扭曲、道德的堕落才是导致这一切恶劣后果的根本原因。号贩子的存在一方面暴露了各大医院的管理制度存在的各种弊端，另一方面也说明了卫生行政执法的软弱无力与失位缺位。当然，我们可以谴责号贩子们良知泯灭、道德沦丧，是一帮逐利为生的无耻之徒。按照庄子之言，在一个无道无德、道隐德衰的社会中，人们才会想到用外在的伦理规范和法律制度来约束人们的行为。然而，这时候似乎显得有点迟了，根本性的问题没有解决，却只着眼于表面问题现象之解决；根本性的解决方案抛弃了，我们抓住的却是次级的治理方案。再完美的顶层设计，再完善的法律制度，再优良的伦理规范，在现实的医疗环境中都不可避免地存在执行的偏差、钻空子的漏洞空间。难道我们要时时刻刻盯着号贩子的一举一动吗？我们要加紧完善相关的法律制度，加大卫生执法的力度甚至是铁腕执法吗？在目前的情况下这似乎是立竿见影的好办法，然而这样做的成本太高了，并且它是治标不治本的"有为"措施，并非真正解决核心问题的长久之道。在道家看来，一切的社会制度、法律法规、伦理规范都是一种道德的他律，他律之有效更多依靠的是对违反法律制度规范的惩罚，以及对这种惩罚的恐惧和担忧。一旦人们对法律制度无所畏惧的时候，他们的胆子就大起来，行为就猖獗起来。正所谓"民不畏死，奈何以死惧之"！要解决道德他律的诸多片面性，就必须回归到道德的自律上，就必须从人心、人性上下功夫，从生命教育、道德教育上着手，真正让每一个人明白生命的价值、生命的意义，珍惜生命、呵护生命、敬畏生命，进而返本归心、复归人的本初淳朴之心。一个真正有道的人、有德的人在任何情况下，都不会做出违背本心、良心之事，在再大的利益诱惑面前都不会丧失自己的精神追求和心灵渴求。

第三节 西方生命伦理"四原则"之反思

自从比彻姆和邱卓思提出了滥觞于生命伦理学界的四个原则（尊重自主性、不伤害、有利/行善、公正）之后，学术界对它的质疑和批评声就从未间断。这种批评不仅来自于西方，也来自于中国。在中国，对它的批评主要是从儒家文化和中国语境出发的，这是一种理性的自我反思，也是一种文明的自觉与觉醒。无论如何，站在道家哲学的立场，"四原则"也是需要进行理论反思和现实批判的。

一　谁之自主性？

尊重自主性原则已经成为西方生命伦理学的首要原则。这一原则的形成当然有很深刻的历史背景与哲学基础。就其哲学基础而言，当然是西方的理性主义。自笛卡尔建立"我思故我在"[①]的思想以来，主体哲学一直是近现代西方哲学的主流。主体哲学的最大特点是从主体的自我观念和自我意识出发来建构和解释世界，而不是从外在客观世界出发来解释世界。主体哲学实际上是一种二元论的哲学，笛卡尔的身心二元论，康德的现象界和物自体，都是这种哲学的表征。康德把这种从人的主体出发来建构哲学的方法称之为"哲学的哥白尼革命"。在伦理学领域，它主张借助理性来构筑具有普遍性的道德规范体系，以此来为人们的社会生活提供行动指南。因为它坚信只有理性才是最为可靠的基础，笛卡尔希望"借助自然的理性之光"推导出道德原理，康德试图将道德建立在知性的基础之上，而边沁、密尔等功利主义者试图将伦理道德界定为理性的利益计算。康德最全面而充分地阐释了人的自主性和主体性。他认为道德责任既不是来自上帝，也不是来自人类的威权，也不是来自人类行为者的偏好和欲望，而是来自人的实践理性，即"理性的自我立法"，因为"意志自律是一切道德律和与之相符合的义务的唯一原则；反之，任意的一起他律不仅根本不建立任何责任，而且反倒与责任的原则和意志的德性相对立"[②]。理性的自我立法也就是人的自律，即人的自主性。生命伦理学无疑沿袭了这种理性主义的发展路径，将理性自主、个人权利与自由作为学科构建的核心价值。

在某种意义上，我们可以说自主性原则是现代社会的首要价值，是区分传统社会与现代社会的重要标志。传统社会注重外在的权威，比如家族、宗族社会或上帝的不证自明的主宰权力。而现代社会主张将人从这种外在的权威和束缚中解放出来，诉诸个人的理性自我觉醒，不再接受一种现成的、被安排好的生活方式，转而追求自己所欲求的生活方式。用马克

[①] 〔法〕笛卡尔：《谈谈方法》，商务印书馆2005年版，第27页。
[②] 〔德〕康德：《实践理性批判》，邓晓芒译，人民出版社2003年版，第43页。

斯·韦伯的话来说，这一方面是世界的祛魅，另一方面是"以个人面对上帝"。自主性原则成为现代社会的首要核心价值的另一个重要理由是，自主是"其他现代性思想文化价值的逻辑起点和最终归宿"。科学、民主、理性、多元、自由、平等等现代社会的基本价值，其逻辑根据是拥有自主性的个人，其最终的落脚点也是自主的个人。比如民主，如果没有自主的个人，那么民主就缺乏一个"真正的自觉承担者、真实行动者"，民主最终就会成为一种空洞的形式主义。又比如平等，其真实的含义是对每个生命个体的尊重，每个现代社会的公民作为自主的个体都应该享有宪法法律赋予的基本权利。因此，在现代社会的诸多价值观念中，"自主性原则居于一种理一分殊式的地位，每种现代性价值都可能多多少少体现着、涵蕴着自主性原则"①。

尽管自主性对于现代社会的理性建构具有非常重要的意义，但是在现实中仍然存在一些不能自主的情形。② 第一，现代社会合理性高度发展会导致一个不可避免的后果，就是人生活在各种制度的"铁笼"或"异化"之中，自主性逐渐走向它的反面。第二，现代社会中工具理性膨胀，掩盖甚至取代了价值理性，从而遮蔽了人的自主性。如当今高校以一种纯数量化的标准来评价学术研究，使得形式主义泛滥成灾。第三，在社会转型过程中，新旧社会矛盾同时并存，新旧价值观混乱杂陈，使得人无所适从，很多人都感到困惑、迷茫，不知道该如何选择，这再度彰显了人的自主性和理性的限度。这些都是从整个社会的宏观制度层面来看自主性的，在自主性的微观层面（如知情同意）也会存在相应的诸多实践问题。无论如何，自主性作为现代社会的首要价值、生命伦理学的基本原则之一，是我们应该慎重思考和研究的重要主题。

自主性所要确保的是每一个个体自身的理性决定，然而它在中国的医疗实践中却遭遇了"谁之自主性"的问题。个体的理性自我决定，其先决条件必然是个体的独立性，不仅是经济上的独立性，而且还包括人格、思想的独立性。如果一个人依赖或依附于他人，那么其自主性很显然就会受到严重的限制或削弱。对于一个生病的患者而言，想要完全摆脱家庭的经

---

① 胡晓明：《从自主性原则看传统思想与现代价值结合》，《华东师范大学学报》2003 年第 1 期。

② 在此，我们不讨论后现代思想对主体性、自主性的解构问题。后现代主义主张解构主体性、颠覆本质、取消同一，它认为根本就不存在什么自主的个人，主体是空的，隐藏在主体背后的是支配它的别的力量，如宗教、政治、利害、非理性的等；主体性的叙事是中心化的，而后现代是要"去中心化"。

济支持和精神支持是一件非常困难的事情。对于受儒家文化深刻影响的国家而言，家庭天然就是每个人栖息的港湾，尤其是当生病的时候希望有人来照顾。人们在一种相互照顾和安慰的温情脉脉之中寻找彼此身体和精神上的寄托。故而在临床医疗决策中，家庭作为一个整体，与医生进行沟通交流，并做出理性的决策，它体现的是整个家庭的自主性，而非患者自身的自主性。这一现象在知情同意的实践中表现得尤为明显。

知情同意作为体现尊重自主性原则之下的一个基本规则，在中国就表现出很强的地方叙事特征，它在中国文化语境和现实向度中面临着诸多的实践困境。其根本原因是中国的传统文化、社会结构、发展路径、卫生制度等方面与西方有着根本的差异。按照理性主义的要求，知情同意体现了个体的自主性和自我决策能力，应该成为临床决策、药物试验、人体实验等生命伦理实践的基本原则，以确保个人能够成为一个具有理性自觉的个体，这是人之为人的根本性规定。这种理性的自觉和自决实际上凸显的是个体的独立性，是一种思想和行动上的个体主义（individualism），它与中国几千年来形成的家庭主义的文化模式差异很大。中国的文化传统中，强调家庭的整体性、个体与家庭的协调性，实行的是以儒家"孝悌"为核心的道德规范，这就使得一个人很难做出完全脱离于家庭的临床决策，除非是一个单身汉。家庭参与到临床决策之中，一方面是由于治疗疾病的经济费用来源除了政府医保之外主要是由家庭来承担，另一方面是由于疾病会削弱个人的理性决策能力。这样，尊重自主性和信息告知的主体对象便是家庭，在一些重大的临床决策中都是由家属代表在知情同意书上签字授权。因此，"家庭作为一个独立的社会主体参与知情同意的全过程，并承担知情同意过程中的绝大部分义务，从而撇开了病人作为知情同意主体的角色"①。这种家庭主导的医患关系模式称之为医生—家属—病人关系（Doctor Family-Patient Relationship）。②

理想的知情同意实践，应该是建立在医患双方的有效互动、充分沟通的基础之上，患者与医生共同参与到医疗决策之中，患者通过知情同意来表达个体的价值诉求和主观愿望，医生通过向患者提供疾病病情、治疗方案、风险受益等真实有效的医疗信息来保障患者的知情同意权，最终在决策上尽量达成一致性。然而，在现实的医患关系中，知情同意要么会演变

---

① 陈化：《普遍主义抑或特殊主义——中国语境下知情同意实践路径的考察》，《学术研究》2013年第5期。

② Yali Cong, "Doctor-Family-Patient Relationship: The Chinese Paradigm of Informed Consent", *Journal of Medicine and Philosophy*, Vol. 29, No. 2, 2004.

成医生告知风险、撇清责任的法律文件,要么会演变成患者对抗医生的制度依据。有相关的调研和访谈研究指出,虽然医生接受自主性原则,但很多时候仍将患者的自主性作为自己履行职责的一个障碍;而对患者来说,他们也没有将自主视为理想医患关系的要素,反而认为自主在很多情况下会损害自身的利益。[1] 为什么会出现这种情况呢?这是因为中国当今的医患关系模式受到了资本化、商业化、市场化的影响,一方面受制于传统的家长制,另一方面受到消费主义的严重侵蚀。然而,消费主义与家长制无论是在理论假设还是在自主性方面都是相互矛盾的。消费主义盛行之下,患者将医生想象为以自我为中心、提供服务只是为了获利而已,患者天然地对医生就充满了各种不信任和猜疑。而在传统的家长制模式下,医者父母心,医生应该像慈爱的家长一样关心爱护病人,全心全意为病人利益着想,病人也对医生充满了信任。可以说,中国的家长制已经不再是医生对病人的家长般关爱,而是病人家属仅仅作为医疗决策之主体出现在日益紧张的医患关系之中。

从道家或者更准确地说是从庄子的思想来看,自主性原则之所以在现代社会会面临诸多实践困境,就在于这种自主性是一种向外寻求的道德原则。自主性乃是要确立人之为人的根本主体条件与追求,但这种追求在实践中不可避免地需要依赖很多外在的客观条件,不仅包括行为主体的年龄、精神状态、心理状态等个体因素,而且也包括患者的经济状况、家庭条件、医疗保障、就医环境等诸多客观因素的限制,这就使得自主性的实现有很大的难度。在庄子看来,这一切都是"有待"、有条件的结果,基于外在的条件性一个人不可能实现最终的独立性,不可能达到庄子的"独与天地精神相往来"的高度。一旦落入了各种条件的限制,就会遭遇制度的异化、资本的入侵等现代社会的各种"铁笼",从而使得"人生而自由,却无往不在枷锁之中"。庄子正是要抗议人为"物役",要求人"物物而不为物所物",恢复和回到人的本性,这可能是世界思想史上最早反对异化的呼声。[2] 庄子实际上是主张一种内在的生命自由观,这与生命伦理学中的尊重自主性原则(respect for autonomy)存在着强烈的反差。这种反差主要体现在,尊重自主性原则是建立在主体和主体意识的基础上,而庄子的身心自由则是要消解人的主体意识和主体性,即"吾丧我"。

---

[1] 李亚明:《从医患关系模式的角度分析中国医疗领域中的"自主性原则"》,《中国医学伦理学》2014 年第 4 期。

[2] 李泽厚:《中国古代思想史论》,天津社会科学出版社 2004 年版,第 169 页。

庄子虽然也是从个体（individual）出发，但他不像康德那样将人作为理性的个体，其目的不是为了彰显人的主体性（subjectivity）。① 庄子以消解人的主体性的方式来阐述人的自由，他的自由意味着人的身体（生命）和心灵（精神）的自由。而康德以确立人的主体性的方式来阐述人的自由，他的自由意味着人的理性的自由。要言之，彰显个体、从个体出发与凸显人的主体性是两种不同的概念，彰显个体不一定要强调人的主体性，不一定要凸显主体性和客体性的二元差别。庄子坚持天人合一、身心合一，而以康德为代表的西方主体哲学则是强调主体和客体的分离和对立，这是庄子和康德对待自由的两种不同方式和理路。因此，从根本上说，庄子乃是反对比彻姆（T. L. Beauchamp）和查尔斯（J. F. Childress）所主张的生命伦理学之自主性原则的。

二 如何行善？

生命伦理学"四原则"中的第三个原则是有利原则，也被称之为行善原则，这一原则主要是指仁慈、善意地对待他人，在行动上主要表现为利他、爱和人道。在生命伦理学的语境中，它要求当事人为增进他人的利益而行动。有研究者认为，这一原则派生于爱与善，甚至可以说生命伦理学的四个基本原则都在不同的侧面体现与表达了爱与善，因此，爱与善是终极道德目的，其他任何原则都是服从于这两条母原则的。② 对于这种观点我们虽然是存有很大疑问的，爱与善究竟是不是道德的终极目的，这一点在伦理学上如何求得证明，尚且是一件并不明确的事情。将爱与善作为其他一切道德原则的母原则，这或许是因为该作者持有某种宗教信仰的原因。抛开这些因素姑且不论，笔者倒是认为这种观点恰恰言明了医疗的某种本质特征或属性，这就是它必然以解除人的身体痛苦为根本目的，这一

---

① 我不同意劳思光说庄子由 objectivity 反显 subjectivity 的说法，在庄子那里根本就没有西方哲学家那样的主客二分的观念，所以根本就没有主体性和客体性之分。劳思光说："庄子……自其同者而视之的态度……乃作如是观即可使主客之辩易明……自我之主体性与主宰性，与对象界相照而显出，此即由'objectivity'反显'subjectivity'。"（劳思光：《新编中国哲学史》，广西师范大学出版社 2005 年版，第 194 页）劳思光深知庄子"形躯我之否定"（同上书，第 190 页）与"认知我之否定"（同上书，第 197 页），为何独不知庄子对主客二分之否定耶？学人盲目比附，故当此不可不察。

② 孙慕义教授认为，爱与善是生命伦理学的两个母体原则，这样就可以把"四原则"中的行善原则升级为母原则，而原有的"自主、不伤害、行善与正义"可以改成"尊重自主—公平正义—有利无伤害—宽容允许"四大原则，将它们作为生命伦理的二级原则；知情并同意、最优化、保密与生命价值等更次一级的原则成为第三级原则。参见孙慕义《对俗成生命伦理学原则的质疑与修正》，《医学与哲学》2015 年第 9A 期。

目的使得医生的天职就是以病人为中心，必须竭尽全力地为病人谋利益，捍卫病人的生命健康，我们称之为医疗行善或医学善。

医疗行善作为医生的义务，是医疗行业的基本道德行为要求。至于这种要求是否来自于"爱"，或者是否以人与人之间的爱为基础，则不是笔者想要研究的重点。笔者想说的是，爱作为一种情感，确实在人们的道德生活中占据着非常重要的地位，一个人与人之间彼此充满爱意的社会，肯定是道德生活极为融洽的社会。然而，人的爱的能力与范围是有限的，也是极为不稳定的。世界上最强烈的爱莫过于爱情，但最容易破裂和毁灭的也恰恰是爱情，以至于在现代社会中很多人已经不相信世界上有所谓纯粹的爱情了。试图将一种道德原则建立在所谓的宗教式博爱、泛爱（如耶稣基督之爱）的基础上，这至少在世俗的现代社会中是不太现实的。

那么，医疗行善的根基究竟在哪里？在一个俗世的社会中，很多人似乎将这一职业规范看作是不言自明的：既为医生，你就得对病人好。行善之"善"，就是我们说的"好"，善人就是所谓的好人。那么，究竟什么东西是好的，什么东西是不好的？医生能否始终坚持一以贯之地为病人的"好"着想？如果不将这种"好"讲清楚，大概我们就只是一种朴素的道德直觉，而无真正的道德知识和推理。伦理学的研究就在于将那些我们看起来很平常、很普通、不假思索的东西，通过理性的思考变成某种可以把握和认知的知识或智慧。如果不能获得这种相对明确的洞见，那么伦理学的研究就不能说是成功的了。

首先，行善原则要求一切以病人的生命健康利益为出发点、落脚点，它的最基本要求却是不伤害原则。很明显，如果一个人出于现实的考虑或约束，不能够时时刻刻对别人好，那么至少它应该尽可能地不伤害别人。不伤害与有利/行善是事物的一体之正反两面。然而，在医疗活动之中不能够做到完全的不伤害，不仅很多的药物有副作用，而且大部分的手术治疗都或多或少地给人体带来一定程度的创伤。要想完全避免医学中的伤害，至少在现在看来是不可能的，医学作为一种人间的治病救人之术不可避免地存在这样或那样的伤害。所以，不伤害原则的本义应该是"最小伤害"，即医生应该在自己的能力水平和医疗技术范围之内，尽最大之可能地将对人的伤害降至最低、控制在最小范围，实现治疗效果最佳、产生的伤害最小的"最优化状态"。反之，如果医生故意实施医疗伤害，那么就违背了基本的医学职业道德操守，甚至是属于违法犯罪的行为。穆勒说过，"当且仅当个人或群体对他人造成伤害时，国家可以并且在某些情况

第六章 当代生命伦理主要问题的道家批判

下应当介入,以限制个人或群体的自由"①。

然而,何为"不可避免的最小伤害",这在实践中却是无法准确地量化的,甚或是在医学专业共同体之内无法达成统一之共识。医学技术对人的伤害可能是多方面的,包括身体、心理、精神乃至经济等。对于"不可避免性"的认识,人们总是带有很强的主观性(即便不是一种偏见的话),人们通常会出于自我保护的本能将自己的判断限定在主观上可以控制的行为范围之内,而对那些没有把握的事情则不会轻易地去做出判断、下任何医疗结论,或者实施某种医学治疗。这实际上是一种保守性的治疗,这种方式虽然能够将伤害和风险控制在能力范围之内,但有时候会贻误治疗之良机,且不符合那些希望采取激进治疗方案的患者的主观偏好。并且,对于何为"不可避免之最小伤害",患者和医生的意见可能会存在不一致。例如,在做阑尾炎手术时,患者对于医生的手术切口大小存有异议,认为切的口子偏大,而医生却认为病灶炎症较重,需要更大一点的切口来实施手术。那么这个口子真的切的过大了吗?我们应该以何为标准来进行判断?在此,似乎我们应该诉诸一个医生专业共同体的意见来做出更加专业科学的评判,而不是任凭该医生和患者各执一词。如此一来,我们就将最终的裁判权力移交给了医学共同体。由很多相关专业的医生构成的专业共同体,基于自身专业知识和科学素养,他们所做出的判断肯定比单个医生的判断要更加准确。然而,专业共同体之内也会存在意见分歧,他们的判断也并非总是一致的。

其次,善是脆弱的,医疗行善也有其限度。这种限度不仅来自于医学技术本身,而且也来自于作为人的行善能力之有限。医学虽然在不断进步,然而其能力总是有限度的,医学"有时是治愈,常常是帮助,总是去安慰",有很多疾病是目前人类医学所无法解决攻克的。在一个现实的俗世社会中,人总要面临很多局限性,很多无可奈何之事。善的脆弱性在于,我们将它作为一种永恒的价值追求,而不可能达到善的永恒完满。"月有阴晴圆缺,人有悲欢离合",健康、幸福、快乐的生活总是美好的、令人向往的,然而随时而来的突然变故或事故会将其打碎、折断。善在医学中不是一个抽象的名词概念,它应该落实在每个医生的具体行动上。因为善,我们才能够明辨是非对错、正义与邪恶。

善的脆弱性不仅在于医学之限度,更在于人性之缺陷或不完满性。所

---

① 〔美〕弗莱彻:《境遇伦理学:新道德论》,程立显译,中国社会科学出版社1989年版,第299页。

谓"德不近佛者不能为医，能不近仙者不能为医"，是一种高度理想的状态。很多医生其实既没有佛教徒式的慈悲怜悯之心，更没有通天的能力水平。如果所有的医生只是处在一个既不犯错也不多么优秀卓越的中庸水平上，那也无可厚非。然而，人性之贪婪、丑陋、阴暗的一面却时时暴露在各种医疗纠纷、医闹事件、暴力伤医事件之中。疾病的治疗这一原本单纯的事情，已经变得不再单纯了，它夹杂了太多的社会因素，纠缠了太多的利益主体，牵扯了太多人的精力。生老病死，这一自然事件，在现代社会中被搞得如此复杂，以至于我们的身体和心灵已经不能承受生命之重。如果我们用道家的道法自然、豁然达观的态度来面对人的生老病死，人就会变得坦然，事情就会变得简单，人心就不再那么复杂，人心的焦虑就不再那么严重，人性的罪恶就不再那么昭然若揭。

最后，医疗行善要求医生做一个好医生，然而究竟如何才算是一个好医生，如何才能达到一个好医生的要求，却并非是一件容易的事情。如果我们把"白求恩"式的医生称之为好医生的榜样和标准，那么现在这种"毫不利己专门利人"的医生则近乎绝迹了。如果这种好医生的标准居然让所有的医生都为难且不可能达到的话，那么怎样才算是一个人们心目中的好医生标准，并且这种标准是能够达到的呢？评价一个医生，无非就是两个方面：技能与德性。一个技术很好的医生，如果品德很差，就不符合我们心目中的好医生标准；反过来说，如果一个医生德行很好，然而技术很糟糕，那就很可能会成为一个庸医，或者说不具备做一个合格医生的基本条件。对医生技术的考核指标，我们已经建立了非常严格的程序，不仅要经受多年的医学教育培训，而且要通过国家执业医师资格考试。故而，在技术方面我们已经有了很好的标准，这种国家性的医学教育及考试制度保证了医生具备了基本的行医资格。

然而，医生的医德水平该如何定性和衡量，却是无法纳入考试制度的，也很难建立一个准入性的门槛标准。一个技能卓越的医生未必就是"道德卓越者"，道德的卓越性对医生的美德提出了较高的要求，美德素养的养成也并非一日之功，而是要在长时间的经验实践中培养起来的。这种德性实践的长期性要求每个医生持之以恒地坚持按照医学职业道德的操守来行事。在医德这件事情上，人们的观念是模糊的，评价也是模糊的，好医生的美德品质，如忠诚、诚实、审慎、保密、敬业、以病人为中心等，都是诉诸人的内在良知，它们只有通过外在的行医行为才能体现出来。医生首先要知道什么是健康，什么是生命的价值和意义，这样才能为病人的生命健康利益着想。"如果他不知道什么是健康，他就不可能找到必要的手段来达到健康的目的。当一个医生为自己的医术感到自豪时,他一方面是对那种生产性手段的研究感到自豪,另一方面是他对健康这一目的的研究感到自豪。"①

三 何种正义?

首先,医疗公平正义原则体现的是一种权利话语,它要求社会对每个成员的基本生命健康权利予以切实的保证,这种保证体现的是对人的尊重,对人性的尊重,对生命的尊重。但问题是这种尊重如何落到实处?每个人都享受生命权、健康权,这种权利在什么意义上对他人的行为构成了某种约束?或者说是对政府的行为构成了哪些约束?抽象的生命权、健康权是没有意义的,关键是将它切实地贯彻在现实的生活之中。在医疗卫生实践中,生命权、健康权在消极意义上是没有问题的,也就是说每个人的生命健康权利都是受到宪法法律的保障的,不能随意剥夺一个人的生命和健康,对他人的生命和健康构成危害的要承担相应的法律赔偿责任。正是这一点,对医生的治疗检查行为构成了最为基本的约束,医生的故意伤害行为、不规范操作行为、失职渎职行为等,都会对病人的生命健康构成侵犯,按照法律应该受到相应的惩处,承担相应的侵权赔偿责任。这些都是通常意义上的消极权利。那么,人的生命健康究竟有没有积极权利的一面,如果有的话,政府和社会应该承担什么样的责任和义务?因为按照权利义务对等原则,一个权利的宣称必然意味着有相应的义务承担者,否则这种权利就是抽象的、不现实的。

其次,在积极权利的意义上,医疗的公平正义原则所针对的主要是整个社会的医疗卫生资源的分配问题。在这方面,政府似乎天然地就占有某种主导权和话语权。一个国家的卫生资源究竟该怎么分配,才算是尊重了每个人的生命健康权,这似乎从来都没有达成基本的共识,在伦理学上也存在很多的争议。卫生资源如何分配不仅与一个国家的整体社会制度密切相关,而且与当时所处的经济社会发展状况和阶段相关。国与国之间的差异性,体现的不仅是国情的差异,而且是执政理念的差异。对于中国这样一个社会主义国家而言,我们所宣称的口号是"强基层""保基本",也就是在一个人口众多、幅员辽阔的国家里,我们不可能为每个人提供很高的医疗保障水平(像发达国家那样),但是又绝不能低于某种最低水平的限度,以至于不能体现社会主义国家制度的性质和优越性。至于这种最低

---

① 〔美〕纳斯鲍姆:《善的脆弱性》,徐向东、陆萌译,译林出版社2007年版,第128页。

限度（如医疗保险的报销额度比例）的实际水平如何、应该划在何处，则要根据当地的经济社会发展水平而定。而国家的财政能力似乎只是起到一个最基本的兜底的作用。随着经济水平的发展，这个基本额度也在相应地提高，它是一个动态发展的过程。如此一来，我们似乎能理解，在医疗资源的分配上，我们存在很多的地区差异、人群差异、年龄差异，不同的地区、人群所享受到的医疗卫生资源是不一样的，医疗资源的可及性、人民群众的获得感存在很多的差异、甚至是不平等，这就与我们的公平正义原则相违背。现实的逻辑如此之强，以至于很多人对公平正义产生了深刻的质疑，认为根本就不存在什么正义。

再次，公平正义原则要求某种形式或意义上的平等，但是平等同样可能会陷入抽象的概念而无法落到实处。按照康德的观点，人是目的而不是手段，每一个人都应该得到人道的平等的对待，都应该一视同仁地被当作人而受到尊重，至于什么是平等的对待、人道的对待，人们并未达成一致的意见。平等更多的是一种形式上的平等，人格意义上的平等，每个人在社会中的贡献和努力程度不一样，怎样才能达成平等的一致性？很多人将平等理解为没有差异、差别，这是一种狭义的理解方式。给那些付出更多的人更多的回报，多劳多得，这恰恰是人们心目中所理解的公平观。那么，在医疗卫生领域，人与人之间如何才算是平等呢？我们或许应该这样来理解，当一个人生病之时，他应该有渠道、有路径来看病治疗，不因社会身份、地位、性别、种族、宗教信仰的不同而有区别，每个人在医疗资源的可及性上应该有大致相当的平等，尽管事实上每个人享有的医疗资源质量有很大的不同，社会优势群体总是占有或享受了社会中的大部分优质资源，而那些劣势群体总是在各种社会竞争中败下阵来，他们不可能像优势群体那样享受到优质的教育资源、医疗资源、文化资源等。一方面，我们似乎不再认可那种绝对的平均主义模式，实践证明这种模式会彻底摧垮社会经济的活力，从而使得所有人失去了激励和斗志，彼此生活在一个相对平均、但绝对水平低下的状况之中；另一方面，当社会以某种竞争模式运作起来，一部分肯定会输掉这场竞赛，从而沦为社会的底层或弱势群体，他们的获得感是极低的，他们心目中的公平感会荡然无存。我们似乎会陷入一个逻辑的怪圈，"无论按什么样的比例来分配保健费用，都是一种不平等的分配标准"[1]。

---

[1] 〔美〕比彻姆：《哲学的伦理学》，雷克勤、郭夏娟、李兰芬等译，中国社会科学出版社1990年版，第359页。

最后，我们应该明白，在一个权利意识高涨的年代，权利的话语其实有好有坏。不论是病人的自主权、知情同意权，还是医生的干预治疗权，都召唤着人的权利意识的觉醒。现在的问题是，人们的权利意识确实是提高了，但生命意识却淡漠了；物质生活是极大地丰富了，但超越精神却无可挽回地萎缩了。权利意识的高涨，让我们去尊重每个人的平等生命权利，这确实是现代文明的巨大进步；但是，当我们在衡量生命的质量、价值和意义的时候，我们究竟以什么为标尺？似乎除了金钱的算计和物质利益的占有之外，我们在市场经济中间再也找不到更客观有效的评价标准了。于此，生命不过是天平砝码上可以计算和度量的一堆标准的数字而已，舍此之外，它抛弃了原本应该具有的生命内核。在被金钱计算的世界中，人的生命失去了它原有的温度和厚度，人性的尊严和光辉在不断的消退之中。

第七章　道家生命伦理的原则建构

　　道家生命伦理理论建构之成败实则依赖于能否提供一种建构方法论，即如何从道家的整全信念系统中转换重构出生命伦理学的基本原则，以区别于西方生命伦理学中所普遍盛行的"四原则"。在此，我想借用罗尔斯重叠共识的理念和反思平衡的方法，试图描画出一种"三层架构"的方法。依照"三层架构"的方法论，道家生命伦理原则的建构必须借助于道家哲学的根本原则与现代社会的重叠共识，在二者之间进行一个来回反复的反思平衡，从而推演出一个所谓的"中介原则"。我们将社会主义核心价值观解读为当代中国的重叠共识，可以说是当今社会的普遍政治共识。据此，我们推演出道家生命伦理的四个基本原则：自然、和谐、平等与自由。笔者认为，这四个原则的重构是与时俱进的，是符合道家核心价值的。经此转换，它不仅超越了传统哲学的视域，而且获得了一种真正的现代性视野。

第一节　原则建构之方法论

　　道家生命伦理是一种"中国生命伦理思想"，这种中国的或中国式生命伦理学思想究竟如何可能？当今时代的生命伦理学都不可避免地与传统文化相关联，其核心价值和道德规范都或多或少地隐藏或暗含着某种哲学或宗教传统。道家就是中国传统哲学中重要的一脉，用道家哲学的思想来诠释或重构当代生命伦理学涉及一个关键的方法论问题，即如何从道家的整全信念系统中转换构建出生命伦理学的基本原则。在此，我们借用罗尔斯重叠共识的理念和反思平衡的方法，试图描画出一种"三层架构"的方法。

一 道家生命伦理学何以可能?

道家生命伦理的现代转型意在重构一种具有中国传统文化特色的中国生命伦理学。它以道家哲学作为理论的传统基石,这是它区别于其他宗教传统的独特地方。为什么要从传统出发来重构当前的生命伦理学呢?因为我们的伦理道德观念很大一部分是来自于传统的,继承于传统的,与传统处于一种密不可分的关系。如何理解传统呢?有学者给出了较为清晰的定义:

> (1) x 是一个传统当且仅当它含有一个整全或近乎整全的信念系统(comprehensive doctrines)以指导其成员的生活实践。(2) y 是一个整全的信念系统当且仅当它对人生价值、理想人格、人伦关系、社会关系及终极实在等范畴有完整和明确的表述。①

照此定义,道家就属于一个传统,因为它有着一套独特的整全信念系统,对于人生价值、理想人格、人伦关系、社会关系及终极实在等都有着一套非常明确的系统性观念,这些层面在上述各章节中都有非常清楚的论述。然而,中国的传统不只有道家一家之言,在中国还有儒家、佛教两支重要的哲学和宗教文化传统;且在世界上还有基督教、天主教、伊斯兰教等宗教传统,有柏拉图、亚里士多德、康德、黑格尔、马克思等哲学传统。这些不同的宗教和哲学传统都有一套属于自己的整全信念系统来指导生活实践,都有较为完整和独特的看法,且它们彼此之间存在着某些根本性的分歧和冲突,这实际上就是亨廷顿所说的"文明的冲突"。在这种有着根本分歧和冲突的大前提下,如何有效地构建中国生命伦理学,如何有效地进行东西方传统文化之间的对话交流?

不同传统之间的对话交流必须本着"求同存异"的方式来进行。首先要承认彼此不同传统文化价值存在的合理性,尊重彼此之间的差异性,这就是"存异";在承认差异的情况下,要寻找彼此的共同点、一致性、同一性,寻找具有普遍意义的价值原则、道德规范,而这种具有普遍意义的价值和规范是世界上各个不同文化传统的民族都能在理性上接受的,这就是"求同"。

---

① 陈强立:《从中国生命伦理学到复制人类的道德问题——一个方法学上的省思》,载罗秉祥、陈强立、张颖《生命伦理学的中国哲学思考》,中国人民大学出版社 2013 年版,第 118 页。关于整全信念的研究,参见 John Rawls, *Political Liberalism*, New York: Columbia University Press, 1993, pp. 12 – 15。

对于中国生命伦理学而言，最重要的工作就是要建构一套具有中国文化特色和元素，同时又具有普遍意义的生命伦理学范式或样本。具有中国文化特色，说明它是属于"中国"的，不是别的国家的文化传统；具有普遍意义，说明它是世界各族人们在理性上都能够理解和接受的。这看起来似乎有点矛盾，一种东西如何既具有特色，又具有普遍意义？难道那些有特色的东西不正是带有极大个性特征的东西吗？它又如何能转换成具有普遍意义的东西呢？这里实际上有某种辩证法的逻辑，我们常常说"越是民族的，就越是世界的"，这意味着一种民族的文化传统特色在世界范围内具有非常大的魅力、吸引力，它能够跨越国界和语言的障碍，为其他各个民族所欣赏和理解。

中国生命伦理学究竟该如何建构？有学者给出了三个基本步骤："第一，界划出它的基本问题；第二，就有关的问题进行内部考察；第三，建构公共领域的生命伦理。"①

关于第一个步骤，中国生命伦理学的基本问题至少包括三点。一是国际生命伦理学都在研究和讨论的一般性问题，诸如安乐死、堕胎、人工授精、克隆人等，无论是建构道家生命伦理还是儒家生命伦理学，都要面对这些具体的普遍性问题。二是中国传统哲学内部的特殊生命伦理问题，如儒家崇尚道德德性和美德、家庭伦理，道家主张道法自然，人与自然的和谐等，在这方面道家有很多特殊的问题，我们已经展开了充分讨论。三是中国生命伦理学的方法和进路，通过什么方法来建构出具有普遍性的道德价值与规范来。对于方法论的问题，我们就道家哲学的特点也进行了认识论和方法论的考察，包括它的不可知论、相对主义、辩证法等。

关于第二个步骤，中国哲学传统的内部考察，又有三点。一是整理个别传统内部和生命伦理直接相关的材料，例如，中国医学伦理受到儒家思想影响很深，有着非常丰富的医德思想值得研究；中国的医术受道家的影响也很深，这些都需要进行专门的整理清理工作，本书在这方面也做了一定的工作，但仍然不够完整。我们期待着更多的专家和学者来从事相关的研究整理工作。二是从传统的整全信念系统中引申出一些基本的生命伦理原则，这一部分的工作属于理论建构的核心，需要对传统哲学思想有着深刻的把握，对现代生命伦理学有强烈的问题意识。在这方面，我们提炼了

---

① 陈强立：《从中国生命伦理学到复制人类的道德问题——一个方法学上的省思》，载罗秉祥、陈强立、张颖《生命伦理学的中国哲学思考》，中国人民大学出版社2013年版，第119—120页。

道家的一些非常重要的核心价值,并进行了详细分析和论证。三是用这些原则来指导实践,来处理实际的生命伦理问题,也就是通常所说的"应用"环节。至于这里的应用,我们将在下一章中对当代生命伦理的一些主要问题展开道家的分析和批判,展示道家究竟该如何面对它们。

二 生命伦理原则建构之方法

接下来我们探讨中国生命伦理学建构的第三个步骤,即构建公共领域(public sphere)中的生命伦理原则。所谓的公共领域实际上是一个政治学概念,按照罗尔斯的观点,在现代民主社会中,每个公民都是自由而平等的,每个人都有自己的人生观、价值观、宗教信仰、道德观念,这些都应该受到平等的尊重,因为它们都属于罗尔斯所说的整全信念(comprehensive doctrines)。如何在这些不同的整全信念之间达成一致,就需要建构出公共领域的基本原则。关于公共领域,可以继续给出较为清晰明确的定义:

(1) 它是人们通过沟通行为而产生的一个公共场所或领域;(2) 它的有资格的参与者包括每一个自由而平等的公民;(3) 沟通的目的是要提出一些彼此在理性上可接受的观点、理由、规则或程序来解决涉及全体公民的利益问题;(4) 沟通行为是自由而平等的,即每一个公民都可以提出自己的观点,并获得平等的尊重。[1]

建构工作不仅是要在公共领域中以理性的方式来进行,而且要受到现代社会诸多事实性条件的制约,这些条件是基于对现代社会的基本特征和时代状况而提出的。这些约束性事实包括:(1) 价值多元的事实。这是现代社会的一个重要特征,每个公民都有属于自己的宗教信仰或哲学信念,人们往往持有非常不同的世界观、人生观和价值观,这一多元化的事实随着现代性的不断加强而不断强化。(2) 需要相互合作的事实。这也是现代社会的一个基本特征,现代社会是一个高度复杂的、行业分工极为细致的社会,分工愈加扩展,对合作的要求就会越来越高,特别是在公共事务的处理上就需要相关人员或全体公民的通力合作。(3) 利益冲突的事实。这

---

[1] 陈强立:《从中国生命伦理学到复制人类的道德问题——一个方法学上的省思》,载罗秉祥、陈强立、张颖《生命伦理学的中国哲学思考》,中国人民大学出版社 2013 年版,第 121 页。

是现代社会的一项普遍性事实，人与人之间的利益不可避免地陷入矛盾纠纷之中，特别是医疗领域，各种医疗纠纷、医闹事件、暴力伤医事件都将利益冲突的矛盾推向了公众视野的面前。

建构生命伦理学原则的工作必须审慎地面对价值多元、需要合作与利益冲突的三个基本社会事实。对于价值多元的事实，我们的建构工作不能仅仅是从某家某派出发，因为它的某些核心价值不能被别的宗教或哲学传统所接受，这样建构出来的原则很可能缺乏"公信力"。每一个整全的信念系统都有基于自身的价值观，如何将这些不同的价值观综合起来形成一个共同的道德价值观，大概是生命伦理学公共领域所要建构的事情。但问题是，我们的工作是基于道家这一派的，它又如何能被儒家、佛教以及现代的价值观所接受呢？特别是它又怎样才能融合当代的一些核心价值观，比如自由、民主、人权等现代社会的核心理念呢？这是我们的建构工作所面临的最为困难的关键所在。对于需要合作的事实，它意味着生命伦理问题的解决需要公民的广泛参与和讨论，乃至投身于相应的社会生活实践，作为公共领域中的生命伦理问题，是与每个人的生命健康利益密切相关的。而对于利益冲突的事实，它意味着在生命伦理学领域中存在着非常广泛的利益冲突，这些都需要伦理原则和道德规范来予以协调解决。

由此我们可以看到，最为关键和核心的问题是如何应对价值多元的事实，从而建构出公共领域中具有"公信力"的生命伦理学原则。这是传统哲学和宗教价值观所必须面对的一个现代性事实，只有有效解决了这个基本问题才能说是实现了现代转型。对此，香港学者就中国生命伦理学如何能建构出公共生命伦理学原则，提供了一个非常有启发意义的纲领。笔者简要概述如下：

（1）不同传统的整全信念之间有重叠或共通的地方。（2）这些重叠或共通的地方可以构成公共生命伦理的基础，称之为重叠共识（overlapping consensus）。（3）将中国哲学传统的理论框架与重叠共识结合起来考虑，发展出一组基于两者之间的"中介原则"。（4）该中介原则需要满足两个条件：一是它蕴含并且仅仅蕴含重叠共识的生命伦理判断，二是它与传统哲学的根本道德原则有融贯性和关联性。（5）建构中介原则的过程是一个反思平衡（reflective equilibrium）的过程，而不是一个纯粹逻辑推演的过程。这个过程涉及根本道德原则、中介原则和重叠共识三个层次的互动，且是一种来回反复调整、修正和补充的过程，而反思平衡的结果使得三个层次的信念处于相互协调、彼此融贯的状态。① 我们可以用图 7-1 来表述上述"三层架构"：

```
┌─────────────┐                    ┌─────────────┐
│ 中国哲学传统 │      ╱‾‾‾‾╲        │ 各个传统之间 │
│   的根本    │ ==> │中介原则│ <== │  的重叠共识  │
│   道德原则  │      ╲____╱        │             │
└─────────────┘                    └─────────────┘
```

图 7-1　公共领域生命伦理原则建构的方法

按照这个基本构想，道家生命伦理的中介原则该如何建构，就必须一方面考虑道家的根本道德原则或基本规范，另一方面考虑各个传统之间的重叠共识。然而，一个根本性的问题是，重叠共识何以可能？现代社会的重叠共识究竟是什么？因为道家的核心价值和基本规范，我们已经展开了非常充分的探讨，而关于当今社会的重叠共识却是一个尚未有定论的东西。在一个价值多元化的现代社会中，人们似乎从未在涉及核心利益的地方达成过任何一致的价值共识，更别说是与西方的宗教与哲学传统之间形成广泛的一致。我们的一致性和共识，只能是体现在一个国家或一个民族的范围之内，超越了国界和民族，虽然我们有一些人际交往的基本准则，然而我们的内心却秉持着不同的宗教信仰或哲学信念。无论如何，人与人之间的差异是深刻而广泛的。片面地求得一致性反而无助于我们的重构工作。对于道家生命伦理的重构，或者说是它的现代转型而言，我们将这个重叠共识界定为或者说是替换为社会主义的核心价值观，因为只有这个核心价值观才是我们今天中国社会广泛认可和赞同的东西。由此，我们可以按照上述三层结构的方略来展开道家核心价值的现代重构。

第二节　道家生命伦理原则之论证

道家生命伦理的现代重构就是要提出与时俱进的道德原则和核心价值出来，如此才能实现道家生命伦理的现代转型，否则只能在传统的视域中

---

① 陈强立：《从中国生命伦理学到复制人类的道德问题——一个方法学上的省思》，载罗秉祥、陈强立、张颖《生命伦理学的中国哲学思考》，中国人民大学出版社 2013 年版，第 123—124 页。

打转，无法获得真正的现代性视野。按照前述"三层架构"的方法论，道家生命伦理原则的建构必须借助于道家哲学的根本原则与现代社会的重叠共识，在二者之间进行一个来回反复的反思平衡，从而推演出一个所谓的"中介原则"，如此方能说是建构原则之成功。道家哲学的根本道德原则，我们已有相当充分之论证。而对于重叠之共识，我们该如何抉择？在此，我想以当代中国的社会主义核心价值观来替换之。一则，社会主义核心价值观是中国当前的主流价值观念，不仅体现了我们国家的根本性质，而且也体现了我们这个时代的鲜明特色；二则社会主义核心价值观虽然是属于社会主义性质的，但它的内容却已然超越了国家和民族的界限，比如自由、民主、平等、公正、法治，这些无一不是当今社会的普遍政治共识。据此，道家生命伦理原则建构的方法就变成如下之"三层结构"（见图7-2）：

图 7-2　道家生命伦理原则建构的方法

按照这个基本构想，道家生命伦理的中介原则应该一方面结合其自身的核心价值，另一方面结合社会主义的核心价值观。社会主义核心价值观分为三个层次，在个人层面强调的是爱国、敬业、诚信、友善，在社会层面强调的自由、平等、公正、法治，在国家层面强调的是富强、民主、文明、和谐。而道家的核心价值观主要包括五个层面，即自然主义的价值观、通达顺化的生死观、形神兼养的养生观、以道驭术的技术观和逍遥自由的生命境界观。将这两方面综合起来考虑，进行全面的反思平衡，笔者试图提出四个基本的中介原则：自然、和谐、平等、自由。

一　自然

自然主义是道家最为独特的核心价值观。按照这种价值观，人的一切行为都应该遵循自然之道，即"道法自然"。但是，在具体的生命伦理情景之中，究竟该如何去"法自然"呢？对此，可以做如下之阐释。

第一，要按照自然的原则来理解生命，尊重生命，看待人的生老病死。人的生命乃是一个自然事件，人的身体也是由自然界的物质所构成的。既然是自然事件，就会遵循它自身之规律。比如，既有生，便有死，每个人终有一死，如果说人的出生是一个偶然事件，那么死亡则是一个必然事件，任何人都不可能改变这样一个事实。如果我们深刻地理解了生命的一些基本事实与道理，那么就可以采取恰当的人生态度来面对生老病死。据此，我们可以推论出道家对待生老病死的基本态度与价值倾向。

（1）对待人的出生，没有必要过度欢喜，因为"方生方死，方死方生"，任何人的出生都必然地意味着死亡，只不过是迟早的事情。

（2）对待人的死亡，没有必要过度悲伤，因为死亡是自然界的必然事情，是任何人都阻止不了的，死亡乃是人重回自然。

（3）对待人的疾病，在无可救治的情况下，要坦然地去面对；在可以救治的情况下，也应该按照自然之道来进行，遵循生命本身的发展规律，尽量减少因为治疗而给生命带来的痛苦或副作用。

（4）对待人的衰老，应该坦然地去接受，人每活一天便是又老了一天。每个人都应该遵循自然的作息之道，不妄劳作，与时消息，便可顺应自然，享受人生。

第二，要按照自然的方式来养生。道家非常重视生命的价值，主张"重身贵生"，不"以物易性"。一切功名利禄都是身外之物，不能因为这些东西而"残生损性"。所以，道家的养生要注意以下几点。

（1）尽量抛弃一切身外之物，如功名利禄，对于外在事物的追逐会伤害身体、残害性命。

（2）养生要遵照自然之道，生命的维持与长久不能仅仅靠外在的医学手段，而是要按照自然的规律去生活，节制饮食情色等各种欲望，保持精力不被过度消耗，如此方能长久健康。用《黄帝内经》的话说，要"食饮有节，起居有常，不妄作劳"，反对"以酒为浆，以妄为常，醉以入房"，"嗜欲不能劳其目，淫邪不能惑其心"。

（3）养生重在养神。养神要"御神"，控制精神过度思虑，以免过度消耗精气。还要"虚静恬淡寂寞无为"，"恬淡虚无，真气从之，精神内守，病安从来？是以志闲而少欲，心安而不惧，形劳而不倦"。（《黄帝内经·素问·上古天真论》）庄子把这些养生之道称之为"卫生之经"。

第三，道家的自然之道主张"自然无为"。但"无为"并不是什么事情都不做，而是要按照自然的方式去做。那么，怎样才算是按照自然的方式去做呢？怎样才算是真正的"无为"呢？

（1）主张一种弱干预主义（或最低限度的干预主义），消除人的主观任意性、独断专行和妄自尊大，将人为的干预降至最低，反对对生命、对自然界的强干预主义。任何一种对自然的强力征服手段都是不知"天高地厚"的表现。当今的生态危机就是人的强干预带来的恶劣后果。

（2）对生命的弱干预，不是纯粹的听天由命，而是对生老病死采取一种顺其自然的方式，对疾病的治疗也应按照中医的天人合一、道法自然的方式进行。中医的治疗不是绝对的无为，而是按照生命的自然之道而实施的有为。

（3）对社会的弱干预，并非是要主张彻底的无政府主义，而是主张一种"小政府、大社会"的模式（并非是老子的小国寡民模式），将政府的权力限制在最小的范围和边界之内，以便让社会有更大的活力和自发生长的空间。政府这只"看得见的手"必须有所收敛和限制，否则就会导致乱作为、不作为。

（4）自然无为在人生态度上表现为"知其不可而安之若命"。它在认识论上意味着要深刻地认识到自然规律的不可对抗性、不可改变性，任何不遵循自然规律的行为都要受到自然的惩罚。它在人生观上意味着要从精神上、心灵上超脱生老病死，解除对生的执着、对死的恐惧，主动接纳不可改变的自然事件，以内心的不动情来获得心灵的自由和精神的独立性。

第四，自然之道并非是要放弃任何科学技术手段，而是要在科学技术之中贯彻自然之道，做到"以道驭技"。科学技术是第一生产力，是推动社会进步的动力所在。要想在当今这个时代完全脱离科技，是不可能的事情。但这并不意味着科技不需要任何的约束与管理。

（1）以改造人种、创造人类为目的生命科学技术在道德上都是不可接受的。借着优化种族的名义进行的任何优生学研究都是不符合伦理道德的，不公正的；以纯粹的克隆人（生殖性克隆）为目的的克隆技术在伦理上也是应该禁止的。科学研究需要自由，但这只是要排除干扰科学研究的政治、经济等外在手段的约束或障碍。科学研究的自由并非意味着它什么事情都可以干。科技是一种改造自然界的强力手段，这种手段的正当性与其目的性密切相关。科学研究的目的本身必须受到严格的伦理审查，只有当目的得到完全的辩护，其手段才具有正当性。

（2）以治疗疾病为目的的生物医学研究可以进行，但也应该受到相应的研究伦理审查。医学到目前为止仍然有很多疾病没有攻克，为寻求解决之道而投入科学研究将会为人类带来福祉。这些研究虽然在目的上具有正当性，但在手段上也应该符合社会的伦理标准。例如，不能为了研究某种疾病的治疗方案，而侵犯受试者或部分人群的生命健康利益，置其生死于不顾；不能为了检测某种药物的治疗效果，而不考虑受试者所承担的巨大风险，置其生命健康于不顾；治疗疾病和弥补身体缺陷的基因增强技术可以研究和使用，但也应该受到严格的伦理审查；一个身体正常的人使用基因增强技术来参与社会竞争活动以获得更多的社会资源，这种行为应该是被禁止的，如体育运动员使用兴奋剂参与竞技性的体育赛事，考生服用记忆增强丸去参加考试。

二　和谐

中国传统文化的一个最为鲜明的特点就是强调和谐的价值观。不只是道家有和谐的理念，儒家也有和谐的观念。道家的和谐理念虽然与儒家有所不同，道家更偏重于自然的和谐之道，儒家更加偏重道德、社会与人文的和谐之道，但是其最终的旨趣是一致的，最终都是走向"天人合一"。差别就在于二者"合"与"和"的方式不一样。和谐的原则主要包括以下几个方面。

第一，人与自然的和谐。其根本的宗旨是"道法自然""天人合一"。如何实现人与自然的和谐而不是分离、矛盾或冲突呢？这需要高度的道家智慧思想。

（1）要尊重自然、敬畏自然。生态危机产生的一个内在根本原因，就是大自然的祛魅，人对大自然不再有尊重感、敬畏感，将自然界看作是人生存与发展的一个纯粹外在客观条件，而失去了对自然本身的敬重感、审美感。要认识到大自然本身即便是不被人利用，也有其自身独立的存在价值。

（2）要崇尚自然的生活方式。在现代社会中，这要求人们控制贪欲，理性消费，绿色消费，节制生活。人生活在世界上，需要食物、生产和生活资料才能够维持生存。但人的欲望无止境，现代人的生活方式普遍存在奢侈浪费的现象，消耗的自然资源和社会资源过多，对自然环境构成了极大的压力。所以，要从内心和思想观念上认识到自然资源的有限性，控制贪欲的肆意膨胀，过简约朴素的生活，崇尚自然的生活方式，不仅有利于身心健康，而且有利于大自然的美化和生态的可持续发展。

（3）建设资源节约型、环境友好型社会。它是一项系统工程，是一场广泛而深刻的社会变革，也是我国生态文明建设的一项长期任务。它不是简单地通过市场的力量就可以自发实现的，而是需要政府、企业和公民的广泛多层次的参与，其中政府是建设资源节约型、环境友好型社会的主导者，企业是微观主体，公民是广泛基础。在社会制度层面，要完善制度激励，推动资源环境立法，加大循环经济促进法、节约能源法、大气污染防治法等相关法律法规的执行力度，理顺资源类产品价格关系，形成鼓励和支持节能减排的财税体制。在技术层面，要以节能、节水、节地、节材、资源综合利用为重点，加快产业结构调整，推进减量技术、再利用技术、资源化技术、系统化技术等先进技术的研发和应用，减少资源消耗及废弃物产生，实现物质、能量、资金和技术的优化使用。

第二，人与社会的和谐。这是和谐社会的主要宗旨。和谐社会建设的基本内涵是人与人之间的关系彼此融洽，过着和睦相处、相安无事的幸福快乐生活。按照道家的理解，社会和谐至少包括以下几个要点。

（1）要以"为而不争"的方式来化解社会利益冲突。这就是老子所说的"为而不恃，长而不宰"，"功成而不有，衣养万物而不为主"。利益冲突和矛盾纠纷是导致整个社会不和谐的主要因素。在医患关系中，之所以每年都有大量的医疗纠纷事件发生，就是患者觉得自己的利益受到了损害，所以才会找到医院或医生起诉或实施医闹、暴力袭医行为。和谐医患关系的建设重在找到平衡各方利益的方法，将双方的矛盾纠纷有效化解。虽然医疗纠纷产生的原因不一定全是医院或医生的过错，但是医生毕竟是纠纷产生的主要当事人。医生的天职是救死扶伤、治病救人，医生的诊疗行为一定是要"有为"，但切莫以为有所作为、有所功劳便骄傲自满、居功自傲，甚或向病人索要钱财、收受红包礼品。"有为"是医生自己职责所在，"不争"是化解利益纠纷的主观心态、内在品德。

（2）要以"虚怀若谷"的心胸来参与社会生活实践。这就是老子所说的"知常容，容乃公，公乃全，全乃天，天乃道，道乃久，没身不殆"。要以"道心"来容纳整个世界、社会、他人与自我，道就像幽深的山谷一样能够包容世间的一切。在社会生活中，如果人人都能做到相互宽容理解，胸怀坦荡，便能与大道相符合，便能不至于遭受危险。宽容他人，是一种自觉的理性精神，然而很多人难以做到这一点，因为人多少都有一点自私自利之心，难以逃脱功名利禄的束缚。同样是在医患关系中，如果医生能够多给病人一点关爱之心、怜悯之心、恻隐之心，而不是仅仅考虑自身的那点利益，那么病人原本很脆弱的身体和心灵就会得到慰藉；如果病人能够体谅医生工作之繁累，能够理解医生之难处，能够明白现代医学之有限性，那么也不会对医生恶语相向、拳脚相加。一切爱恨情仇之化解，终须以宽容、隐忍、辞让之心来将其"大事化小，小事化无"。

（3）要以"常与善人"的道德来规范个人社会行为。这就是老子所说的"为无为，事无事，味无味。大小多少，报怨以德"。既然"天道无亲，常与善人",那么人道也应该效仿天道,在社会生活中做到与人为善。一般人很难做到"报怨以德",怨恨常常,难以化解,它就像一瓶毒药一样始终郁结于心中。但是冤冤相报何时了?与人为善,是一种为人处世的道德美德,具备这种美德的人在社会生活中虽然吃一时之亏,但终将获得福报,符合天道的行为终将获得天之帮助和给予。

第三,人与自我的和谐。和谐社会建设,人们往往关注于社会性的层面,而个体性的层面却常常为人忽略。在个人层面,一个人如何能够与自我保持一种和谐完满的关系,不仅关系到个人身心之健康,更关系到个人安身立命之所在。依道家之见,个人自我之和谐至少有以下几个方面。

(1) 正确认识自我。人的自我观念是在长期的社会生活中不断建立和完善起来的,它实际上是与人的占有欲、控制欲密切相关的,用法律的概念讲就是所谓的"所有权"观念。一个东西或物品是否属于我,他人与我是什么关系等,一切自我的观念按照庄子的话来说都是在相互"对待"、相互参照的关系中产生的。如果不分彼此,融合为一,就没有所谓的自我观念。由自我观念,人们开始确立了主观性、主体性,丧失了客观性、客体性,从而产生了傲慢、偏见、成见,从而形成了"小我"。所以,庄子主张"吾丧我",就是要从狭隘偏执的"小我"之中解放出来,走向"天地与我为一,万物与我并生"的"大我",这种"大我"实际上是一种超然忘我的人生境界,冯友兰称之为"天地境界"。

(2) 正确对待身体。道家和道教都认为人活一口气,人的身体之生死不过是气之聚散而已,由此而衍生出"吐故纳新"之气功。人的生命虽然不只是一口气,但气之运行确与身体之健康与否有着密切之关系。道家主张养生,道教追求长生不老,表面上看似是把人的身体看得很重,实际上是反其道而行之。要想活得长久健康、逍遥自在,就必须忘却肉身之存在,按照自然之道来饮食起居、行坐立卧,不妄劳作、勿要焦虑,保持身体与精神合一完满,方能实现身体之精气饱满、神态安详。对于身体之疾病,也要有正确的理解,现代人的疾病很多都是"心病",故有"三分疾病、七分思想""三分治疗、七分调养"的说法。治疗疾病也是要通过调养(调节饮食作息规律,调整心态、情感和意志力)使得患者的身心灵协调,使生命复兴其自生能力,即自修复、自生长、自生殖能力。

(3) 正确面对心灵。想要正确地认知和面对世界,必须先诚实地面对自己的心灵。每个人对世界的感知,其实都是心灵的作用,而非单纯是世界本质的显现。拥有什么样的心灵,就会看见什么样的世界和人生。人与世界的真实关系其实都隐藏在一种看不见的存在当中,每个人所感知的世界其实都是经过了个人的惯性思维（包括成心、成见、前见）处理和过滤的，每个人实际上都是戴着有色眼镜来看世界的。人的心灵不是物理层面的"心"，不是肉眼所见的"心脏"，而是超越于"心"这一概念的。很多人其实都生活于虚幻不实的妄念之中，偏执自我的成见之中，① 虚无缥缈的梦境之中，以至于以妄为真，以成见为正见，以梦幻为真实。庄周梦蝶之故事，意在揭露人生中诸多虚幻不实之物，正所谓"假作真时真亦假，无为有处有还无"。人生常常"误作他乡是故乡"，找不到心灵的栖息安顿之所。

如何安顿人的心灵，实现身心灵的和谐完满，道家提出了系统化的思路和方法。对于人的身体，不仅要养气，而且要养神，做到形神兼养；对于人的心灵，重在坚守虚静之道，做到清心寡欲；对于人的精神，重在坐忘、心斋、丧我，实现无待的逍遥自由。其中，"虚静"的功夫又显得尤为重要，虚静才能寡欲，才能物我两忘，才能进入心斋之境，才能真正放下偏执成心之我。老子曰："致虚极，守静笃"，"静为躁君。静胜躁，寒胜热，清净为天下正"，"归根曰静"。这种"虚静"，不是单纯的环境安静，而是人心的"清净""清心"，重在强调主体的情性、心性的虚静，在与自己切身利益相关的事物面前是否能够真正彻底地抛弃私心杂念、偏见和欲望，无思无虑，心情平静，心境空灵，无欲无求，神情安详，精神内守，使心灵不受任何外在和内在的羁绊和限制。

第四，人与技术的和谐。现代社会是一个科学技术高度发达的社会，如何正确地使用技术是现代社会面临的一个基本难题。人与技术的关系，可以从多个层面来论述。对于技术，道家主张"以道驭技"，将道贯穿于技术活动的全过程之中。它不只是表现为各种技术活动的操作过程，也不只是为了满足优质、高效等技术指标。这些属于技术层面的优化，只能算是"小道"。真正的"大道"是寻求"技"上之"道"，实现技术的操作者、工具和对象之间的各个要素的完美和谐、高度一致。② 这种和谐的达成，不能完全靠主客二分的逻辑分析、对象化研究，而是要靠主客一体的亲身体验和领悟，即"悟道"。

（1）技术操作者与工具的和谐。庖丁解牛的故事告诉我们的就是一个

---

① 庄子对人的成见、成心有着非常深刻的洞察。人们的妄念、成见往往是夹杂着个人经验、个人偏好和社会标准之后的观点与猜测，它往往建立在事物的表象之上，是不够客观，且不易改变的。相关讨论，参见第三章的认识论部分。
② 王前：《"道""技"之间：中国文化背景的技术哲学》，人民出版社2009年版，第16—20页。

由技入道的过程,一把刀用了十九年仍然锋利如初,就在于他善于用刀,善于掌握解剖对象的生理结构。一个优秀工匠能够对工具的使用运用自如,将工具似乎是看成了身体的有机组成部分,全凭意念自由操作,达到了炉火纯青的地步,这实际上是"工匠精神"的体现。人所创造的工具和操作方法,本应符合人的身体结构特点,符合人性的要求。如果工具不好用,与操作者不协调,那么就会降低工作效率。然而,现代化的机器大生产片面追求效率和经济效益,将工人变成机器上的一个螺丝钉、一个操作手,使其沦为机器的附庸,根本不考虑工人的身体生理特点,产生了劳动异化,偏离了"道"。

(2)技术操作者的身心和谐。庖丁解牛的故事告诉我们,真正的技术高手都会对技术活动有一种孜孜不倦的热爱之心,致力于练就一身好"手艺""技艺"或"绝技"。在技术活动过程中,身心是愉悦的("踌躇满志,善刀而藏之"),动作是优美的("合于桑林之舞"),神情是自然的("以神遇而不以目视"),人与技术相互交融,简直到了美妙绝伦的地步。而在机器大生产中,人被淹没在机器之中,个人技巧淹没在技术规范之中,毫无人的独立性存在,更谈不上身心的愉悦和谐。

(3)技术活动中人际关系的和谐。技术活动不是在真空中进行,技术的发明、创造、实施、评估等一系列过程都需要科学家、技术专家、工程师、工匠等不同人群的广泛参与。技术能否顺利实施,产生最大效益,除了技术本身是否科学先进之外,还要看参与者之间的合作水平如何。因此,人是其中的关键要素,人与人之间和睦相处,以诚相待,默默配合,通力合作,势必会提高技术效率,产生最优效果。

(4)技术活动与社会的和谐。它要求技术造福于社会,造福于人类。虽然技术对人有用,能够推动社会生产力的发展,但技术也会产生副作用,使用不当的话就会对人类有害,甚至带来巨大的灾难(例如,原子弹爆炸、核电站泄漏事件)。当今时代技术快速发展,而技术所带来的伦理、法律和社会管理相对滞后,这就涉及技术工作者应该承担什么样的社会责任问题。当今之医学技术,就应该如此辩证地看待。医学本应是解决人身体上的病痛,然而药物和治疗方案选择不当的话往往会带来严重的后果,轻者伤身,重则致命。现在人类的很多疾病都是药源性疾病,属于滥用、过度使用药物所致,这不能不说是医学自身的悖论。所以,"用药如用兵,用药如用刑",真正的好医生都应该有戒心,持有审慎慎重的态度。

(5)技术活动与自然的和谐。按照"道法自然"的要求,技术活动必须顺应自然,与自然界的演化发展规律相一致,与生态环境之间保持协调可持续发展的关系。这就要因势利导，使人为的活动适应自然界，保持动态的稳定。按照现代环保制度的要求，任何一项工程开始之前都要进行环境影响评估报告，凡是对生态环境、人居环境、社会环境破坏影响较大的，都不应开工建设。这是工程伦理的基本要求。现代生物医学的研究，特别是与基因相关的研究（如基因编辑、基因增强、克隆人等），也应该进行相应的伦理评估和审查，慎重考虑该研究有可能对生物物种、生物链和生态环境造成的风险。

三 平等

严格说来，平等是一种现代性价值观。虽然在道家的著作中，并没有直接使用"平等"这个概念，但是在道家的思想中蕴含着非常深刻的平等思想和平等精神，且在某些方面已经远远超越了我们今天所理解的平等概念。现代的平等观基本上是一个政治或法律意义上的观念，它主张每个公民在法律上都是人与人平等的，这种平等不仅打破了封建社会的人身依附关系，而且砸碎的是人与人之间的社会等级制度。平等的实现有赖于经济、政治、法律等一系列的社会保障制度，故而平等在当代社会主要是一种人际关系的平等。而老庄在思想的深度和广度方面则远远超越了这一层面。道家的平等观主要体现在两个层面。

首先，是人人平等。人人平等的观念在我们今天看来似乎很平常，但是在两千多年前的战国时代提出这种思想则殊为不易。同时代的儒家和墨家都没有老庄那样的平等思想。这主要有以下几点。

（1）生理/身体平等。无论人在生理、身体上残缺与否，每个人都应该是平等的。人与人的身体条件是生而有别的，有些人生来健康，有些人生来残疾，这都是自然条件所致。先天的差别不能导致后天的歧视，既生为人，每个人在人性上都是平等的。庄子塑造了许多身体残缺（缺胳膊少腿的人）而精神完美的人物形象，这些人物虽是虚构的，但说明了先天的生理差别不影响后天的人性平等。对于残疾人，社会应该给予其充分尊重和关照，帮助他们克服心理之障碍，过上自信而有尊严的生活。

（2）男女性别平等。道家在这方面比其他学派要进步得多。儒家有非常严重的男尊女卑（天尊地卑）思想；墨家虽未明言，但崇尚强力暴力，本质上也是一种男性哲学。道家则不同，它没有赞扬男性的尊贵与伟大，反而歌颂了许多偏属于女性的品质，如虚静柔弱、慈让不争、纯真质朴性等，主张"柔弱胜刚强"，从生命力的持久性来说，阴柔之力要超过阳刚之力，女性胜于男性。在某种意义上，我们似乎可以说道家本质上是女性哲学。①

（3）人格平等。儒家区分了君子与小人，认为前者是道德高尚、名位尊贵、从事脑力劳动、"治人"的人，后者是道德低下、名位卑贱、从事体力劳动、"治于人"的人。这种划分含有封建专制的思想，本就是不合理的。道家则明确反对儒家的君子小人之别，嘲讽道"天之小人，人之君子；天之君子，人之小人"。庄子认为，君子和小人虽然追求各有不同，君子是"以身殉天下"来求得名声，小人是"以身殉利"以求得利益，但是他们最终的结果在本质上是一样的，都是以伤害身体性命为代价来追求身外之物，如此来看二者又有何不同呢？（"事业不同，名声异号，其于伤性以身为殉，一也。"）在庄子看来，君子和小人的天性、自然本性都异化了，在人格上并不存在任何高低贵贱之别。能有这种思想，在先秦时期尤为难能可贵。②

（4）社会地位平等。社会地位平等属于一个更加现代的观念。道家思想如何能转换出这种现代观念呢？社会地位平等主要包括经济、政治和思想三个方面。在经济上，现代社会所要求的平等观实际上已经包含在老子的"天之道，损有余而补不足"的论述中，反对"损不足而奉有余"的极不平等的财产分配制度。在政治上，现代社会要求保证所有公民均等地享有各种法律赋予的权利，包括参政议政的权利。道家虽然没有明确阐述政治平等的观念，但他们主张为政者应该"无为而治"，按照天道自然的规律来治理社会，对社会生活尽量少干预，给予每个人最大限度的自由意志和自由发展空间。他们反对实行等级森严的"礼治"，因为这种治理方式所保障的恰恰是人与人之间不平等的政治权利。在思想上，现代社会承认每个人都享有受教育的权利，言论自由、出版自由的权利。道家在这方面主要是提倡思想和言论的平等，认为百家争鸣的各家各派都是对"道"的某种体认，都有特定的价值，但都存在局限性，只能算是"一家之言"。庄子认为各家思想在"道"的面前都是平等的，它们各有得失，没有高低优劣之分，不能独尊一家一派而排斥、打压、诽谤另外一派。基于统治者的立场而将一家之言立为权威，并将思想强加于人，都是思想专制，与现代社会所要求的思想自由相去甚远。这一点在我们当今学术界显得尤为重

---

① 李霞：《道家平等思想及其现实意义》，《安徽大学学报》2001年第4期。
② 道家也有自己所崇尚的理想人格，老子崇尚"圣人"，庄子崇尚"真人"，但是与儒家所谓"圣人""君子"不同，他们并非指世俗道德的体现者和功名利禄的追逐者，相反，他们是世俗道德和功名利禄的超脱者，是真正领悟生命本质和宇宙精神的人。参见李霞《道家平等思想及其现实意义》，《安徽大学学报》2001年第4期。

要，它要求我们在学术上淡化权威意识，增强民主观念，培养开放精神，防止独断论。

其次，是天人平等。道家不仅主张天人合一，而且主张天人之间是平等的。道家对"天"的理解与孔子（"畏天命"）、墨子（"尚天志"）、荀子（"制天命而用之"）的理解都不一样，既不将"天"看作人类的主宰者，也不将它看作是人类的征服对象，而是将其理解为与人类及万物一样的自然存在，超越了上天主宰人及以人制服天这两种不平等的天人观，在中国思想史上第一次论及了天人平等问题。这可以从两个方面加以考察。①

（1）人与天的地位是平等的，并不比天渺小低微。老子曰："道大，天大，地大，人亦大。域中有四大，人居其一焉。"可见，人是宇宙"四大"之一，与天地都是平等的关系。老子又说，"天地不仁，以万物当刍狗"，"天道无亲，常与善人"，这就是说天道至公至平，没有任何偏私偏爱，视万物与人类平等，就像"刍狗"一样平等齐观，没有任何分别，只要行为符合天道的都会得到天的帮助。

庄子主张"天地与我并生，而万物与我为一"的天人平等思想。他认为"物固有所然，物固有所可"，"万物一齐，孰短孰长"，万物不因特性或形态的不同而有高低优劣之分，万物都是平等齐一的，因为"道通为一"。"天与人不相胜"，天与人也平等齐一的。荀子批评庄子，认为"庄子蔽于天而不知人"。这种观点是片面的。庄子固然知天重天，但也同样重人，只是方式与儒家有别。儒家着重从人文的角度理解人，道家着重从自然的角度理解人。

（2）既反对以人主宰天，也反对天主宰人。这就是既不能抬高人的地位，对自然界任意地砍伐掠夺；也不能抬高天的地位，听天由命，对天俯首称臣，任由自然界或上苍来主宰人的命运。人类和万物都是宇宙间的存在物，与其他类型的生命形态都是平等的，没有高低贵贱之分。所谓的优劣、贵贱的等级差别都是人为的、人文的产物，是违背自然之道的。既然天地万物都是平等的，这就要求尊重所有的物种的生存权利，不以人类的意志和私心去主宰天地万物的命运，即"不以人灭天"。生存的欲望不只是人才有的，动物植物都是有的，即便是一只乌龟、一头小牛，也"宁生而曳尾于涂中"，而不愿"死为留骨而贵"。

（3）平等对待万物要求尊重万物的本性和自由。庄子举了很多例子来说明万物的天性。一只野鸡在野外艰难地觅食饮水，可能会遭受饥渴之

---

① 李霞：《道家平等思想及其现实意义》，《安徽大学学报》2001年第4期。

苦,却不愿意生活在笼子里,因为虽然吃喝不愁,但却失去了最为宝贵的自由;一只神龟宁愿在淤泥之中摇曳着尾巴生活,也不愿意在神龛上被人供奉,虽然衣着漂亮,貌似荣华富贵,却是以生命为代价;一匹骏马的天性是纵横于天地之间,而不是被人为络上绳索、马首而不得自由。在庄子看来,人类对天地万物的主观行为都可能会违背事物的天性,违反自然之道、自由之道,这实际上是人类的不道德行为。今天,我们用生态伦理学、环境伦理学来制定相关的道德规范来约束人类的行为,这实则在庄子那里早就有所触及,且其"天人平等""天人合一"的思想甚至远远超越了今人之所想。

四 自由

自由是现代政治哲学的一个核心概念。道家虽然是一个前现代的哲学流派,但它的基本思想中蕴含着某种自由的概念。[①] 在现代生命伦理学的基本理论中,经常要诉诸尊重自主性、知情同意、人权、健康权等概念,这些概念或多或少都与政治哲学中的自由思想密切相关。如果人身自由、思想自由的权利都不能保证,生命伦理又从何谈起。道家的自由观念有某些非常独特的部分,可以值得我们进行深入的思考。

第一,政治自由。道家主张"无为而无不为",在现代社会的政治生活中我们可以这样来理解:对国家统治者而言应该无为,对社会实施最小限度的干预;对社会大众而言应该无不为,让每个公民都自觉发挥出自身的主体性,积极投身社会公共事务。这种思想其实就是"小政府、大社会"的模式,不同于老子所说的"小国寡民"。

道家的不干涉主义一方面是限制政府权力的过度膨胀,导致对民众权利的侵犯;另一方面是通过放任自然(无为)的方式,充分地释放公民的创造热情和活力,充分尊重每个人的独立性、自主性、个性才能的施展空间。国家和政府什么都想管,必然管不好,而且容易滋生腐败。政府在一定程度上放开管制,反而有利于社会公共秩序的自发生长。这实际上是要

[①] 道家关于自由的思想可以称之为"道家自由主义",它的进路主要有三种。第一种是政治自由主义,从道家"无为论"中分析出统治者一方面要缩减自己的行为,另一方面应尊重民众的政治主体性的结论。第二种将道家的"天道"等同于西方的自然法,从中阐释出自由主义来,此可谓"天道自由主义"。第三种则从道家(主要是庄子)注重精神自由的角度试图开出整全性(comprehensive)自由主义来,试图弥补自由主义退缩为政治自由主义之后在精神世界建设问题上的弊端。参见蔡志栋《论"道家自由主义"三相》,《华东师范大学学报》2013年第3期。

尊重每个公民的个体自主性，只有当个体的自主性得到了充分的发挥，积极投身于社会政治生活，统治者才能比较好地管理社会。老庄哲学实际上是一种无治主义的思想，"主张为政之道，勿用干涉，当顺人性之自然，以百姓的意志为意志"[1]。

第二，精神自由/心灵自由。这是道家尤其是庄子哲学的一个独特思想。这种自由进入了人的内在心灵世界和精神世界，而不只是外在性的身体自由和政治自由。如果说外在性的身体自由是一种生存权、生命权、健康权、自由活动的权利，政治自由是一种参与社会政治生活的各种权利，那么心灵自由则是一种内在的精神世界，用庄子的话说就是"逍遥游"，这种"游"不仅是游世而且是游心，实际上是一种无拘无束、高度自由的状态。要达到这种精神自由的境界，一方面要从社会关系、社会规范等人为的外在约束中解脱出来，摆脱物的束缚（"物物而不物于物"），不受世俗的功名利禄之牵绊；另一方面要消除人内在的"成心""蓬之心"，从自我封闭的心灵中解放出来，走向开放的心灵，接纳、体悟开放的世界，体验天地之大美，"独与天地精神往来"。能够达到这种自由的精神境界，是人的"诗意的栖居"。

精神自由虽然是一种内在的心灵自由，但绝不是政治哲学中所谓的"消极自由"。有些人或许会认为，道家、隐士们在现实生活中不得志，这些落魄的知识分子由于没有实现个人抱负，在政治生活中是失败者，故而才转向内在以求得心灵的慰藉。我们虽然不排除这种可能性，竹林七贤或许是愤世嫉俗，或许是在残酷的政治斗争中失败了，但是无论得志与否，内在精神之追求始终是任何一个人都可以寻求的，不管他在朝还是在野。对于那些汲汲于功名的儒生来说，需要修炼的恐怕不只是所谓的君子人格，还有内在的心性品质。

庄子的自由并不是要走向精神胜利法式的自我欺骗，也不是要走向虚无主义，而是要实现更高的精神追求，即追求个体身心的绝对自由。庄子一生追求逍遥游，逍遥游是庄子追求自由的独特方式。庄子的独特性在于，他在中国思想史上第一次突出了个体的存在，他基本上是从人的个体角度来进行批判的，所关心的问题不是伦理和政治问题，而是个体存在的身（生命）心（精神）问题，这才是庄子思想的实质。[2]

第三，个性自由。个体有坚持自己独立个性和意志的自由。在现代社

---

[1] 陈鼓应：《老庄新论》（修订版），商务印书馆2008年版，第260页。
[2] 李泽厚：《中国古代思想史论》，天津社会科学出版社2004年版，第171页。

会中，这一点显得尤为重要。如果每个人都不能坚持做自己，就会被社会流俗的观念所左右，就会被世俗的功名利禄所牵绊，无法认识到真正的自我。道家认识到个性自由乃是人生最重要的价值因素之一，应该作为每个人的追求。老子非常坚持个体的独立性，将自己的价值追求与普通大众的俗人严格地区分开来（"独异于人"），这看起来像小孩子一样、像愚人一样，实际上是一种高度的人生智慧。"众人熙熙，如享太牢，如春登台。我独泊兮，其未兆；沌沌兮，如婴儿之未孩；儡儡兮，若无所归。众人皆有余，而我独若遗。我愚人之心也哉，沌沌兮！俗人昭昭，我独昏昏。俗人察察，我独闷闷。众人皆有以，而我独顽似鄙。我独异于人，而贵食母。"（《道德经》第二十章）

庄子也强调个性独立的价值，主张"独志""独有"，抛弃世俗的物质追求而与俗人们保持应有的距离（"遗物离群而立于独"《庄子·田子方》），以保证个体的独立性，能够保持这种独立性的人能够在天地自然之间独往独来，貌似孤独，实则是一种至高至贵的精神境界〔"出入六合，游乎九州，独往独来，是谓独有。独有之人，是谓至贵"（《庄子·在宥》）〕。

第四，需要指出的是，庄子在凸显个体本性和追求个体自由上与西方的个体主义（individualism）和自由主义（liberalism）有着某种相似性。这种相似性体现在它们都是从个体出发来追求个体自由的，但其间的差别还是非常明显的。这种差别主要体现在：现代人的自由观念是西方人权利意识的产物，是一种现代性的特征；而庄子的自由则是一种前现代的思想，是人的生命观念的产物。西方人近代以来的自由主义所追求的自由都是从外在的角度来追求自由，也就是要改变约束人、束缚人的政治、经济和社会限制，从而达到人的解放；庄子则不同，他认识到人生在世总要受到诸多的现实条件的束缚，这些束缚在实践的现实层面是很难摆脱的，因此他主张不要与这些现实相抗争，而是要返回到人的内在心灵自由中去，在那里人才有真正的自由，也才能达到真正的自由。因此，庄子的自由是内在的，西方自由主义是外在的。

第三节　原则之应用

按照生命伦理学原则建构的方法论，我们已经建构出了道家生命伦理学的四个基本原则：自然、和谐、平等与自由。这四个原则不同于西方生命伦理学的四个基本原则，它不仅带有很强的道家文化色彩，而且与当今时代的社会主流思想是不谋而合的。具体来说，自然与和谐是道家思想中的核心观念，平等与自由则是现代社会的基本价值观。经此重述和转换，道家生命伦理学既承接了传统的道家精神，也融合了社会主义社会的核心价值观。

原则既然已经被构建出来，只是理论建设的重要一步，但并非理论的最终完成。这需要对原则进行展开和应用，将其应用于具体的实践案例中进行详细的分析。但是，对于原则的应用，我们首先要做的就是消除对道家哲学的种种误解与偏见。

对道家的第一个误解是，很多人认为道家只不过是无用的"玄谈"。道家哲学确实存在这个嫌疑，给人以这种印象，特别是魏晋玄学表现得尤为明显。但是，道家生命伦理学的重构不是形而上学的道论，也不是夸夸其谈的坐而论道。古代的道家思想家和人物，既然代表的是出世的思想，就与儒家的入世哲学格格不入，经常被嘲讽为玄学的清谈，格调很高，但不懂人间事务，常常招致"清谈误国"的骂名。然而，清谈不一定会误国，误国的也不一定都是清谈。只有那些掌权的人物陷入清谈才可能误国，而历史上的道家人物却很少是参与政治、掌握权力的，他们只是在思想层面谈玄论道，何来误国呢？这就好比哲学家的工作，从事纯粹的理论学术性探讨，跟实际的政治离得非常之远的。真正乱国、误国的很少是道家，却常常是那些胡作非为、为非作歹的人把天下搞得大乱。汉初采用道家的思想治国，很快就恢复了社会的生产力，取得了很好的社会治理效果。主张无为而治的道家，看到的问题比那些主张有为而治的人更加深远。

对道家的第二个偏见是，道家的出世哲学无益于实际问题的解决。道家人物确实是有出世的一面，但这种出世恰恰反映的是一种对生命自身的尊重与爱惜，也恰恰是由于道家和道教过度重视修身养性，才会走到深山老林、仙山道观里面去进行修道。道家实际上远离的是有可能戕害人类生命的政治迫害、战争残酷与利益争夺，他们所亲近的则是保护人类生命的自然世界、生命世界与内心世界。在这个意义上，道家哲学是一种真正的生命哲学，一种超越了凡尘社会的"大伦理学"。道家并没有忽视对生命现象和问题的研究，它所探讨和发展的养生哲学、养生之术，无论是内丹术还是外丹术，其根本宗旨都是珍惜生命、爱护生命。

对道家的第三个偏见是，道家哲学不像儒家哲学那样能够真正地解决伦理道德问题。道家的思想精髓如果不能落地为指导生命伦理实践的伦原则和具体规范，那么即便是做得漂亮的学术研究又有何意义？很多人或许会认为，道家在伦理原则和规范上不如儒家具体直接，因为道家强调的是人心内在的超越、个人身心灵的修炼，而不是社会化的伦理道德观念。这是道家思想的优点，也是其弱点。那么，如何在具有超越精神的道家哲学中融入具有现实情怀的儒家式伦理，确实是重构道家生命伦理的一项突出工作。事实上，道家生命伦理应该而且能够对于现实的生物医学伦理问题提供卓有成效的指导，将道家哲学与伦理道德相结合，进而用来指导生命伦理实践不仅在理论上是可能的，而且在实践上也是可行的。道家从来都不排斥生命的实践，道家哲学也从不排斥真正的仁义道德情怀，它所拒斥的是那种虚假的仁义道德体系，以及那种坑人害人戕害生命的虚假道德观念。那么，我们如何用道家生命伦理的核心价值和原则来指导我们的实践的呢？

一　政策层面

道家生命伦理学原则的第一个应用领域是社会公共政策，具体地说就是与生命科学技术和医疗卫生保健相关的公共政策。这些政策是生命伦理学研究的用武之地。一个国家在生命科学和医学领域中采取什么样的公共政策，这将直接关系到它的政策实施效果和长远发展。道家哲学往往在政治领域坚持无为而治的立场，认为过多的干涉似乎是有碍于事物的顺利开展。但这只是道家哲学的基本观念，并不意味着它在生命科学与医学领域中就必然要坚持这种无为的观念。如果我们能够从道家哲学中制定出一些可供利用的指导原则，为什么不尝试使用这些原则呢？或许道家生命伦理原则在某些方面能够发挥恰如其分的功能和作用。

我们可以非常明显地看到自然原则与和谐原则对于国家公共政策的影响。无论是在整个国家的宏观理念形态上，还是在具体的生态环境、公共卫生、医疗卫生领域，都可以看到自然与和谐的价值。在整个国家发展理念层面，我们不仅提出了社会主义核心价值观，将和谐、平等与自由的理念列为其中重要的内容，而且在党的十八届五中全会上提出了创新、协调、绿色、开放、共享的五大发展理念，其中的协调与绿色，实际上反映的就是道家的自然与和谐观念。我们当前正在着手进行的三大攻坚战，也与自然和谐的价值观相关。其中，精准脱贫解决的是贫困问题，主要出发点是实现全面小康，让每一个人都能享受美好生活，这实际上也是体现的和谐思想。至于污染防治，属于生态伦理和生命伦理的思想，其最终目的无非是为了实现人与自然的和谐发展，将经济发展从过去的片面模式中扭转过来，真正地尊重自然发展规律。

具体到医疗卫生领域，我们提出了"健康中国"的发展理念，一个最主要的目的就是要实现"共建共享、全民健康"，立足全人群和全生命周期两个着力点，提供公平可及、系统连续的健康服务，实现更高水平的全民健康。全民健康提出要突出解决好妇女儿童、老年人、残疾人、低收入人群等重点人群的健康问题，使全体人民享有所需要的、有质量的、可负担的预防、治疗、康复、健康促进等健康服务，实际上反映的也是和谐发展的理念，保障社会主义制度的优越性和公平性。

二　法律层面

道家生命伦理学原则应用的第二个领域就是制定相关领域的法律规范。现代社会是一个法治社会，一切都是按照法治的逻辑来进行治理。无论是国家的大政方针，还是具体领域的社会实践，都离不开法律制度。在生命科学与医学领域，法律制度也显得尤为重要，因为这些领域都涉及人的生命安全，涉及每个人的健康幸福，与每个人的美好生活期待息息相关。正因为如此，生命伦理的法律化，或者说生命法学的工作是当今社会的一项重要工作，这就是要制定出有关生命科学和医学技术领域的优良法律体系。有些领域还达不到相应的立法程度，比如安乐死，我们国家还不适宜于进行合法化，那么出台相应的政策指南、管理办法也是属于广义法律的范围。无论如何，就实践领域的问题提供法律上的立法建议，乃至于起草法律文本，成为当今生命伦理学体制化、建制化发展的主要特征。因而，道家生命伦理的当代重构也需要对生命伦理立法提供有价值意义的指导。

用道家生命伦理原则指导法律建设，需要破除对道家思想的理解偏差。制定具体的法律制度，表面上看起来似乎是违背了道家的"无为而治"，一种彻底的道家立场似乎是反对任何法律制度的，因为按照老子的思想，法令越多，盗贼越多，社会越乱，倒不如不要任何的规章制度。这是一种彻底的消极立场，很明显现代社会是不可能完全按照这种形式来进行治理的。"无为"也不是撒手不管、放任自流，更不是绝对的无政府主义。如果我们在这种狭隘的低层次来理解"无为"，那显然是误解了老子的思想。"无为而治"的意思是要按照"道法自然"的方式去管，如果一切都遵循了自然的"大道"，怎么还需要那些伦理啊、法律啊、政策啊这些较低层次的"小道"来管呢？但是，"大道"是一种最高的理想状态，一般人很难达到，当今的人类社会也不可能实现。基于现实性的考虑，我们需要的是"小道",虽然对"大道"保持着某种向往。

以一种制度化、法律化的形式确保对于生命的尊重和保护,这是现代社会的最基本需要。每个人的生命安全、健康利益都属于人权,都是生命伦理学的适用范围。道家生命伦理学在这方面提供的指导意义在于,以自然之道对待生命,尊重生命的自然规律,切不可以人为的方式任意地干涉自然生命,导致不好的后果。我们为什么会那么强烈地反对对人类胚胎的基因编辑,就是因为它有可能发生不可预料、不可承受的风险,将潘多拉之盒打开之后,人类有可能面临的是灭顶之灾。如果按照道家的自然原则,就不会允许这样的科研行为发生,就会制定出台相应的法律或伦理规范进行管理和约束。

三 伦理层面

道家生命伦理学原则应用的第三个层面是伦理道德。这是任何生命伦理学的题中应有之义。伦理层面的应用主要是用来规范个人或组织的社会行为,防止违背社会伦理道德的事件发生,捍卫整个人类社会的基本价值和生命尊严。伦理层面的应用与法律层面的应用,既有联系又有区别。联系在于二者都是规范性的应用,都强调对个体或组织的行为进行规范性约束,以使得它符合人类社会的整体利益;区别在于法律与伦理的约束力是不一样的,法律是刚性规范,而伦理则相对而言属于柔性规范,对于尚未立法的生命科学技术与医疗卫生实践,虽然还没有法律法规来约束,却可能存在伦理上的约束。一个最明显的例子是安乐死,目前世界上只有少数几个国家立法将其合法化了,大多数国家并不存在安乐死的法律规范,但是在伦理层面的争议声音持续不断,对它的伦理约束依然存在。

道家生命伦理学的四个基本原则,如何对具体的生命伦理问题进行制约,这需要对具体问题进行具体分析。原则是相对抽象的,体现的是一个基本性约束,但是对于原则内容的展开则需要具体的语境。以自然原则来看待同性恋,我们将会得出什么结论呢?如果道法自然是最高的伦理准则,那么我们就要追问同性恋行为到底是自然的还是不自然的?是属于反自然的还是不自然的?假如我们有非常有力的证据证明同性恋的产生是基因差异、基因突变等演化的原因导致的,那么它就是一种纯粹基因驱使之下的自然现象了,就像自然界通过亿万年产生了人类一样,又产生了男女性别差异一样,这样就应该得到允许,而不是伦理道德上的谴责和歧视。在这个意义上,一个人喜欢上什么人,有可能不是他/她能够自己做主的,而是由身体里面的某个基因决定的,就像人的性冲动无非是性激素的分泌在内外环境的刺激下共同作用的结果。

四 个体层面

　　道家哲学对个体生命的指导，这是一个非常特殊的层面。如果作为单纯的伦理学视角，其出发点无非是约束人的行为，制定出伦理道德规范。但这种规范在本质意义上是外在的、他律的，而不是内在的、自律的。然而，一种外在的东西要变成真正有效的指南，还必须靠内在的东西去驱动，才能实现最终的有效制约。缺乏自律的他律尽管一时有效，但却不是永远有效。于是，道家生命伦理学可以在这方面弥补一般生命伦理学的缺陷和不足，真正站在道家生命哲学的高度来思考伦理问题。

　　道家生命伦理的这个特殊维度就是要实现个体生命层面的"修道""修心"。道家讲究形神兼养、以养神为主的生命修养观，一方面重视养生，另一方面又反对过分的、不恰当的养生方式，认为应当尊重并顺从生命成长的自然规律，反对人为地通过各种物质手段来追求生命的延长。将人的生命当自然之物来对待，按照自然之道来养生，进而享受一个自然的寿命长度，不过分苛求，也不消极应付，一切以自然的法则来处理。道家提出的很多修养方法特别值得现代人去学习，比如心斋、坐忘、主静、无为无执等，甚至道教所发展出来的一套修炼功夫也值得继续传承下去，比如太极拳。

结语：反思与扬弃

道家生命伦理作为一种理论形态产生于前现代的道家哲学。这种理论对于当代中国生命伦理学的建构、发展与完善有着积极的作用与意义。道家生命伦理的本体论基础、认识论与方法论、核心价值及现代转型、基本原则的构建与应用，构成了这部著作的主要内容。然而，道家生命伦理要想真正成为一门"中国生命伦理学"，还有很长的路要走。它不仅要求我们更加认真细致地梳理道家思想的来龙去脉与核心思想，而且要求我们提炼、转化出对当今生命伦理实践有启发和指导意义的道德规范和伦理指南。理论上的进一步挖掘，实践应用上的开拓创新，是道家生命伦理所要面临的两个不同方向的艰巨任务。本书是笔者自觉承担这一任务的精心努力之作，然其理论建构之成败，则有待于进一步的反思、批评与扬弃。

一 理论发展的前景与展望

中国生命伦理学的建设与发展虽然说是处于起步阶段，但发展前景令人期待。生命伦理学作为一门新兴前沿交叉学科，诞生于欧美，然后引进至中国，虽则我们起步较晚，但与国际生命伦理学界则始终保持着密切的对话交流。生命伦理学国际学术会议较为频繁，研究者多有国外访学、留学的经历，甚或有些研究人员在欧美获得生命伦理学的博士学位。在30多年的时间内，我们在学术研究、本科生教育、研究生培养、学会建设、伦理委员会设置、政策咨询、政策与法律制定、大众宣传与教育等方面取得长足的进步，特别是各项制度建设正在逐步完善之中，对社会公共政策的影响力也在不断扩大。

近年来，儒家生命伦理学在港台兴起，可以说是建构中国生命伦理学的一个巨大进步。其理论成果之取得，在于对西方生命伦理学和中国本土文化资源的根本性反思，其基本的动机是不愿意"跟在西方的理论、学说和原则的后面做一些应声虫式的研究"，而是"依据中国传统，参考西方思想，进行具有中国文化的探索"。① 生命伦理学，严格意义上来说属于哲学范畴，而不是医学或生物学。国际上的一些生命伦理学期刊被划分为医学期刊，笔者认为这是一个非常严重的误解。生命伦理学终归属于伦理学，它要研究探讨的问题是伦理学而不是医学问题。既然是哲学，那么每个民族都有自己的哲学，且各有特点。世界上并不存在一种统一模式的哲学，也不存在一种统一模式的伦理学。故而生命伦理学之根基乃在于哲学的文化之根，而不在于对客观事实之科学研究的生物医学。如此一来，从中国哲学和文化传统出发，来研究生命伦理问题，乃是基于中国现实之国情，也是基于中国历史文化之传统。解决中国的生命伦理问题，毫无疑问会诉诸这些独特的思想资源。

道家生命伦理的重构就是基于中国道家哲学的传统视域而建构起来的。道家作为中国传统文化中的重要一脉，对于生命问题之关注尤为热切，甚至于超过了其他各个学派。对于生命价值之尊重，重身贵生的理念，对残生损性的物化之批判，乃至于被道教所推崇和主张的长生不老与神仙学说，其焦点无一不是每个个体生命安全、健康与长寿。儒家虽然也关注生命，但它的理论焦点是人的道德主体性、独立性问题，它更加关注的是一个人如何成为道德高尚的君子，品性完善的圣人。道家与此不同，它更加关注的是一个人如何能成为身体健康、心灵自由、精神独立的个体，如何能成为与天地万物融合会通、化而为一的真人。作为本土成长起来的道教，其理论之根基也是道家学说。焦点集中，视角独特，可以说是道家关注生命哲学、生命伦理问题的基本特征。

道家生命伦理理应获得学界更多的关注和重视。建构中国生命伦理学，不只有儒家一家之言。中国传统哲学和文化流派众多，只要我们认真地去挖掘、整理，每个学派实际上都对生命伦理问题或多或少地有所启发。儒释道作为中国文化的三大主脉，自然应该引起足够的重视。道家，与儒家和佛教都有不同，这种独特性更加需要深入的理论研究、拓展和创新。生命伦理的视角应该进行重新调整，应该融入更多道家的思想和元素。生命伦理不仅要重视个人的社会伦理道德关系，更要重视个体的生命本位，重视家庭、社区乃至民族国家的类本位；自主性、不伤害、有利、公正的原则在一定的范围内是有效的，但是光有它们还是远远不够的，它们不能完全切中中国的现实情况。

---

① 范瑞平：《当代儒家生命伦理学》，北京大学出版社 2011 年版，前言第 1 页。

道家生命伦理的发展前景有待于学人的共同努力。道家的视角，提供了非常独特的理论视域融合。医学关注的是生物学意义上的生命，其目标是健康；生命伦理学关心的是社会学意义上的生命，其目标是权利和尊严；[①] 道家生命伦理关心的是心灵和精神层次上的生命，其目标是自由和人性。在这个意义上，道家生命伦理超越了前两个层次，不仅超越了一般意义上的医学生命维度，而且超越了伦理道德层次的生命伦理学，由此它才获得了一种更高层次的人文视野，为生命伦理学研究带来了全新的视域。

二 理论的内在缺陷与不足

道家生命伦理建构存在一定程度的缺陷，这种不足主要是道家哲学自身的内在困境。任何一种哲学理论，都不可避免地存在这样或那样的问题。没有任何一种哲学或伦理学理论是完全自足、无懈可击的。道家生命伦理或道家哲学的内在缺陷主要有以下几个方面。

第一，正如荀子所批评的，庄子"蔽于天而不知人"，重视自然而忽视了社会人文。这大概是道家哲学的最大问题。道家自然精神有余，而人文精神不足，一直是学者们所普遍诟病的地方。他们认为一切自然的、天然的东西都是可贵的，而一切人文的、人为的东西都是造出来的，都对自然有所破坏。这种态度对人类的技术、知识和制度都持有强烈的反对批评意见，认为技术的东西与自然的东西、与人的纯洁心灵是相冲突的（"有机械者必有机心"），知识越多的人们懂得的"道"会越少（"为学日益，为道日损"），人类的社会制度无论怎么安排都会约束人的本性从而导致异化。不可否认，这些观点都是非常深刻的洞见和洞察，但因其深刻才片面，因其深刻才偏激。

道家的重点关注对象是生命，关注的视角是自然，而非儒家式的人文，这是儒道之间非常鲜明的对比。所以儒道两家在天人关系上走向了两个极端，儒家将自然人化、将生命道德化，道家是将人自然化、将生命自然化。对生命本性的认识上，道家强调了生命的自然性来源和特征，但是忽略了人跟自然的区别，人并非是一个纯粹的自然性动物。人之所以为人

[①] 袁军荣:《被遗忘的生命层次：生命医学和生命伦理学研究批评》，《社会科学论坛》2010年第5期。

是生活于人类社会之中的,而不是生活于动物世界、植物世界,人作为一个群体性存在("物以类聚,人以群分"),其社会属性是不可忽视的。在生命的价值上,儒家立足于社会关系来考察确定人的生命价值,提倡人的道德崇高性,道家弥补了儒家认识视野的局限性,站在宇宙自然大化流行的广阔视野中来审视人的生命,高度凸显了人的个体生命价值。但它的缺陷同样在于对生命的伦理价值和道德意义缺乏充分的认识,甚至是对伦理价值采取一种贬低的态度,认为是道、德下衰的结果才导致了人们汲汲于追求次一级等次的仁义礼。道家很明显只重视个体的生命价值,而忽略了群体的价值,人类社会作为一个群体的价值恰恰是社会共同体所要追求的价值归属之所在。总之,道家的理论非常深刻,也有相当的片面性,若是能将儒家的人文与道家的自然结合起来,那将是一种完整完善的理论。事实上,人既不是纯粹的自然,也不是纯粹的人文,片面地将二者割裂开来是错误的,人的本性是自然与人文的结合与交融。

第二,从道家哲学演绎发展而来的道教思想具有某些非理性因素。道教思想根源来自于老庄道家,但又夹杂了很多其他非老庄的内容。特别是道教追求长生不老和肉体成仙两大目标,并为此乐此不疲地寻找各种解脱之道和修炼方法。虽然老庄并非刻意追求生命不死,认识到人的死亡之客观性、必然性、自然性,但是道教之所以追求不死,也是来自于老庄重身贵生的思想。庄子虽未明确地追求神仙境界,但是在《庄子》《淮南子》以及阮籍、嵇康的著作之中都有对神仙境界的相关描述。神仙、仙境显然是不存在的,它只是一种对美好生活的向往以及对现实生活困难的抗争,它表达的是人们在此岸世界中可能寻找到的精神慰藉和心灵寄托。这种非理性的幻想虽然一方面推动了炼丹术、古代医学和化学等有关科学的发展,但另一方面也制造了很多死亡悲剧,使得许多痴迷于道术的人丧生于此道。从今天的科学角度来看,其中存在很多不科学、不合理的因素,必须予以批判和消除。

第三,道家的平等观因其过于理想化而缺乏现实社会中具体的实现途径。这是它的内在缺陷。道家的平等主要体现在人与人之间的平等、人与天/自然的平等两个方面。但这种平等观带有明显的抽象性、理想性,只能算是一个美好的渴望向往,在现实生活中也往往缺乏实际的社会基础,并没有指出真正实现社会平等的实现途径。在经济方面的平等道家并无过多涉及,现代社会的经济复杂性远远超越了道家思想的范围;在政治方面主张的无为而治在当代社会中基本上不可能,无君主、无统治的思想只能说是一厢情愿的幻想;在思想方面虽然认识到各个思想、学派、观点的价值，承认它们存在的合理性，但不可避免地陷入理论上的相对主义，缺乏是非判断的明确标准；在天人关系上，虽然突出强调了两者的平等和谐，但却忽视了二者之间可能发生的冲突，特别是在当代社会人的生存与发展必不可少地会与自然争夺资源，经济的发展必然会对环境产生这样或那样的影响，我们几乎不太可能完全放弃工业、GDP 的增长，而回归到原始社会的小国寡民的自然状态之中。如此种种，都是道家平等观所存在的问题。

第四，道家的自由观诉诸人的心灵自由和精神境界，容易脱离社会历史的现实性。当外界的权利和自由不可获取时，当人的生灵在战乱中遭到涂炭之时，老庄所能寻找到的解决方案是一种退缩性、退守性的道路，即抛弃一切社会性的追求，返回到人的内心，获得崇高的心灵自由，即"逍遥游"。毫无疑问，这也是一种人在此世可以寻求的解决之道，因为人活在世上总得有条安身立命之道，否则就会走向彻底的虚无主义。道家虽然没有儒家那样弘扬人的道德性、进取心，反而是转向了人的自然心灵：虚静心、素朴心、谦虚心、无为心、不争心、愚笨心。道家的可贵就在于人的心灵和精神家园的坚守，对于自然性命之情的捍卫，对于违背人类自然本性的异化之物的厌恶和批判。

然而，人作为此世的存在物，在此世的现实社会中寻求精神的自由，必定需要一定的社会物质基础和制度保障。按照马克思主义的观点，任何自由是具体的、历史的，那种完全超越具体条件和历史时代的抽象自由是不存在的，自由是历史发展的产物，而不是人们幻想的虚幻花朵。道家所主张的"涤除玄览""坐忘""心斋"等修道修心的方法，在实践上虽然具有很好的启发，但这种内心的修炼也需要外在的社会实践才能获取。至于老庄离群独居的隐士行为（"与天为徒"，"独与天地精神往来"，"游于无人之野"，"游乎尘垢之外"，"游乎无何有之乡"），作为个人的价值追求未尝不可，但这只能是少数人的行为，而不是普罗大众可以做得到的。

道家的自由观实际上是现代社会所理解的广义思想自由。它所缺乏的恰恰是现代民主社会中所孜孜以求的保护公民权利的一系列制度安排，包括宪政、法治、民主等社会基本制度，没有这些正义制度作为基础，人的心灵自由随时都有窒息的危险。这是道家思想（同时也是儒家）所缺失的东西，也是一切传统思想资源最为薄弱的地方，这一点在反思道家自由观时必须予以充分正视。

总之，道家作为一种前现代的哲学思想，不可避免地存在一些内在的理论困境。事实上，任何一种传统思想都或多或少地有这样或那样的问题,即便是在传统社会中占据主流的儒家思想也并非是万无一失的,其弊端、其负面影响似乎一点也不比道家少。在这个意义上,我们对于道家要有一种"同情地理解"的态度,不能过于苛责,也不能盲目地自信,要有一种理性审慎的态度,正视它的问题之所在,取其精华,弃其糟粕,才可以说是一种恰当之态度。

三 可能的外在批评与回应

道家生命伦理的当代建构不仅在其自身理论层面面临着内在的困境,而且面临着一些可能的外部批评。我设想了一些可能存在的批评意见,并对它们予以相应的回应,以此来捍卫道家生命伦理的立场与合理性。

1. 自然的东西都是好的、有价值的吗?

这是道家自然主义首先要面临的第一个批评。道家崇尚自然,把自然的东西看作是天然的就有价值,具有天然的合理性。因此,有人就会反问,难道一切自然的东西都是好的吗?都是有价值的吗?如果一切都顺其自然,是不是生命就不会出现任何问题了呢?对于那些先天就残疾的人,难道我们就不应该去治疗,不应该采取某种优生优育的措施来防治缺陷胎儿、畸形胎儿的产生吗?庄子所描述的那些身体残疾畸形、缺胳膊少腿的人好像活得悠游自在、精神饱满,这似乎不太符合真实的情况,大多数人面临着这些不幸的事实基本上都是处于极度痛苦之中,怎么能说是活得很快乐幸福呢?道家的自然主义价值观在这些人看来似乎太过于理想化了,普通大众似乎达不到这种天人合一的精神境界。

对于这种质疑和批评,我的回应是关键在于我们怎么去理解自然。道家反复强调"道法自然",就是要按照自然的样子去做、去行事,而自然的样子就是"无为",表现在人事上就是少干预、少人为的东西,尽量去顺应自然,而不是将人类的主观意图强加给自然。对于人的本性而言,首先体现的是人的自然性,不是社会性,这种自然性是非常纯粹纯朴,纯真无邪的,没有任何人造之痕迹。道家对于自然的认识确实是比较通透而深刻的。

道法自然,并不是要人们去被动地接受自然的一切事物,也并非是肯定一切自然事物无论好坏都有价值。这里关键在于怎么去"法"。对于自然界的灾难,如地震、水灾、旱灾等,这些古代都称之为天灾,即属于自然性的灾害;而人的出生带有先天的残疾、疾病、病痛,这也属于自然性的厄运；生老病死，也是人的正常的自然生命现象。对于这些自然性的厄运，道家并没有肯定地说它们都是好的，很显然它们都会给人的身体或心理带来伤害。老子说，"天道无亲"，"天地不仁，以万物为刍狗"，这就是说自然界本身是没有什么情感、偏好、仁爱等主观意志的，它只是按照它自己的样子在日夜不停地运转，仅此而已。至于说一切的人类价值判断，那都是对人类自己的利益而言的，与天有何干。同样，庄子也不至于愚蠢到肯定残疾、疾病本身是好的，有价值的东西。若是如此，庄子为什么还要人忘掉身体的残疾、进而寻求精神的寄托和安慰呢？很明显，庄子的意思是身体的残疾在无法治愈的情况下，我们只能从精神上、心理上来寻找解脱之道，否则难道是要让人去死吗？这些不可改变的自然事实，庄子称之为"无可奈何"之事，对于它人只能"安之若命"。比如，目前世界上并无彻底治疗癌症、艾滋病的有效办法，在这种情况下，一个人得了癌症晚期、艾滋病，我们只能是做一些辅助性的、延缓死亡进程的医学治疗措施，除此之外恐怕最为重要的是从精神和心灵层面寻求解脱了。庄子讲述诸多寓言故事的意义就在于此，而不是像有些人所片面理解的那样，说庄子肯定了残疾本身是好的，认为它自身就是有价值的。它所塑造的那些身体残疾而精神超越的人，倒是从另外一个方面更加激励了仍然活在世界上的残疾人士，要倍加珍惜生命，爱护生命，呵护生命，同时也呼吁更多的人要关爱残疾人士，不要歧视他们，让他们在当今的社会中生活得更加有尊严。

2. 自然主义如何容纳人文主义或者伦理道德规范？

对道家的第二个批评是，坚持自然主义，如何与人文主义的东西相融合？坚持自然主义，又如何容纳伦理道德规范？我们已经非常明确地指出了，道家和儒家各偏执于一方，即道家偏于自然，儒家偏于人文；道家重在自然，儒家重在伦理道德。既然道家对儒家的仁义礼提出了如此尖锐的批评，又如何能容得下其他的社会性伦理规范呢？如果容不下，那么道家生命伦理岂不是自相矛盾的吗？因为它怎么能一方面反对伦理道德，另一方面又主张某种形式的生命伦理观点或学说呢？

这个批评击中了道家的根本性软肋，严格说来，这是道家思想内部的困境。要摆脱这种困境，唯有与儒家伦理相结合，才能纠偏补弊。不过话说回来，道家主张自然，儒家主张人文伦理，这本没有什么过错。真正的过错在于，将自然和人文绝对地对立起来，走向绝对的自然主义或人文主义，这恐怕是问题之所在。任何一种理论只要走向了极端，肯定会存在问题。所以，真正的问题倒不是自然主义如何容纳人文主义，而是自然与人文如何融会贯通。

　　道家生命伦理的当代建构意在弥合自然与人文的裂痕，将自然价值观与伦理价值观实现融合，走出绝对自然主义或人文主义的二元对立局面。道家对于儒家的批评，虽然意在指出伦理道德对于人的束缚约束作用，似乎是要抛弃一切人间社会的制度性规则，但这一彻底的无规则、无伦理、无制度、无约束的社会生活，无疑在现实生活中是不存在的。道家主张回到真正的"道"与"德"的时代，而不是堕落至用仁义礼来规范人的行为的时代。这一想法无疑带有理想主义的色彩。然而，我们真正要肯定的是道家批评中的合理性成分，即社会性的制度约束和伦理规范容易造成人性的异化，从而造成痛苦或更大的罪恶或不道德。如此一来，真正要解决的问题是，如何让社会制度与伦理规范更加符合人的本性，更加适合人性的自然发展，而不至于让人觉得戴上了桎梏或枷锁。

　　道家生命伦理的基本主张或出发点是一切以尊重生命利益、生命价值为依归。任何的伦理规范、社会制度，只要是违背了这一点就应该被抛弃。人的生命既然是从自然而来，向自然而去，一切的生老病死都是宇宙之间的一个自然事件而已；那么在不过百年的人生短暂旅程之中，我们又该如何人性地对待生命、善待生命、爱护生命？这才是最大的生命伦理规范。在此，功利主义的价值观是高度契合的，它主张一切伦理判断、道德价值和行为标准都应该以增进个体和公众之最大幸福为目的，舍此它将无法得到辩护。人有趋乐避苦的本性，没有人愿意遭受痛苦，医学的目的在于解决身体的病痛，哲学的目的在于解决灵魂的烦恼。如果医学始终秉持这个目的，医生始终坚持这个初衷，一切生物医学技术的研发和应用都以此为宗旨，那么依照这些目的而制定出来的道德规范和伦理指南就符合生命之道、自然之道了，反之就违背了其根本的目的。比如，坚决反对生殖性克隆的主要理由在于，它不仅违背了自然之道，让人类扮演上帝的角色无所不为，而且对于解决人类疾病、创造人类幸福无任何贡献。

　　3. 道家生命伦理的四个基本原则如何应用于实践？

　　按照一种"三层架构"的方法，笔者提出了道家生命伦理的四个基本原则：自然、和谐、平等与自由。批评者会认为，这四个原则太过于抽象，还不够具体化，不能够应用于具体的临床实践。

　　确实，笔者所提出来的四个基本原则存在这样的问题。笔者想说明的是，它们不仅来源于道家哲学的思想，而且融合了社会主义核心价值观的内容，将二者进行综合考虑、反思平衡之后得出的基本原则。如此一来，这四个原则倒是契合了道家的核心思想主张，也与当今中国的社会价值引领相符合。但问题是，它作为价值观似乎尚可，但作为原则却似乎不太妥当，因为它还太过抽象，没有具体化。

然而，笔者想说明的是，笔者所提出的这四个原则只是道家生命伦理的宏观指导性、纲领性规范，而不是具体的操作性规章。任何一个原则，都需要演绎出一系列的规则，以便应用于具体的临床实践。西方生命伦理学的尊重自主性、不伤害、有利、公正，也存在这样的问题。原则之为原则，肯定是相对笼统的。对此，我们不必太过于苛求。

关于四个基本原则的细化问题，限于篇幅，笔者未做详细的展开。就具体的案例而言，它的具体情境都是不一样的。从四个原则中推论出一系列的规则，似乎是从上至下的演绎法所要求的，也是原则、规则、范畴构成的体系之必然。然而，从下至上的案例法则有不同的论证思路。在此，我们不必过于执着于一端，而是首先将道家的四个原则秉持于胸，然后结合具体的案例情景来为之而辩护。我们的方法更像是罗尔斯的反思平衡法。

4. 对西方生命伦理学"四原则"的批评是要完全否定它吗？

既然提出了道家生命伦理的四个基本原则，是不是要完全否定西方生命伦理学的四个原则呢？或者说是用道家四原则来取代西方的四原则呢？

当代生命伦理学已经陷入原则主义的泥潭而不能自拔。似乎一提到原则，首先就会想到美国学者提出来的四个原则。继而有人对它提出了更多的批评和质疑，认为它先天地就带有某种文化价值观或意识形态色彩。如今，道家生命伦理的现代转型，对原则进行重构也面临着类似的问题。

就学术观点而言，我主张构建伦理原则，但反对将原则推向极端的原则主义。也就是说，任何一个原则都有它适用的社会环境和文化土壤，离开了这个土壤，它就不可能适用了。尊重自主性原则很显然是基于西方自由主义和个人主义的价值观而来的，但是有利、不伤害、公正则可能是基于人类的普遍性价值观，它不但为欧美国家的医疗界所实践和应用，而且也为东方国家所适用。因为，医学就其本质而言，就是为了病人的最佳利益出发的，最基本的要求就是不伤害，其次应该做出有利于病人好处的医疗决策和治疗方案来。这显然是超国界、超文化的普遍性价值观原则。因此，就西方生命伦理学四个原则而言，真正争议比较大的是自主性原则，而对于不伤害原则、有利原则、公正原则则基本上没有太多的争议，只是在具体的案例情景中该如何适用和平衡的问题。

建构道家生命伦理四原则，不是去否定或取代西方的四原则，而是要倡导另外一种独特的价值观，弥补西方价值观的弊病。虽然儒家生命伦理也对西方四原则进行了反思，提出了儒家式的生命伦理原则，但是我认为这些原则之间并非是完全对立的，而是相互补充的、相互借鉴的。就道家的四个原则而言，自然原则是道家最为显著的特征和本质；在和谐原则方面，道家强调的是精神、心灵层面的和谐，虽然儒家也强调和谐，但各自强调的方向和重点不一样，因此和谐不仅是儒道两家共通的基本原则，也是当代中国的核心价值观之一；而平等与自由，虽然道家的理解的方式与西方的概念不一样，强调的重点不一样，但是它所致力于追求的天人平等、心灵自由倒是西方政治自由主义所缺乏或忽视的地方。因此，道家生命伦理四原则，既不完全排除儒家的价值观，将和谐的理念同样纳入怀中；也不与西方的平等、自由的价值观相对立，而是要转换出一种新的适合当代生命伦理学的价值原则。无论是自然、和谐也好，还是平等、自由的价值观也罢，道家着重强调的无非是心灵和精神层面的东西，就是人在此岸世界中真正应该寻找的内在精神力量。这是道家哲学的精髓和灵魂之所在，也是构建道家生命伦理，实现其现代转型的价值皈依。

参考文献

中文文献

〔古罗马〕奥勒留：《沉思录》，何怀宏译，中央编译出版社 2008 年版。

爱莲心：《向往心灵转化的庄子》，江苏人民出版社 2004 年版。

〔美〕比彻姆、邱卓思：《生命医学伦理原则》，李伦等译，北京大学出版社 2014 年版。

〔美〕比彻姆：《哲学的伦理学》，雷克勤、郭夏娟、李兰芬等译，中国社会科学出版社 1990 年版。

〔德〕彼得·科斯洛夫斯基：《后现代文化：技术发展的社会文化后果》，中央编译局出版社 1999 年版。

崔大华：《庄学研究》，人民出版社 1992 年版。

程国斌：《当代中国生命伦理学研究的缺陷及其历史使命》，《新疆社会科学》2008 年第 2 期。

程国斌：《生命伦理学：当代伦理形态整体变革之契机》，《社会科学战线》2011 年第 12 期。

陈鼓应：《"齐物论"的理论结构之展开》，《江淮论坛》1985 年第 2 期。

陈鼓应：《庄子今注今译》（上下册），商务印书馆 2007 年版。

陈鼓应：《老子今注今译》，商务印书馆 2007 年版。

陈鼓应：《老庄新论》（修订版），商务印书馆 2008 年版。

陈鼓应：《庄子浅说》，生活·读书·新知三联书店 2012 年版。

陈鼓应：《庄子的开放心灵与价值重估：庄子新论》，中华书局 2015 年版。

陈化：《普遍主义抑或特殊主义——中国语境下知情同意实践路径的考察》，《学术研究》2013 年第 5 期。

陈元方、邱仁宗：《生物医学研究伦理学》，中国协和医科大学出版社 2003 年版。

陈泽环：《科技与人文之间的生命伦理学——基于文本分析的当代研究反

思》,《道德与文明》2015 年第 6 期。

蔡志栋:《论"道家自由主义"三相》,《华东师范大学学报》2013 年第 3 期。

〔法〕笛卡尔:《谈谈方法》,商务印书馆 2005 年版。

单继刚:《全球生命伦理学——梦想还是梦魇?》,《世界哲学》2002 年第 5 期。

杜治政:《关注处于深刻变化的医学》,《博览群书》2005 年第 10 期。

杜治政:《资本逻辑与生命伦理学》,《中国医学伦理学》2008 年第 1 期。

杜治政:《文化多元与全球化境遇中的生命伦理学》,《科学文化评论》2008 年第 4 期。

〔美〕恩格尔哈特:《全球生命伦理学:共识的瓦解》,《医学与哲学》2008 年第 2 期。

〔美〕恩格尔哈特:《中国在生命伦理学领域坚持正义的道德任务》,《中国医学伦理学》2008 年第 5 期。

冯友兰:《中国哲学史新编》,人民出版社 1984 年版。

冯契:《中国古代哲学的逻辑发展》,上海人民出版社 1983 年版。

〔美〕弗莱彻:《境遇伦理学:新道德论》,程立显译,中国社会科学出版社 1989 年版。

《傅佩荣译解庄子》,东方出版社 2012 年版。

范瑞平:《如何建立生命伦理学普适规范?》,《医学与哲学》2004 年第 10 期。

范瑞平:《构建中国生命伦理学:追求中华文化的卓越性和永恒性》,《中国医学伦理学》2010 年第 5 期。

范瑞平:《当代儒家生命伦理学》,北京大学出版社 2011 年版。

方舟子:《寻找生命的逻辑——生物学观念的发展?》(第二版),上海交通大学出版社 2007 年版。

房莉杰、梁小云、金承刚:《乡村社会转型时期的医患信任:以我国中部地区两村为例》,《社会学研究》2013 年第 2 期。

郭庆藩:《庄子集释》,王孝鱼点校,中华书局 1995 年版。

郭玉宇、孙慕义:《诺斯替主义对后现代生命伦理学兴起的启示》,《伦理学研究》2009 年第 4 期。

〔德〕冈特·绍伊博尔德:《海德格尔分析新时代的技术》,宋祖良译,中国社会科学出版社 1993 年版。

〔德〕Hans-Martin Sass:《生命伦理学与卫生政策:欧洲生命伦理学家的北

京演讲》，翟晓梅主译，第四军医大学出版社 2006 年版。
〔美〕Henk A. M. J. Ten Have、Bert Gordijn：《全球生命伦理学》，陈月芹译，《医学与哲学》2015 年第 1A 期。
韩林合：《虚己以游世：〈庄子〉哲学研究》（修订版），商务印书馆 2014 年版。
〔英〕霍普：《医学伦理》，吴俊华等译，译林出版社 2010 年版。
胡伟希：《中国哲学概论》，北京大学出版社 2005 年版。
胡林英：《什么是生命伦理学？》，《生命科学》2012 年第 11 期。
胡晓明：《从自主性原则看传统思想与现代价值结合》，《华东师范大学学报》2003 年第 1 期。
黄丁全：《医疗法律与生命伦理》，法律出版社 2004 年版。
黄瑞宝、陈士福、马伟：《医患信任危机的成因及对策：基于博弈视角的分析》，《山东社会科学》2013 年第 2 期。
黄晓晔：《"关系信任"和医患信任关系的重建》，《中国医学伦理学》2013 年第 3 期。
劳思光：《新编中国哲学史》，广西师范大学出版社 2005 年版。
李大华：《自然与自由：庄子哲学研究》，商务印书馆 2013 年版。
李红文：《卫生保健的分配正义研究》，中国社会科学出版社 2016 年版。
李红文：《以道驭技：现代生物科技批判的庄子式进路》，《创新》2016 年第 3 期。
李建会：《生命科学哲学》，北京师范大学出版社 2006 年版。
李建民主编：《从医疗看中国史》，中华书局 2012 年版。
李景林：《庄子"齐物"新解》，《孔子研究》1991 年第 3 期。
李瑞全：《儒家生命伦理学》，台湾：鹅湖出版社 1999 年版。
李尚仁主编：《帝国与现代医学》，中华书局 2012 年版。
李伟民：《红包、信任与制度》，《中山大学学报》（社会科学版）2005 年第 45 卷第 5 期。
李霞：《生死智慧——道家生命观研究》，人民出版社 2004 年版。
李霞：《道家平等思想及其现实意义》，《安徽大学学报》2001 年第 4 期。
李亚明：《从医患关系模式的角度分析中国医疗领域中的"自主性原则"》，《中国医学伦理学》2014 年第 4 期。
李贞德主编：《性别、身体与医疗》，中华书局 2012 年版。
李泽厚：《中国古代思想史论》，天津社会科学出版社 2004 年版。
李振纲：《大生命视域下的庄子哲学》，人民出版社 2013 年版。

李志强：《相对主义认识论下的两种语言文化观——谈智者学派和庄子的"辩"》，《求索》2008 年第 10 期。

刘经纬、于江霞：《生命政治视阈下的生物资本主义》，《自然辩证法研究》2009 年第 25 卷第 8 期。

刘笑敢：《庄子哲学及其演变》，中国社会科学出版社 1988 年版。

刘月：《论制度异化——基于马克思的异化思想》，《齐鲁学刊》2014 年第 5 期。

刘长秋：《生命法学及其在中国的前景》，《科学学研究》2009 年第 9 期。

刘志勇：《天籁与独化——庄子"相对主义"考辨》，《复旦学报》2007 年第 4 期。

楼宇烈：《王弼集校释》，中华书局 1999 年版。

卢风：《道德相对主义与逻辑主义》，《社会科学》2010 年第 5 期。

〔法〕卢梭：《科学与艺术》，何兆武译，商务印书馆 1997 年版。

罗秉祥、陈强立、张颖：《生命伦理学的中国哲学思考》，中国人民大学出版社 2013 年版。

雷瑞鹏：《价值多元化中的生命伦理学》，《华中科技大学学报》（人文社会科学版）2002 年第 4 期。

林富士：《中国中古时期的宗教与医疗》，中华书局 2012 年版。

毛新志：《当代中国生命伦理学研究与发展的思考》，《中国医学伦理学》2006 年第 1 期。

〔美〕纳斯鲍姆：《善的脆弱性》，徐向东、陆萌译，译林出版社 2007 年版。

聂文军：《论伦理相对主义与绝对主义》，《吉首大学学报》2012 年第 9 期。

钱穆：《庄老通辨》，生活·读书·新知三联书店 2005 年版。

邱仁宗：《生命伦理学概论》，中国协和医科大学出版社 2003 年版。

邱仁宗：《理解生命伦理学》，《中国医学伦理学》2015 年第 3 期。

邱仁宗：《试论生命伦理学方法》，《中国医学伦理学》2016 年第 4 期。

汤一介：《郭象与魏晋玄学》，北京大学出版社 2000 年版。

汤用彤：《魏晋玄学论稿》，人民出版社 1957 年版。

田海平：《生命伦理学的中国话语及其"形态学"视角》，《道德与文明》2015 年第 6 期。

孙慕义：《汉语生命伦理学的后现代反省》，《自然辩证法研究》2005 年第 5 期。

孙慕义：《生命伦理学的知识场域和现象学问题》，《伦理学研究》2007 年第 1 期。

孙慕义：《生命伦理学的精神历史、伦理地理以及历史哲学探析》，《医学与哲学》2010 年第 11 期。

孙慕义：《对俗成生命伦理学原则的质疑与修正》，《医学与哲学》2015 年第 9A 期。

沈壮海：《文化自信之核是价值观自信》，《求是》2014 年第 18 期。

沈亚生：《价值观相对主义辨析》，《人文杂志》2008 年第 2 期。

田海平：《生命伦理学的中国话语及其"形态学"视角》，《道德与文明》2015 年第 6 期。

吴国盛：《科学与人文》，《中国社会科学》2001 年第 4 期。

吴国盛：《让科学回归人文》，《博览群书》2003 年第 11 期。

王博：《庄子哲学》，北京大学出版社 2004 年版。

王德有：《庄子神游：退隐不争的生命哲学》，东方出版中心 2010 年版。

王夫之：《庄子解》，王孝鱼点校，中华书局 1981 年版。

王前等：《中国科技伦理史纲》，人民出版社 2006 年版。

王前：《"道""技"之间——中国文化背景的技术哲学》，人民出版社 2009 年版。

王先谦：《庄子集解》，中华书局 1999 年版。

王孝鱼：《庄子内篇新解·庄子通疏证》，岳麓书社 1983 年版。

王一方：《医学人文十五讲》，北京大学出版社 2006 年版。

〔美〕文森特·帕里罗等：《当代社会问题》，华夏出版社 2002 年版。

徐朝旭：《中国古代科技伦理思想》，科学出版社 2009 年版。

徐复观：《中国人性论史》，华东师范大学出版社 2005 年版。

许良：《技术哲学》，复旦大学出版社 2004 年版。

许慎：《说文解字》，中华书局 1992 年版。

熊慧君：《论道德相对性及其道德实践意义——兼析道德相对主义》，《伦理学研究》2008 年第 1 期。

徐奉臻：《梳理与反思：技术乐观主义思潮》，《学术交流》2000 年第 6 期。

杨伯峻译注：《论语译注》，中华书局 1980 年版。

杨中芳、彭泗清：《中国人人际信任的概念化：一个人际关系的观点》，《社会学研究》1999 年第 2 期。

袁军荣：《被遗忘的生命层次：生命医学和生命伦理学研究批评》，《社会科学论坛》2010 年第 5 期。

张大庆：《生命伦理学的演化》，《科学文化评论》2008 年第 4 期。

《中国哲学大纲——张岱年全集》（第二卷），河北人民出版社 1996 年版。

张利平等：《我国医学伦理委员会组织与管理情况调查报告》，《中国医学伦理学》2008 年第 6 期。

张作平、黄晓利：《传统文化视阈下中国生命伦理学本土化建构》，《山东社会科学》2016 年第 6 期。

赵妙法：《老子辩证法再认识与再评价》，《安徽大学学报》（哲学社会科学版）2000 年第 4 期。

（晋）郭象注，（唐）成玄英疏：《庄子注疏》，曹础基、黄兰发点校，中华书局 2011 年版。

陆玖译注：《吕氏春秋》，中华书局 2011 年版。

陈广忠译注：《淮南子》，中华书局 2012 年版。

姚春鹏译注：《黄帝内经》，中华书局 2010 年版。

张松辉、张景译注：《抱朴子外篇》，中华书局 2013 年版。

叶蓓卿译注：《列子》，中华书局 2011 年版。

周振甫译注：《周易译注》，中华书局 2008 年版。

郑开：《庄子哲学讲记》，广西人民出版社 2016 年版。

英文文献

Albert R. Josen, *The Birth of Bioethics*, New York Oxford: Oxford University Press, 1988.

Callahan D., "Bioethics as a Discipline", *Stud Hastings Center*, Vol. 1, No. 1, 1973.

Callahan D., "Bioethics", in Reich, W. T. (ed.), *Encyclopedia of Bioethics, Revised Edition*, New York: Macmillan, 1995.

Li, Hongwen, "Taoism", in Henk ten Have and Bert Gordijn eds., *Handbook of Global Bioethics*, Springer Reference, Vol. 1, 2014.

JeeLoo Liu, *An Introduction to Chinese Philosophy: From Ancient Philosophy to Chinese Buddhism*, Blackwell Publishing, 2006.

John Rawls, *Political Liberalism*, New York: Columbia University Press, 1993.

Potter V. R., *Bioethics: Bridge to the Future*, Englewood Cliffs: Prentice-Hall, 1971.

Reich W. T., "The Word 'Bioethics': Its Birth and the Legacies of Those Who

Shaped it", *Kennedy Institute Ethics J*, Vol. 4, No. 4, 1994.

Susan Hawthorne, "Wild Politics: Beyond Globalization", *Women's Studies International Forum*, Vol. 27, No. 3, 2004.

Yali Cong, "Doctor-Family-Patient Relationship: The Chinese Paradigm of Informed Consent", *Journal of Medicine and Philosophy*, Vol. 29, No. 2, 2004.

后　记

　　本书是我2017年国家社科基金后期资助项目的结题成果。虽然本书的动笔写作时间开始于2016年10月，初稿完成的时间大约是2017年3月，但实际的酝酿准备工作却始于在北京大学哲学系攻读博士学位阶段（2008—2012年）。在北大长达7年的读书期间，我广泛阅读了大量的哲学著作，其中包括道家哲学。大约从读博士期间开始，我就逐渐喜欢上了老庄哲学。原本我的专业研究方向是生命伦理学，博士论文做的是卫生保健的分配正义研究，无论从主题内容还是方法路径上均与道家哲学表现出截然不同的"路数"和"风格"。博士论文的选题主要是基于中国医疗卫生改革的现实问题，以及我长期阅读罗尔斯著作、思考社会正义问题的结果，希望以此来回应当下紧迫的卫生资源分配正义伦理问题。而对道家哲学的关注一方面培养了我对于中国哲学经典的兴趣，另一方面又使得我自觉地将这种兴趣与生命伦理学研究"结合"起来，为日后的研究工作奠定一个良好的传统哲学基础。事实上，在哲学学习的本科阶段，我是不怎么喜欢中国哲学的，总觉得它文字古奥、模糊难懂、缺乏逻辑清晰性。而当我阅读了大量的西方哲学著作之后，再回过头来看中国哲学经典著作，发现它别有一番趣味，激发我有一股强烈的研究欲望。

　　在读博士及之后的工作期间，我参加了一些国内国际的学术会议，在会议上做过多次有关道家生命伦理的学术报告，并发表过相关的中英文论文数篇。这其中包括2008年在香港浸会大学举办的第二届建构中国生命伦理学会议，在这次会议上我做了"庄子的生命自由观及其生命伦理学意义"的发言，第一次尝试将庄子哲学与生命伦理学"接轨"，会议论文随后发表在2008年第2期的《中外医学哲学》上。2012年1月我参加了在东京大学举办的第6届北京大学—东京大学—首尔大学哲学会议，在这次会上我做了题为Life and Death: Zhuangzi's Conception of Transcendental Self的发言。2011年美国著名生命伦理学家Henk A. M. J. ten Have邀请我参与他主编的Handbook of Global Bioethics一书的撰写工作，负责其中的Taoism

一章，于 2014 年出版。2018 年在山西太原举办的第十二届建构中国生命伦理学会议上，做了题为"道家生命伦理的核心价值"的报告。此外，2019 年 10 月 23 日在中南大学我做了题为"道家生命伦理的基本问题"的学术讲座，不少同行专家学者提出了非常有启发性、挑战性的问题，促使我不断完善自己的观点和论证。这些相关成果的发表使得我对道家生命伦理的思考有了一个初步的框架基础。经过多年的工作积淀，我把道家哲学与生命伦理学研究融合起来，直接促使了我撰写一本道家生命伦理学专著的冲动，这就是本书诞生的缘起。

当然，本书一方面是我坚守道家生命伦理学研究的结果，另一方面也是对国家社科基金后期资助项目的一个凝练总结。所以，本书的成功出版要特别感谢国家社科基金的资助，它不仅解决了我的出版经费问题，而且使得我的研究工作上了一个台阶。当然，要感谢的人很多，在此不再一一具名，家人的支持、师友的鼓励、领导的关怀，一直是我不断前进的动力。未来的学术之路还很长，希望以此为契机，不断拓展我关于生命伦理学研究的广度和深度。

作　者

2020 年 1 月春节前于长沙